예수 안에서 지금 천국을 만끽 하실 분의 책

천국은 언제가는 곳일까요

강요셉지음

예수님이 주인으로 계시는 곳이 하늘나라 천국이다.

성령

천국은 언제가는
곳일까요?

성령

들어가는 말

천국에 대하여 말들이 많습니다. "죽어서 가는 곳이다. 예수님이 재림하실 때 임하는 곳이다. 지금 천국을 만끽하며 누려야 한다." 이렇게 하나로 확증하지 못하고 미지의 세계가 천국입니다. 그러나 천국은 가보지 않고 소망하는 곳임은 틀림이 없습니다. 모든 크리스천들이 소망하기 때문에 문제도 많이 발생합니다. 천국을 목적으로 신앙 생활하다가 이단에 빠지기도 합니다. 주변 사람들이 이해하지 못하는 신앙생활로 주변 식구들이 믿음에서 이탈하는 부작용이 생기기도 합니다. 천국은 모든 이들이 사모하나 미지의 세계이기 때문입니다.

천국은 하나님의 나라입니다. 하나님의 통치가 있는 곳이 하늘나라 천국입니다. 지금 하나님은 예수를 믿고 성령으로 거듭난 성도의 마음 안에 성전삼고 주인으로 임재하여 계십니다. 분명하게 하나님의 통치가 있는 곳이 하늘나라요 천국이라고 했습니다. 그렇기 때문에 예수를 믿고 성령으로 거듭난 성도라면 자신이 하나님의 나라 천국이 되는 것입니다. 분명하게 하나님은 이렇게 말씀하셨습니다. "그리스도의 사랑이 우리를 강권하시는 도다. 우리가 생각하건대 한 사람이 모든 사람을 대신하여 죽었은즉 모든 사람이 죽은 것이라. 그가 모든 사람을 대신하여 죽으심은 살아 있는 자들로 하여금 다시는 그들 자신을 위하여 살지 않고 오직 그들을 대신하여 죽었다가 다시 살아나신 이를 위하여 살게 하려 함이라(고후 5:14-15)" 분명하게 "자신을 위하여 살지 않고 오직 그들을 대신하여 죽었다가 다시 살아나신 이를 위하여 살게 하려 함이라고" 하셨습니다.

자신은 죽고 예수님이 주인 되어 살아가는 것입니다. 그런데 예수님은 하늘나라요, 천국의 주인이십니다. 하나님께서 분명하게 음성으로 들려주셨습니다. 마태복음 3장 16~17에 보면 "예수께서 세례를 받으시고 곧 물에서 올라 오실째 하늘이 열리고 하나님의 성령이 비둘기 같이 내려 자기 위에 임하심을 보시더니 하늘로서 소리가 있어 말씀하시되 이는 내 사랑하는 아들이요 내 기뻐하는 자라 하시니라" 하나님께서 예수님이 하늘나라 천국이라는 것을 음성으로 증명하신 것입니다. 이제 다르게 생각하고 따질 필요가 없습니다. 예수님을 주인으로 모시고 성령의 인도를 받는 크리스천은 천국인 것입니다. 그래서 지금 천국을 만끽하며 누리다가 주님이 재림하시면 영원한 천국에 입성하는 것입니다.

이 책에는 천국에 대한 오해를 풀기위한 여러 가지 진리가 소개되고 있습니다. 이 책을 통하여 천국의 개념을 정확하게 깨닫고 지금 천국을 만끽하면 살아가시기를 소원합니다.

주후 2017년 06월 20일
충만한 교회 성전에서
저자 강요셉목사

세부적인목차

1부 천국은 성령으로 깨달아 누리는 것

1장 하늘나라 천국은 어떤 곳일까요?

(눅 17:20-21)"바리새인들이 하나님의 나라가 어느 때에 임하나이까 묻거늘 예수께서 대답하여 이르시되 하나님의 나라는 볼 수 있게 임하는 것이 아니요. 또 여기 있다 저기 있다고도 못하리니 하나님의 나라는 너희 안에 있느니라."

예수께서는 하나님의 나라는 볼 수 있게 임하는 것이 아니고, 하나님의 나라는 너희 안에 있다고 하셨습니다. 하나님의 나라는 보이는 어떤 물리적 공간에서 임하는 것이 아니고, 보이지 않는 인간내면 안에서 이루어진다는 말씀입니다. 그러므로 천국은 내안에 이루지 못하면 천국은 그 어느 곳에도 없는 것입니다. 오늘날 기독교인들의 한결같은 꿈과 소망은 사후에 천국에 들어가려는 것이라 생각합니다. 지방에 부흥회를 가서 예수님을 왜 믿습니까? 질문하면 대답이 한 결 같이 "천국가려고 예수님을 믿습니다." 라고 대답을 합니다. 이 때문에 오늘날 기독교인들은 모두 예수를 믿으며 천국가기 위하여 열심히 신앙생활을 하고 있습니다.

그런데 안타깝게도 평생 동안 신앙생활을 하면서도 천국이 어느 곳에 있는지, 그리고 천국은 어떻게 가며, 또한 어떤 사람들이 들어가는 곳인지는 정확하게 모르고 있다는 것입니다. 하나님은 성경을 통해서 천국의 실상에 대해서, 그리고 천국으로 가는 길에 대해서, 자세히 말씀하고 있습니다. 그보다 더 중요한 것은 천국은 예수를 믿는다 해서 모두 만끽하며 누리다가 영원한 천국에 들어가는 곳이 아니라, 하나님의 뜻대로 행한 자, 즉 예수를 통해서 하나님의 생명으로 거듭난 하나님의 아들만이 지금 누리다가 들어간다고 말씀하고 있습니다.

이 때문에 오늘날 기독교인들은 사후에 천국을 들어가려고 하기 전에 천국이 있는 곳과 천국으로 가는 정로인 예수님을 따라가야 합니다. 예수님을 신앙의 목적으로 하여 자신의 주인으로 모시고 살다가 보니까, 구원이 이루어지고 천국을 누리는 결과를 얻는 것입니다. 구원과 천국은 결과이지 목적은 될 수가 없습니다. 예수님이 신앙의 목적이어야 합니다. 그리고 하나님의 아들로 거듭나는 과정에 대해서 분명하게 알아야 합니다. 이렇듯이 오늘날 기독교인들도 천국을 만끽하다가 영원한 천국에 가려면 천국으로 가는 길을 먼저 알아야 갈 수 있고, 지금 천국을 만끽하다가 영원한 천국에 들어가려면 반드시 천국의 시민권이 있어야 합니다. 시민권은 반드시 예수를 믿고 주인으로 모시고 성령으로 거듭나야 합니다. 그런데 불행하게도 오늘날 목회자들이나 기독교인들은 천국이 어느 곳에 있는지, 또한 천국은 어떻게 해야 누리는지, 어떤 사람들이 들어가는 지조차도 확실하게 모르면서 무조건 예수만 믿으면 누구나 천국에 들어갈 수 있다고 가르치고 있습니다. 또 그 논리를 철석같이 믿고 무조건 열심히 하고 많이 아는 인간적이고 율법적인 믿음 생활을 하고 있습니다.

본문 말씀은 완악한 유대종교지도자들인 서기관 바리세인 제사장(목사)들이 하나님의 나라가 어느 때에 임할 것인가를 묻자 예수께서는 그들 심령을 찌르는 경고의 화살을 날리는 뜻으로 천국을 말씀하신 것입니다. 천국의 때를 알기 이전에 천국에 들어가는 조건부터 반드시 알라는 뜻이었습니다. 다시 말해 천국을 다른데서 찾지 말고 천국을 너희 마음 안에서 이루어지도록 하라는 말씀이 됩니다. 자신들의 마음 안에 천국이 이루어지려면 너희 안에 서있는 예수님을 주인으로 영접하라는 것입니다.

예수님께서 천국이 너희 안에 있다고 하신 말씀을 이해하려면 예수님이 말씀을 전할 당시의 상황을 알지 못하면 이해할 수가 없습니다. 예수님께서 바리새인들에게 말씀을 전하실 때 예수님은 중앙에 서서 계시고 바리새인은 예수님을 중심으로 하여 원형으로 둘러 앉아 있었습니다. 때문에 예수님께 천국이 언제 임하느냐고 묻는 바리새인들에게 "천국(예수님)은 지금 너희 안에 있다." 즉 너희가 둘러 앉아 있는 중앙에 서있는 내가 곧 천국이라고 말씀을 하신 것입니다. 누가복음 17장 20-23절에 보면 "바리새인들이 하나님의 나라가 어느 때에 임하나이까? 묻거늘 예수께서 대답하여 이르시되 하나님의 나라는 볼 수 있게 임하는 것이 아니요. 또 여기 있다 저기 있다고도 못하리니 하나님의 나라는 너희 안에 있느니라. 또 제자들에게 이르시되 때가 이르리니 너희가 인자의 날 하루를 보고자 하되 보지 못하리라. 사람이 너희에게 말하되 보라 저기 있다 보라 여기 있다 하리라. 그러나 너희는 가지도 말고 따르지도 말라" 쉽게 설명하면 예수님이 자신의 주인으로 계시면 천국이라는 뜻입니다.

예수님을 주인으로 모신 사람 안에 천국이 있다는 말입니다. 천국은 기본적으로 하나님의 통치를 받는 나라(영역)로서, 내가 성령님을 주인으로 모시고 살아가는 상태를 뜻합니다. 그래서 지금 예수님이 자신 안에 성전에 주인으로 계시면 천국이 자신 안에 있는 것입니다. 때문에 필자는 예수님을 내 안에 있는 성전에 주인으로 모시고 성령의 인도를 받으며 살아가고 있기 때문에 천국이 내 안에 있다고 믿고 있습니다.

천국은 하나님의 나라 곧 영생의 성역입니다. 영생의 성역인 천국을 마음 안에서 찾으라는 이유는 영생은 곧 하나님과 예수그리스도의 말씀을 깨달아 아는 지식이 있기 때문입니다(요 17:3). 하나님이 우리에게 천국을 약속하시면서 그 조건으로 요구하시는 일은 말씀의 참 뜻을 깨달아 아는 것입니다. 마태복음 25장 열 처녀비유에서 기름(말씀)준비한 슬기로운 5처녀(말씀 깨달은 자)에게 하늘의 신랑이 이 땅의 인간에게 혼인하러 오는 것입니다. 그러므로 예수님을 믿는 순간 죄인이 죽고 예수님으로 다시 태어나 영생을 받는 것입니다. 말씀을 깨닫는 그것만이 하나님을 모르는 우리 죄가 사함 받는 일이고, 우리를 깨끗하게 하는 일이고, 성령을 충만 받는 일이고, 세마포(말씀)로 신부단장을 하는 일이 천국으로 유월할 수 있는 유일무이한 일입니다.

"말씀을 깨달아 알라! 이것이 영생의 천국이다!"라는 말씀이 곧 천국은 너희 안에 있다가 됩니다. 예복을 갖춘 자들이 혼인잔치에 초대 받는 것입니다. 예복을 입지 않은 사람은 밖에 내쳐서 불타는 지옥 불에 던져버렸다는 것입니다(마22:13). 이와 같이 예수께서는 말씀에 무지한 바리세인들에게 천국은 너희 마음 안에서 깨달아 아는 지혜로서 먼저 결정되어짐을 강조하는 뜻에서 "천국은 보이게 임하는 것이 아니고 너희 안에 있다"고 말씀하신 것입니다. 천국이 될 수 있는 자격이 무엇인지도 모르는 바리세인들의 천국 질문에 예수님은 아주 적합한 명답을 해주신 것입니다.

오늘날의 기독교인들도 유대교인들과 다르지 않습니다. 기독교인들에게 물어보라, 천국이 어디 있냐고 물어보면 목회자로부터 평신도까지 모두다 하나같이 예수님께서 말씀하신 천국은 너희 안에 있다고 하니깐 천국은 내 안에 있다고 이렇게 알고 있는 것입니다. 천국도 너희 안에 있다는 것도 거듭난 성전 된 사도들이나 제자들에게 하신 말씀이지, 오늘날 모든 기독교인들에게 하신 말씀이 전혀 아닌 것입니다. 분명하게 성령으로 거듭난 성도의 마음 안에 성전이 세워져 천국을 만끽하며 누리는 성도만을 말하는 것입니다. 왜냐하면 천국이 오늘날 모든 기독교인들 안에 있다고 한다면 천국은 이미 내가 가지고 있는데, 왜 또 천국을 갈려고 애를 쓰고, 신앙생활을 하시겠습니까? 오늘날 기독교인들이 천국이 어디 있는지 천국이라는 그 자체를 바르게 알지 못하고 있는 것입니다. 자신 안에 천국이 있는 줄을 성령으로 깨닫지 못하니 지금 천국을 만끽하지도 못하면서 천국가려고 기를 쓰고 있는 것입니다.

오늘날 기독교인들은 천국이라는 개념을 어느 장소적인 개념으로 알고 있고, 이 세상보다 아주살기 좋은 하늘어디에 열두 진주 문에다 금은보석이 길가에 깔려있는 아름다운 곳으로 인식되어 있기 때문에 천국자체를 정확하게 모르고 있는 것입니다. 천국은 장소적 개념이 아니라, 어느 존재적 개념이라는 것입니다. 하나님이 계시는 곳은 바로 예수 안에만 계시는데 성전 된 몸 안에 계신분이 하나님이시고, 성전 된 몸을 가진 자들이 바로 천국이라는 것입니다. 예수를 주인으로 모신 성도들이 바로 천국이라는 것입니다. 요단강에서 예수께서 세례를 받으시고 성령이 임하고 첫 일성이 "회개하라 천국이 가까이 왔다"는 것은 어느 장소를 말한 것이 아니라, 네가 지금 가는 길을 돌아서(회개)면 바로 네 앞에 예수님(천국)이 있다는 말씀입니다.

하나님은 물과 성령으로 거듭난 성전 된 자녀들 안에만 계십니다. 성전 되지 못한 그 어느 곳에도 안 계시는 것입니다. 그러므로 천국은 말씀을 내안에서 이루는 것이지, 어디로 가는 것이 절대로 아닙니다. 그래서 하나님의 말씀으로 반듯이 하나님이 안식하실 수 있는 성전을 내 안에 건축한 자들이 하나님의 아들이며, 바로 이들이 천국을 소유한 자들인 것입니다. 예수와 같은 사도들과 제자들이 천국의 실체인 것입니다. 그러므로 천국으로 들어가는 조건은 예수님이나 제자들과 같이 예수님을 주인으로 영접하고 하나님의 성전이 자신의 몸 안에 진리의 말씀과 성령으로 성전이 이뤄져야 하나님이 주인으로 들어오셔서 안식하실 때 천국의 실체가 되는 것입니다. 그렇기 때문에 예수를 주인으로 모신 성도는 지금 천국을 만끽하고 누려야 합니다.

첫째, 천국은 사후에 가는 곳만이 아닙니다. 천국은 우리의 본성(아담)으로 만끽하며 누리다가 사후나 예수님 재림 때에 가는 곳이 아닙니다. 생명(아담)을 가지고 살아가는 동안 천국은 본성으로 만끽하며 누리는 곳이 아닙니다. 천국은 하나님의 은혜를 입은 성도들이 하나님의 은총을 따라 진리의 말씀과 성령으로 거룩하게 변화되어, 하나님의 형상을 회복하는 것을 의미하며, 거룩한 변화이며 성화이며, 우리가 알고 있는 인간의 육체와 본성을 갖고 있는 죄인인 인간이 아니라, 거룩하신 하나님의 은총으로 새롭게 되어 물과 성령으로 거듭난 사람이 지금 천국을 만끽하며 누리다가 들어가는 곳이 바로 영원한 천국입니다.

지금 천국을 만끽하며 누려보지 못하면 천국을 설명하며 전하는 것이 마치 약장사처럼 보일수도 있을 것입니다. 약장사처럼 보이는 것은 천국을 전하는 사람이 지금 천국을 체험하지 못했기 때문입니다. 분명하게 천국은 지금 이 땅에서 느끼고 체험하는 것입니다. 천국을 말하는 사람들이 천국이 어떤 상태이며 어떤 곳인지 체험하지 못하기 때문에 막연한 것입니다. 또 한 약장사처럼 보는 사람은 교회를 또는 그리스도인들을 오해하고 보기 때문입니다.

왜곡된 마음엔 외곡된 것이 보일 수밖에 없습니다. 노자는 "진리는 굽어보인다."고 하였습니다. 아말에 대해 진언한 노자의 의도는 아니지만, 그 말을 인용한다면 죄로 굽어진 인간의 눈엔 진리가 굽어보일 수밖에 없습니다. 세상을 굽(죄로)은 눈으로 보니 모든 것이 굽어보일 뿐입니다. 사실 진리는 굽어보이고,

거짓은 펴진 것처럼 보일 수도 있습니다. 이것이 우리 눈이 갖는 착시현상입니다. 착시현상을 언제까지나 갖고 계시렵니까? 인간의 기준으로 인간의 가치관으로 인간을 보니 착시현상에 얽매여 자꾸 굽어져 보이는 것을 나무랄 수밖에 없지 않겠습니까? 결국 이러한 태도는 율법주의자이며 곧 바리세적인 외식적인 신앙의 태도입니다.

성령으로 거듭나지 못한 사람의 눈에는 하나님은 무조건 사랑이리라고 생각할 수 있지만, 자신의 착시로 보는 자신의 이상에 불과합니다. 하나님을 사랑할 사람만 사랑하십니다. 의미는 그릇할지라도 현실은 그렇지 않습니다. 그래서 교회에는 유대인과 이방인이 존재하는 것이고, 그리스도인과 세속인이 존재하는 것이며, 하나님의 자녀와 사단의 종들이 존재하고 선한이가 있으며, 악한 이들이 있는 것입니다. 더 나아가 죽은 자가 있는가 하면 산자가 있습니다. 지금 천국을 만끽하며 누리며 살아가는 자가 있는가 하면, 지옥 같은 삶을 사는 사람이 있습니다. 분명히 하나님은 죽은 자의 하나님이 아니오. 산자의 하나님이라고 하셨습니다.

우리 크리스천들이 하나님을 믿고 말하지만, 그것은 자신의 머릿속에 존재하는 하나님이고 성경 속에 나타난(계시된) 하나님이 아닙니다. 우리는 성령께서 계시하시는 생명이신 하나님을 믿어야 합니다. 인간이 상상한 유토피아를 천국으로 생각하니 천국에 관한 오해가 자꾸 생기는 것이며, 착시현상이 나타나고, 오해가 쌓이니 "천국이 있다 없다." 하는 것이고, 그러면 천국은 정말 재미없겠다고 하는 것입니다.

일부 크리스천들의 천국의 개념은 머릿속에 있지만, 천국을 유토피아로 착각하고 계시며, 지금의 인간이 그대로 천국에 들어 갈 것이라고 생각하는 오류를 범하고 계신 것입니다. 이러한 오류는 간단하면서도 쉽게 빠지는 인간의 어리석음입니다. 어리석이 때문에 이단 사설에 현혹되어 이단에 빠지는 것입니다. 하나님은 어리석은 사람의 지혜로 하나님을 알려고 하지 말라고 성경말씀을 주시고 성령으로 깨닫게 하시며, 필요하시면 직접적인 계시로 자신을 나타내시는 것입니다. 하나님은 확실한 분입니다. 막연하게 자신을 나타내시는 분이 아닙니다. 꼭꼭 집어서 자신을 나타내시고 알고 순종하게 하십니다(마3:16~17).

진실로 하나님을 믿으신다면 자신만이 생각하는 하나님을 찾지 말고, 성경의 하나님, 성령께서 계시하시는 하나님을 찾으시기 바랍니다. 귀하께서 하나님을 간절하게 찾으신다면 하나님께서 귀하에게 새로운 은혜를 주실 것입니다. "내가 찾아 나선 줄 알았으나 하나님이 나를 찾으셨다."의 은혜를 체험하게 될 것입니다. 그러면 그때 진리를 진리로 보게 될 것이고, 하나님을 하나님으로 볼 수 있는 은총의 시간이 열릴 것입니다. 일부 성도들이 생각하는 것과 같이 금방 되지 않습니다. 시간이 필요하고 체험이 필요합니다.

천국은 예수님을 믿는 믿음으로 지금 만끽하고 누리며 살다가 가는 곳입니다. 믿음으로 누리며 살다가 가는 곳이지만, 죄로 인해 하나님의 형상을 상실한 모습으로 누리며 살다가 가는 것이 아니라, 하나님의 은혜로 하나님의 형상으로 변화(변화)되어 누리며 살다가 들어가는 것입니다. 물로 죽어서나 예수님께서 재림하실 때 들어가는 것이 아니라, 지금 예수님을 주인으로 모신 자신 안에 천국이 들어왔습니다. 이제 귀하게 하실 것은 자신 안에 들어온 천국이 자신을 통하여 나타나게 하는 것입니다. 자신 안에 천국이 나타나게 하기 위하여 성령의 지배와 장악된 상태에서 성령의 인도를 받아야 합니다.

성령의 지배와 장악된 상태에서 성령의 인도를 받으려면 먼저 해야 할 일이 있습니다. 성령으로 세례를 받는 것입니다. 필자가 말하는 성령세례는 예수를 믿게 할 때 받은 관념적인 성령세례가 아닙니다. 성령께서 자신을 지배하고 장악하는 실제적인 성령세례를 말합니다. 이렇게 성령으로 세례를 받게 되면 자신의 내면에서 대립현상이 일어납니다.

왜 대립현상이 일어날까요? 이 시대에 많은 그리스도인들이 마음에 근심과 두려움과 공포와 불안에 고통하고 있습니다. 특히 성도들의 우리의 삶도 예외는 아닌 듯합니다. 믿음이 있는 성도인데 우리의 현실은 여전히 소수의 성도들만이 지속적인 마음의 평안을 누리고 있다는 것입니다. 많은 그리스도인들이 마음에 근심과 두려움과 공포와 불안에 고통 하는 원인은 예수님으로 하나가 되지 못했기 때문이라고 생각합니다. 예수님으로 하나가 된다는 것은 인간적으로 안다고 하나가 되는 것이 아닙니다. 예수님은 영이십니다. 살아계십니다. 초자연적으로 역사하시고 계십니다. 살아서 초자연적으로 역사하시는 예수님이 믿는 자의 마음 안을 성전삼고 주인으로 계십니다. 그러나 온전하게 전인격을 지배하고 장악을 한 상태는 아닙니다. 그렇기 때문에 온전하게 천국을 만끽하며 예수님의 평안을 만끽하며 살아가지 못하는 것입니다. 반대로 천국을 만끽하며 예수님의 평안을 누리고 사는 소수의 크리스천은 자신 안에 성전삼고 주인으로 계시는 성령님이 전인격을 지배하고 장악했으며, 성령의 인도를 받는 사람들입니다. 그렇기 때문에 예수님의 평안을 누리면서 살아가려면 진리의 말씀과 초자연적인 성령의 역사로 자신이 하나가 되는 역사를 일으켜야 합니다. 대립현상이 일어날 때 이상한 일로 거부하지 말고 받아들여서 통과해야 합니다. 자신 안에 남아있는 세상 신들을 진리의 말씀과 성령의 역사로 제압하고 몰아내야 합니다. 이 단계에서 자신에게서 이상대립 현상이 얼어나는 것입니다. 이를 통과하면 예수님으로 하나가 되어 지금 천국을 만끽하면서 살아갈 수가 있습니다. 그래야 진정 예수님이 자신의 주인이 되시며 성령의 지배와 장악된 상태에서 성령의 인도를 받아야 합니다.

성령의 지배와 장악이 되면 지금의 모습과는 전혀 다른 모습이 될 것입니다. 기대되지 않습니까? 하나님의 은혜로 변화된 우리들의 모습입니다. 성경은 우리들의 모습이 얼마나 아름다운지 천사도 흠모한다고 하였습니다. 또 세상의 어떤 피조물보다 귀하게 만드셨다고 하셨습니다. 하나님의 은혜로 새로워지길 기도합니다.

둘째, 예수님으로 온전하게 하나가 되어야 만끽하는 곳입니다.

필자는 20년 가까이 개별적인 성령집중정밀치유사역을 했습니다. 개별정밀치유사역을 하면서 많은 분들이 천국을 만끽하는 삶으로 변화되는 것을 체험했습니다. 예수님으로 하나가 되니 천국을 만끽하며 누리게 되더라는 것입니다. 80세 된 아무개 원로사모님이라고 하시는 분이 내적치유와 축사를 배우겠다고 저희 교회에 오셨습니다. 첫날 오전 집회를 마치고 기도하시는데 필자가 안수를 해드렸습니다. 원래 우리 교회 모든 기도시간은 50분 이상입니다. 그렇기 때문에 50분 이상 기도할 수 없으면 견디기 힘이 듭니다. 필자가 잘 설명합니다. 기도를 하지 못하는 분들은 호흡을 들이쉬고 내쉬면서 주여! 하면서 기도를 하다가 보면 성령의 역사가 일어나서 기독 쉬워진다고 알려드립니다.

그런데 기도를 하시지 못하고 그냥 가시는 것입니다. 적응이 되지 않아 그런지 머리가 아프다는 것입니다. 어지럽다는 것입니다. 성령의 역사로 일어나는 초기 현상입니다. 다음 주에 다시 오셔서 화요일 날 하루만 다녀보겠다는 것입니다. 그러면서 기도제목을 적어 놓은 것을 보니 불면증으로 잠을 자지 못한다는 것입니다. 필자가 참으로 마음이 안타까웠던 것은 80세 된 원로 사모님이 성령으로 내면을 정리하지 못했다는 것입니다. 쉽게 설명하면 성령으로 세례다운 세례를 받지 못했다는 것입니다. 천국 가서 상급을 받기 위하여 관념적인 신앙생활을 열심있게 하셨다는 것입니다.

그래서 필자가 원로사모님께 내면이 성령으로 정화되어 하나가 되면 불면증은 쉽게 없어집니다. 하루만 다니시지 말고 화-수-목 연속적으로 다녀야 성령께서 지배하시고 장악하시어 예수님으로 하나가 되니 참 평안을 만끽하면서 머리 아프고 가슴 답답한 것도 치유가 되고 지금 천국을 만끽하며 누리게 됩니다. 내면을 진리의 말씀과 성령의 역사로 잠재의식의 상처와 스트레스와 심리적이고 영적인 독소를 배출해야 하기 때문에 시간이 걸립니다. 이렇게 조언을 해드렸습니다. 그랬더니 순종하여 2개월 정도를 다니시는 것입니다. 그런데 중요한 것은 얼굴이 계속 바뀐다는 것입니다. 80세 노인의 얼굴이 아니라는 것입니다. 기도소리가 바뀐다는 것입니다. 기도소리가 바뀐다는 것은 성령으로 하나가 되어가고 있다는 것입니다. 어느날 저에게 "목사님! 감사합니다. 이제 잠도 편안하게 잘 잡니다. 목사님의 말씀대로 지금 천국이 되었습니다. 너무너무 평안합니다." 지금 천국을 만끽하며 누리려면 원로사모님과 같이 시간을 투자하여 진리의 말씀과 성령으로 정화하여 살아계신 성령하나님으로 하나가 되어야 합니다. 내면이 진리의 말씀과 성령으로 정리가 되어 예수님으로 하나가 되어야 천국을 만끽하면서 누리게 됩니다. 그러면 필자가 하는 말도 믿어지게 될 것입니다.

예수님으로 하나가 되어야 지금 천국을 누릴 수가 있습니다. 근본적으로 모든 크리스천과 크리스천의 가정과 교회들이 예수님으로 하나가 되어야 지금 천국을 만끽하면서 살아갈 수가 있는 것입니다. 이론적으로 하나가 되는 것이 아니고 성령의 초자연적인 역사에 의하여 하나가 되는 것을 말합니다. 그래서 예수님이 하나님께 하나가 되게 해달라고 기도하신 것입니다. 그런데 우리 크리스천들이 잘못이해하고 있는 것이 있습니다. 바로 천국에 대한 막연한 지식입니다.

성경에서 말하는 천국은 어디이고 누가 가는 곳입니까? 오늘날 기독교인들의 천국의 개념은 천국은 삶의 가장 아름다운 것이라고 믿고 있으며, 꿈의 낙원이라고 말할 수 있는데, 성경에서는 어떤 곳이라고 말 할까요? 기독교인들이 알고 있는 상식적인 천국이란 육신의생을 마치고 죽어서나 가는 곳이라고 알고 있습니다. 그 천국이 어떤 곳인지 참으로 궁금하였습니다. 필자가 평신도 이었을 때 천국은 사후에 가는 곳으로 알고 있었습니다. 천국 가기 위하여 열심 있게 믿음생활하고 천국에 상급을 쌓기 위하여 봉사도 헌금도 했습니다. 그래서 천국에 대하여 관심을 갖다가 천국은 지금 만끽하며 누려야 한다는 것을 깨달은 것입니다.

천국(天國)은 하늘 天 나라 國이니 하늘나라를 말합니다. 성경에서 말하는 하늘은 하나님이 계신 곳이 하늘이라 하셨으니, 하나님과 예수님이 계시는 곳이 하늘이고 하나님의 나라인 것입니다. 예수님께서 자신 안 성전에 주인으로 계시니 자신이 천국입니다. 예수님이 말씀이 육신이 되셨으니 예수님 자신이 하늘나라입니다. 예수님은 자신을 천국이라 하셨습니다. 오늘날 기독교인들은 추상적으로 천국은 죽어야만 가는 곳으로 알고 있지만, 천국은 어디로 가는 것이 아니라, 하나님은 자신 안에 성전에 주인으로 계시니 자신이 천국입니다. 그러니까 하나님은 예수를 믿고 물과 성령으로 거듭난 성도의 마음 안에 성전삼고 주인으로 계시니 자신 안에 하늘나라 천국이 이뤄진 것입니다. 지금 천국을 만끽하며 누려야 하나님을 기쁘시게 하는 것입니다. 천국을 누리면서 천국을 전도해야 합니다.

그렇다면 하나님을 믿지 않는 사람들이 말하는 천국은 어떤 곳이라고 말할까요? 天이란 두(二) 사람(人)이 하나가 될 때 천국이니, 그것은 부부가 하나가 될 때 천국이며, 부모와 자식 또는 친구와 친구가 하나가 될 때 천국이요. 지도자와 백성이 하나가 될 때가 천국이며, 또한 마음과 마음, 생각과 생각이 하나가 될 때 천국이라고 말합니다. 이와 마찬가지로 하나님을 주인으로 모신 사람이 천국이요, 성령으로 충만한 상태가 천국이요, 예수님과 하나가 된 것이 천국이요, 예수님처럼 말씀이 육신이 되신 자가 천국입니다. 그런데도 일부 깨닫지 못한 목회자와 성도들은 누구나 천국은 죽어서 가는 곳이라고 말합니다.

예수께서는 "회개하라 천국이 가까이 왔다," 라는 말은 예수가 천국이라는 말입니다. 너희 안에 천국이 있다, 라는 말입니다 천국은 예수 안에 있는 것이지 어디로 가는 것이 절대로 아닙니다. 예수 안에는 하나님이 계시기 때문에 너희 앞에 천국(예수)이 있다, 라는 말입니다 그러므로 예수께서는 천국은 여기 있다 저기 있다가 아니라 천국은 너희 안에 있다고 하신 것입니다. 천국은 말씀으로 내안에 이루는 것입니다.

2장 하늘나라 천국은 어디에 있을까

(눅 17:20-21)"바리새인들이 하나님의 나라가 어느 때에 임하나이까? 묻거늘 예수께서 대답하여 이르시되 하나님의 나라는 볼 수 있게 임하는 것이 아니요, 또 여기 있다 저기 있다고도 못하리니 하나님의 나라는 너희 안에 있느니라"

천국이 어떤 곳일까, 어디에 임하는가? 가장 확실하게 알 수 있는 방법은 직접 가보거나 체험하는 것입니다. 그러나 하나님께서는 이 땅에 살고 있는 우리가 천국을 깨닫고 믿음으로 살 수 있도록 말씀을 주셨습니다. 성경말씀을 보면 천국과 지옥에 대한 정보들이 있습니다. 그러나 이 말씀들은 천국에 대한 모든 것을 다 말해주고 있지는 않습니다. 성령께서 깨닫게 하는 만큼만 알려고 해야 합니다. 완전하게 알려면 실제로 체험해보아야 알 수 있습니다. 천국 하늘나라는 하나님이 계신 곳입니다. 그럼 지옥은 어디일까요? 하나님이 계시지 않는 곳이 지옥입니다. 이스라엘 백성들이 가데스바네아에 와서 가나안을 정찰했습니다. 각 지파에서 특출한 사람을 선발하여 가나안을 똑 같이 정찰을 했는데 각각 보고가 달랐습니다. 하나님께서 주인으로 계시지 않아 지옥인 열 지파 사람들은 지옥을 연상하는 보고를 합니다. 하나님께서 함께하여 천국인 여호수아와 갈렙은 천국 하늘나라를 연상하게 하는 보고를 합니다. 마음에 하나님께서 계시느냐, 계시지 않느냐에 따라서 가나안을 보는 방향이 달랐기 때문입니다. 말한 대로 열 지파 사람들은 멸망을 받았습니다. 예수를 믿고 교회를 다녀도 하나님께서 주인 되지 못하면 하나님으로부터 아무것도 받을 수가 없는 것입니다. 결국 천국과 지옥은 자신의 마음 안에 하나님께서 주인으로 계시느냐, 계시지 않느냐에 따라서 결정되는 것입니다. 천국인 성도는 하나님께서 주인으로 계시기 때문입니다. 지옥인 성도는 자신이 주인인 사람입니다. 바른 신앙은 하나님이 말씀을 통해서 보여주시는 것까지만 보고 알려주시는 데까지만 아는 것이 바른 신앙입니다. 만약에 성경이 천국에 대해서 50만큼 말하고 있는데 80, 100만큼 알려고 하면 신비주의나 이단에 빠지기 쉽습니다. 성경이 우리에게 50만큼 알려주면 우리는 50만큼만 아는 것입니다. 그리고 나머지는 "지금 천국을 만끽하며 살아가다가 사후에 그 땅을 밟아보면 확실히 알 것이다." 하면서 믿음으로 사는 것입니다.

바리새인들이 주님께 와서 "하나님의 나라가 어느 때 임하나이까"라고 물었습니다. 바리새인들의 이 질문은 유대인들이 고대하던 메시야의 왕국 도래시기를 묻는 질문으로서 언제쯤 메시야의 왕국이 임하겠느냐는 물음인 것입니다. 이에 대한 예수님의 답변을 본문을 통해서 살펴보면서 하나님의 나라에 대해 구체적으로 생각해 보기로 하겠습니다. 먼저 질문하겠습니다. 귀하는 하나님의 나라를 맛보며 살고 있습니까? 성경이 말하는 가장 핵심적인 사상 중 하나는 '하나님 나라'입니다. 이는 '구원'이자 '천국'이라고도 합니다. 또 다른 말로는 '새 하늘과 새 땅'입니다. 그런데 이 하나님 나라는 죽어서만 가는 천국이 아닙니다.

이 세상에서 누리며 살아가야 할 곳이기도 합니다. 하나님 나라는 예수님을 믿는 순간부터, 이 땅에서부터 시작됩니다. 이것은 아주 독특하고 유일한 것입니다. 하나님 나라는 사람이 만든 것도, 사람이 상상한 것도 아닙니다. 한 번도 상상해 본 일 없고, 경험해 본 적 없으며, 한 번도 가져본 적 없는 아주 새로운 나라입니다. 그런 나라를 하나님께서 예비하시고 약속하셨습니다.

귀하가 예수 그리스도를 영접한 순간, 하나님을 만난 순간 제일 먼저 경험하는 것이 하나님의 나라를 느끼는 것입니다. 교회 다니고 예수를 믿으면서도 하나님 나라를 느끼지 못하는 사람은 불행합니다. 그 사람에게 예배는 기쁨이 아니라 고행일지도 모릅니다. 몸으로 행위로 때우려니 고행인 것입니다. 기쁨으로 감당하면 천국입니다. 분명하게 성령께서 천국이 어떤 곳인가를 지금 체험하게 하여 믿도록 하실 것입니다.

질문하겠습니다. 지금 하나님 나라에 살고 있습니까? 느끼지 못해도 그것은 사실입니다. 내 안에서부터 그 기쁨과 감격을 누리게 해 달라고 간구하십시오. 그리고 느끼려고 관심을 가져보세요. 그러면 분명하게 지금 천국을 느끼면서 만끽하게 될 것입니다. "보라 내가 새 하늘과 새 땅을 창조하나니 이전 것은 기억되거나 마음에 생각나지 아니할 것이라"(사 65:17). 이 책을 끝까지 정독해나가다가 보면 분명하게 마음으로 몸으로 느낌으로 천국을 체험하게 될 것입니다.

"천국" 곧 "하늘나라"는 대부분 "하나님의 나라"와 같은 의미로 사용됩니다. 천국은 하나님께서 친히 한 인간으로 태어나서 이를 믿는 인간 안에 성전삼고 성령으로 들어왔을 때 시작하였습니다. 천국, 곧 하나님의 나라는 인간의 마음에 임하는 하나님의 통치입니다. 오늘날 그리스도는 신자들의 마음에서 통치하십니다. 예수님이 천국이시라는 것입니다. 자신 안에 예수님이 주인으로 계신다면 귀하는 천국을 누리면서 사는 것입니다. 우리가 주님께 우리의 삶을 주관하도록 허락할 때 우리는 하나님 나라 곧 천국에 들어가게 되며 믿음으로 그 최종적 완전한 실현을 기다립니다.

그러나 천국은 세상과 사람들에게 있는 모든 죄가 심판을 받아 제거될 때까지 완전하게 실현되지는 아니할 것입니다. 죄인 인간성을 제거하기 위하여 아브라함은 25년, 야곱은 20년, 요셉도 13년이 걸린 것입니다. 그리스도는 그의 초림에서 고난 받는 종으로 세상에 오셨으며, 세례요한으로부터 세례를 받으시고 성령의 이끌림을 받아 세상에 천국을 건설하는 사역을 하시다가 십자가에서 해 받으신 후, 3일 만에 부활하여 40일간 보이시다가 하늘로 승천하셨습니다. 후일 승리자로서 온 세계를 다스리는 왕과 심판자로 재림하실 것입니다. 그의 재림과 더불어 천국의 최종적 완전한 실현이 올 것입니다.

천국은 지금 예수님을 믿는 성도들을 통하여 시작이 된 것입니다. 하나님은 성도들에게 거룩하기를 원하십니다. 거룩하게 하기 위하여 성령으로 성도들의 마음속에 있는 성전에서 역사하고 계십니다. 진리로 성화되고 하나님의 은혜와 능력으로 죄를 승리하는 성품의 완성은 하늘 왕국의 영광과 하늘 천사들과 동거하기에 합당한 적합성을 이루게 해줍니다. 지금 성령께서 믿는 자속에서 역사하시며 육적인 죄악과 자아와 상처와 혈통을 타고 들어온 죄의 문제를 정화하시며 배출하고 계십니다. 천국에서 하늘 왕의 아름다움을 볼 준비를 지금 생명의 말씀과 성령으로 만들어야 합니다. 자신에게 남아있는 인간적인 죄악들을 성령님이 제거하실 수 있도록 마음을 열어야 합니다. 자신의 전인격을 성령으로 정화하면 정화할수록 천국을 만끽하게 될 것입니다. 지금 천국은 자신 안에 있는 인간적인 요소들이 성령으로 배출이 되어야 누리게 됩니다. 본인이 마음을 열면 열수록 성령께서 진리의 말씀을 깨닫게 하시면서 정화하고 배출하십니다.

우리가 진리의 말씀과 성령으로 전인격이 정화되면 될수록 우리는 곧 하늘 영광 가운데 순결한 하늘의 천사들과 연합할 수 있는 상태로 변화하게 될 것입니다. 바로 여기서 영원한 천국에서 살 준비를 해야 하는 때는 지금이며, 우리의 몸과 영이 불멸에 적합하게 되어야 하는 장소가 있다면 바로 여기입니다. 지금 천국이 어떤 곳이며 어떤 것인지 몸과 마음과 생각으로 만끽하며 살아야 합니다. 분명하게 성령께서 느끼고 만끽하게 하십니다.

우리는 이 마지막 시대에 만연하는 부패 속에서 흠 없이 서야 합니다. 마음을 열고 진리의 말씀을 성령으로 깨달으면서 이기적이고 세속적인 것들을 밖으로 배출해야 합니다. 이기심과 죄악이 우리에게 영향을 주지 못하게 해야 하며, 하나님의 성령이 우리를 온전히 장악하여 우리의 모든 행위에 영향을 끼치도록 해야 합니다. 성령의 지배와 인도를 따라야 합니다. 그리하여 우리의 몸과 영이 거룩하게 변화되도록 우리는 혼신의 노력을 하며 주님께 매 순간 우리 자신을 바쳐야 할 것입니다. 하나님의 은혜와 능력으로 우리는 이 일을 넉넉히 이룰 수 있을 것입니다. 주님의 은혜는 너무나 크고 능력이 많으시기 때문입니다.

하나님이 거룩하신 것같이 거룩하게 되는 것은 예수님처럼 사는 것이고, 그가 이 땅에서 행한 것같이 행하는 것이고, 같은 열매를 맺는 것입니다. 그의 제자들은 예수님처럼 살 수 있다고 예수님이 친히 말씀하셨습니다(요15:16). 더욱이 예수님보다 더 큰 일을 할 수 있다고 하셨습니다(요14:12). 그리스도인이란 그리스도 안에서 그리스도의 삶을 사는 사람이지요. 사도 바울도 그리스도인은 하나님이 모든 은혜를 넘치게 하사 모든 일에 항상 모든 것이 넉넉하여 모든 착한 일을 넘치게 하셨다고 하였습니다(고후9:8).

'모든' '항상' '넘치게'라는 단어는 제한이 없는 하나님의 은혜를 나타냅니다. 세례 요한과 예수 그리스도의 첫 메시지는 "천국이 가까이 왔느니라"이지만, 그 이후에 예수님은 천국이 이미 우리에게 임한 것을 말씀하셨습니다. 천국은 육의 눈으로 볼 수 있게 임하지 않고, 여기 있다 저기 있다 할 수도 없으며, 천국은 우리 안에 있다고 하셨습니다(눅17:20-21). 사도행전에서는 천국이 성령의 권능으로 임한 역사를 나타냅니다. 사도 바울은 천국은 말에 있는 것이 아니고, 하나님의 능력에 있으며(고전4:20), 하나님의 나라는 먹고 마시는 일이 아니고, 성령이 주시는 의와 평화와 기쁨이라고 했습니다(롬14:17).

강해사전에 의하면 의는 "하나님이 열납하시는 상태입니다."

즉 하나님 보시기에 옳은 것입니다. 하나님께서 받으시는 것입니다. 의가 도무지 없는 우리가 오직 예수 그리스도를 통하여 의롭게 되고, 의롭게 살 수 있습니다(롬5:19; 고후5:21). 예수님은 제자들을 보내면서 귀신을 쫓아내며, 병든 자를 고치는 권세를 주시고(마10:1-8), 성령의 권능으로 귀신을 쫓아내니 이미 천국이 임하였다고 하셨습니다(마12:28). 이와 같은 은혜를 선지자나 사도들이나 특별한 사람에게 하나님이 주시지 않고, 모든 믿는 자들에게 주신다는 것입니다. "믿는 자들에게는 이런 표적이 따르리니, 곧 저희가 내 이름으로 귀신을 쫓아내며, 새 방언을 말하며, 뱀을 집으며, 무슨 독을 마실찌라도 해를 받지 아니하며, 병든 사람에게 손을 얹은즉 나으리라."(막16:17-18). 누구든지 예수 그리스도를 믿으면 구원을 받고, 천국을 소유한다는 것이 기독교의 복음의 메시지입니다. 천국은 예수 그리스도를 믿는 사람들 안에 있습니다. 천국을 누리고, 전파하는 우리가 되시기를 기원합니다.

첫째, 바리새인들이 바라는 하나님의 나라. 바리새인들은 하나님의 나라가 언제 임하겠느냐고 예수님께 물어 보았습니다. 바리새인들은 예수님과 그의 제자들을 통해서 하나님의 나라가 가까웠다는 소식을 들어왔습니다. 그래서 그들은 그 영광스러운 광경이 언제 벌어지겠느냐고 물어 보는 것입니다. 바리새인들의 이러한 질문의 배경에는 메시야 왕국이 임할 때는 하늘에 큰 징조가 있고, 큰 능력이 나타날 것으로 보았기 때문입니다. 당시의 유대인들은 하나님의 나라가 자신들의 땅에 임하여 자신들이 영광스런 하나님의 나라를 볼 수 있을 것이라고 생각했습니다. 그들은 하나님의 나라를 영적인 눈으로 보거나 이해하지 못하고, 육적이고 현실적인 것으로만 이해하였습니다.

유대인들이 가지고 있었던 갈망은 하나님의 나라가 임하면 자신들을 압제하던 로마에게서 해방되어, 정치적으로 자유와 해방을 누리게 될 것이라는 기대감에 있었습니다. 오늘날의 성도들 중에서도 하나님의 나라를 정치적 해방에 초점을 맞추거나 지상적인 부와 성공이 바로 하나님 나라의 실현이라고 생각하는 사람들이 있습니다. 하지만 이것은 잘못된 생각이며, 이러한 인간적인 생각을 가지고는 하나님의 나라를 이해할 수도 없고, 하나님의 나라를 소망 가운데 바라볼 수도 없다는 것을 명심해야 합니다. 사람이 성령으로 거듭나면 하나님 나라(천국)를 볼 수 있다는 것입니다.

둘째, 예수님이 가르쳐 주신 하나님의 나라. 주님의 말씀을 통하여 찾을 수 있는 천국의 개념이라고 하는 것은 우리의 마음과 매우 밀접하다는 것을 알 수 있습니다. 우리의 마음이 무엇을 원하고 있는가? 내 마음을 무엇으로 채워야 하는가? 우리가 세상을 살아갈 때에 어떤 모습이 되어야 하는가? 이러한 것들입니다. 그리고 이러한 것들의 가장 중심은 하나님입니다. 우리 마음이 늘 하나님을 갈망하고 있어야 합니다. 은혜를 갈망해야 합니다. 맑은 영혼, 청결한 마음을 가져야 합니다. 사람들과의 관계에서는 남을 긍휼이 여길 줄 아는 자세가 필요합니다. 화평케 하기 위하여 노력하는 사람이 되어야 한다고 하였습니다.

하나님을 떠나서는 행복이란 있을 수가 없으며, 먼저 하나님과의 관계가 잘 이루어진 다음에 사람과 사람과의 관계가 잘 이루어져야 하고, 세상에서 살 때에 빛과 소금의 모습이 되는 것이 바로 주님께서 가르쳐 주시는 행복의 개념입니다. 천국에는 두 가지의 개념이 있습니다. 근본적인 천국은 하나님께서 만드시고 하나님께서 허락하시는 자에게만 주어지는 것입니다. 또 다른 한 천국이 있는데, 그것은 사람들 스스로 만들어야 하는 것입니다.

　　바리새인들은 주님께서 말씀하시고 있는 그 개념조차도 파악하지 못하고 엉뚱한 질문을 합니다. "도대체 천국은 언제 오는 것입니까?" 이러한 질문에는 3가지의 저의가 숨어 있습니다. 첫째는 예수님을 희롱하고자 하는 것입니다. 주님께서는 하나님의 나라가 이미 임하였다고 하는데, 자신들의 모습이나 다른 사람들의 모습을 보아도 변한 것이 하나도 없습니다. 생활하고 있는 모습도 전과 다르지 않습니다. 그렇다면 천국이 임한 것이 아니라고 생각한 것이며, 우리들도 그렇게 생각할 수도 있습니다. 이들은 예수님께서 마치 천국에 대하여 계속하여 거짓말을 해 왔다고 생각하면서, 앞으로 얼마나 더 기다려야 천국이 올 것이냐고 빈정거리는 태도입니다. 둘째는 예수님께서 그 질문에 관연 대답할수 있는 메시아인가를 시험하기 위한 까닭으로도 생각해 볼 수 있을 것입니다. 예수님께서 잡히신 날 밤에 대제사장과 바리새인들과 수많은 군중들이 모인 가운데 질문을 하였습니다. "가로되 네가 그리스도여든 우리에게 말하라 대답하시되 내가 말할지라도 너희가 믿지 아니할 것이요."(눅 22:67) 이처럼 바리새인들이 천국이 언제 임하느냐고 묻는 것은 '그리스도, 메시아'가 아니라고 단정하고 질문을 하는 것입니다. 셋째는 당시 종교적 관심 사항이 천국에 대하여 고조되던 때였습니다. 그래서 그들은 천국에 대하여 알고 싶어서 질문을 한 것으로도 볼 수 있습니다.

바리새인들은 상당히 교만하였습니다. 자존심이 얼마나 강한 자들입니까? 자신들도 확신하지 못하고 잘 알지 못하는 천국에 대하여 예수님께서 말씀하시니 심사가 비틀렸던 것입니다. 그래서 천국이 왔다고 하는데, 도대체 아무 것도 변함이 없지 않느냐? 정말 천국이 온 것이냐?하고 비꼬는 것입니다.

이는 천국에 대한 개념 파악이 안 된 것입니다. 천국 즉 하나님 나라는 눈에 보이지는 물질적인 의미로서 영토의 개념이 아니라 '하나님의 주권과 통치'가 임하는 곳으로서의 영적인 개념입니다. 그런데 당시 유대인들은 하나님 나라를 이스라엘을 이방의 정치적, 경제적 압제에서 벗어나게 하고, 자신들이 살고 있는 땅에 임하는 민족적, 정치적 왕국으로 생각하고 있었습니다.

우리가 살고 있는 이 땅에 천국이 임하였다고 하는 것은 결코 틀린 말이 아닙니다. 천국이라고 하는 곳은 하나님의 통치가 이루어지고 있는 곳입니다. 이 천국은 창세로부터 지금까지 계속해서 이어지고 있지만, 사탄의 간계로 인하여 사람들의 눈이 어두워졌기 때문에 깨달을 수가 없는 것입니다.

주님께서는 저들의 질문하는 의도를 너무나 잘 알고 계셨지만, 제자들과 군중들을 위하여 다시 가르쳐 주십니다. "하나님 나라는 볼 수 있게 임하는 것이 아니요" '볼 수 있게'라는 말은 철저한 관찰, 주의를 요하는 조사를 의미하는 말이라고 합니다. 고대 헬라에서는 천체의 관찰이나 질병의 증세를 관할 할 때에 사용하는 말이라고 합니다. 즉 아주 자세하게 볼 수 있는 것을 말합니다. 그러므로 주님께서는 천국은 절대로 육신의 눈으로는 볼 수가 없다는 것을 가르쳐 주시는 것입니다.

"여기 있다 저기 있다고도 못하리니" 유대인의 생각으로는 하나님의 나라가 외적인 눈으로 관찰할 수 있는 나라였기 때문에, 그들은 이곳인가? 아니면 저곳인가? 메시아가 통치하는 정치적, 경제적, 사회적 평화로움과 물질이 풍부한 곳 마치 유토피아가 실현될 것으로 보았기 때문에 이러한 잘못된 개념에 대하여 분명하게 교정을 하시는 것입니다.

1) 하나님의 나라는 예측할 수 없게 임합니다. 바리새인들은 그들의 호기심인 하늘나라가 언제 임할는지 그 시기를 알고자 하였습니다. 예수께서는 하나님의 나라는 모든 사람이 볼 수 있게 임하는 것이 아니라고 가르치십니다. 천국은 보이는 지상의 나라가 아니기 때문입니다. 천국은 하나님께 대한 전적인 헌신과 사랑이 있는 곳에 임합니다. 또한 천국은 예수를 하나님의 아들이라 시인하는 심령 속에 임하게 되는 것입니다(요 4:15).

하나님의 나라는 지상 나라처럼 외형적인 모습을 지니지 않습니다. 지상 나라의 발전은 방송이나 신문을 통해서 알려지지만 하나님의 나라는 그렇게 세속적으로 알려지지 않는 영적인 나라인 것입니다. 하나님의 나라는 보이는 중에 임하는 것이 아니라, 보이지 않는 가운데 신령한 마음속에 임하는 것입니다. 우리의 심령에 하나님을 모실 때 우리의 심령이 천국이 됩니다. 우리의 가정에 하나님을 모실 때 우리의 가정이 천국이 됩니다. 우리 교회에 하나님을 모실 때 천국이 되는 것이며, 우리의 사회에 하나님을 모실 때 사회는 하나님의 나라가 되는 것입니다.

2) 하나님의 나라는 공간의 지배를 받지 않습니다. 예수께서는 하나님의 나라는 여기 있는 것도 아니요, 저기 있는 것도 아니라고 하셨습니다. 하나님의 나라는 주님이 함께 계시는 곳, 주님의 뜻이 이루어지는 곳, 하나님의 주권대로 순종하여 하나님의 통치가 이루어지는 곳이 바로 하나님의 나라입니다. 그분의 주권대로 행할 때 우리 안에 이미 하나님의 나라가 그 심령 속에 임하게 되며, 마음과 생활이 변하게 될 것이며, 거만하고 육욕적이던 자가 겸손하고 거룩하게 될 것입니다.

3) 이미 하나님의 나라가 실현되었습니다. 예수께서 "하나님의 나라는 너희 안에 있다"고 하셨습니다. 분명하게 천국은 예수님 자신이라고 말씀하셨습니다. 예수님께서 천국이 너희 안에 있다고 하신 말씀을 이해하려면 예수님이 말씀을 전할 당시의 상황을 알지 못하면 이해할 수가 없습니다. 예수님께서 바리새인들에게 말씀을 전하실 때 예수님은 중앙에 서서 계시고 바리새인은 예수님을 중심으로 하여 원형으로 둘러 앉아 있었습니다. 때문에 예수님께 천국이 언제 임하느냐고 묻는 바리새인들에게 "천국(예수님)은 지금 너희 안에 있다." 즉 너희가 둘러 앉아 있는 중앙에 서있는 내가 곧 천국이라고 말씀을 하신 것입니다.

누가복음 17장 20-23절에 보면 "바리새인들이 하나님의 나라가 어느 때에 임하나이까? 묻거늘 예수께서 대답하여 이르시되 하나님의 나라는 볼 수 있게 임하는 것이 아니요. 또 여기 있다 저기 있다고도 못하리니 하나님의 나라는 너희 안에 있느니라. 또 제자들에게 이르시되 때가 이르리니 너희가 인자의 날 하루를 보고자 하되 보지 못하리라. 사람이 너희에게 말하되 보라 저기 있다 보라 여기 있다 하리라 그러나 너희는 가지도 말고 따르지도 말라" 쉽게 설명하면 예수님이 자신의 주인으로 계시면 천국이라는 뜻입니다. 예수님을 주인으로 모신 사람 안에 천국이 있다는 말입니다. 천국은 기본적으로 하나님의 통치를 받는 나라(영역)로서, 내가 성령님을 주인으로 모시고 살아가는 상태를 뜻합니다. 그래서 지금 예수님이 자신 안에 성전에 주인으로 계시면 천국이 자신 안에 있는 것입니다. 때문에 필자는 예수님을 내 안에 있는 성전에 주인으로 모시고 성령의 인도를 받으며 살아가고 있기 때문에 천국이 내 안에 있다고 믿고 있습니다. 지금 천국을 누리면서 살아가고 있습니다.

사람들 가운데 이미 하나님의 나라가 시작되었다는 것입니다. 하나님의 나라는 예수 그리스도의 사역과 함께 처음에는 미약한 모습으로 시작되었는데, 지금은 아주 점진적으로 확장되고, 결국에는 하나님의 주권적 역사를 통해서 미래에 완성될 것입니다. 우리의 심령에 하늘나라가 이루어질 때 실제적인 삶을 통해서 능력을 나타내게 됩니다(고전 4:20). 우리는 진정 하나님의 나라 시민권을 가진 자로서 미래에 완성될 하나님의 나라를 소망하며 아들의 삶을 살아야 할 것입니다.

우리는 이스라엘의 역사 속에 담겨진 하나님의 나라를 흔하게 찾아 볼 수 있습니다. 하지만 그들은 하나님의 통치적 역사를 이해하려 하지 않았고 결국 하나님을 버렸습니다. 우리의 현실도 그렇습니다. 주님의 통치를 보지 못하는 자는 하나님의 나라를 보지 못한 자입니다. 그들은 자신의 형편과 사정의 나아짐을 원하지만 하나님의 사람은 오직 하나님의 뜻을 이루는 일에 열정을 다하는 것입니다. 우리는 보았습니다. 그리고 알고 있습니다. 그 나라의 자녀로서 우리의 통치자가 되어주시는 하나님의 선하신 뜻을 세워갈 수 있는 복된 주인공이 되시기를 주님의 이름으로 축원합니다.

　셋째, 지금 천국을 만끽하라. 크리스천은 지금 천국을 만끽하며 살아야 합니다. 그래야 천국이 어떤 곳인지 깨달아 알게 될 것입니다. 막연하게 천국을 사모하면서 믿음생활하면 안 됩니다. 천국에 대하여 막연하게 알아서는 안 됩니다. 본인이 체험해 보아야 다른 사람에게 천국이 이렇다고 설명할 수가 있어야 합니다. 기독교는 체험의 종교입니다. 천국에 대하여 막연하게 이론이나 다른 사람들이 말하는 것으로 알아서는 미혹을 당합니다. 예수님은 사람의 미혹을 받지 말라고 하셨습니다(마24:4). 특별하게 천국에 대하여는 바르게 체험적으로 깨달아 알아야 식구들이나 친지들에게 증명할 수가 있습니다. 많은 크리스천들이 이단에 빠지는 것은 막연하게 알았기 때문입니다. 천국은 지금 체험해야 합니다. 분명하게 성령께서 체험하게 하십니다. 체험하려면 충만한 교회 주중(화-수-목) 집회나 토요일 날 진행되는 개별집중정밀치유와 주일예배에 참석하여 보시기를 바랍니다. 자신의 몸으로 느끼고 다른 사람들의 눈으로 자신의 변화를 보아 알 수가 있도록 체험하게 하실 것입니다. 성경말씀은 말이 아니고 생명입니다. 살아계신 하나님의 말씀입니다. 말씀대로 살아계신 역사를 체험해야 생명의 말씀이 되는 것입니다. 진리의 말씀을 많이 알아서 천국을 만끽하는 것이 아니고, 말씀대로 전인격으로 느끼고 체험해야 합니다. 천국을 몸으로 마음으로 느껴야 한다는 말씀입니다.

천국은 예수 그리스도와 함께 할 때 있습니다. 참 믿음의 사람은 예수 그리스도를 통하여 하나님 나라와 그 행복을 맛보며 살아가는 사람입니다. 즉 삶의 중심이 자신의 이기적인 욕망에 있지 아니하고, 예수 그리스도, 즉 하늘의 뜻과 그 뜻을 따르는데 있다는 말입니다. 따라서 이런 사람의 삶의 행복은 곧 예수 그리스도와 함께 함, 그 분의 십자가와 부활의 삶을 따르는 데 있습니다. 그런 사람은 예수 그리스도와 함께 이 세상 가운데서 천국을 맛보며, 자신 안에 하나님의 나라를 이루고 살아가게 됩니다.

찬송가 495장에는 그 사람의 고백이 잘 나타나 있습니다. "내 영혼이 은총 입어 중한 죄 짐 벗고 보니 슬픔 많은 이세상도 천국으로 화하도다. 주의 얼굴 뵙기 전에 멀리 뵈던 하늘나라 내 맘속에 이뤄지니 날로, 날로, 가깝도다. 높은 산이 거친 들이 초막이나 궁궐이나 내 주 예수 모신 곳이 그 어디나 하늘나라. 할렐루야 찬양하세 내 모든 죄 사함 받고 주 예수와 동행하니 그 어디나 하늘나라."

3장 하늘나라 천국은 언제 가는 곳인가

(눅 17:20-21)"바리새인들이 하나님의 나라가 어느 때에 임하나이까 묻거늘 예수께서 대답하여 이르시되 하나님의 나라는 볼 수 있게 임하는 것이 아니요. 또 여기 있다 저기 있다고도 못하리니 하나님의 나라는 너희 안에 있느니라."

한국교회에는 천국에 대하여 말들이 많습니다. 미지의 세계라 막연하기 때문입니다. 가보지 않았고 말씀으로 막연하게 알고 있기 때문입니다. 어떤 신학자는 죽어서 가는 곳이 천국이라고 말하기도 합니다. 어떤 사람은 자기네 단체에 속해야 천국에 들어간다고 미혹하기도 합니다. 모두 말씀을 성령으로 깨닫지 못한 연고라고 생각합니다. 막연하게 사람의 머리와 지식으로 성경을 상상하여 해석한 연고라고 생각합니다. 사람이 어찌 하나님의 말씀을 알 수가 있겠습니까? 분명하게 하나님은 경고하셨습니다. "먼저 알 것은 성경의 모든 예언은 사사로이 풀 것이 아니니, 예언은 언제든지 사람의 뜻으로 낸 것이 아니요, 오직 성령의 감동하심을 받은 사람들이 하나님께 받아 말한 것임이라"(벧후 1:20-21). 필자는 예언의 말씀인 성경은 반드시 성령의 감동하심을 받은 사람들이 하나님께 받아 기록할 때와 같이 성령의 지배와 장악이 된 상태에서 성령으로 깨달아야 한다고 생각합니다.

필자는 항상 진리의 말씀을 성령으로 깨달은 만큼씩 천국을 누리는 성도로 변화될 수가 있다고 강조합니다. 천국인 성령께서 진리를 깨닫게 하셨기 때문입니다. 모든 크리스천들은 각자 자신 안 성전에 주인으로 임재하신 성령으로 진리의 말씀을 깨달아야 합니다. 그렇게 되어야 말씀이 생명이 되고 성령의 지배와 인도를 받는 성도가 될 수가 있는 것입니다. 그래서 "우리가 이것을 말하거니와 사람의 지혜가 가르친 말로 아니하고 오직 성령께서 가르치신 것으로 하니 영적인 일은 영적인 것으로 분별하느니라"(고전 2:13). 말씀하시는 것입니다.

오늘 본문에서 주님은 이렇게 말씀하십니다. "하나님의 나라는 너희 안에 있느니라." 즉 바리새인들의 가운데에 서있는 예수님이 '하늘나라'라는 것입니다. 그러니까 예수님을 주인으로 모신 성도는 하늘나라가 되는 것입니다. 이유는 이렇습니다. 우리가 예수를 믿는 순간에 죽고, 다시 예수님으로 태어나는 것입니다. 하나님께서 분명하게 말씀하셨습니다. "그리스도의 사랑이 우리를 강권하시는 도다. 우리가 생각하건대 한 사람이 모든 사람을 대신하여 죽었은즉 모든 사람이 죽은 것이라. 그가 모든 사람을 대신하여 죽으심은 살아 있는 자들로 하여금 다시는 그들 자신을 위하여 살지 않고 오직 그들을 대신하여 죽었다가 다시 살아나신 이를 위하여 살게 하려 함이라(고후 5:14-15)" 분명하게 "자신을 위하여 살지 않고 오직 그들을 대신하여 죽었다가 다시 살아나신 이를 위하여 살게 하려 함이라고"하셨습니다. 예수님을 위하여 살게 하려고 부르신 것입니다. 예수님께서 하신 일을 하게 하려고 부르신 것입니다. 예수님은 영이십니다. 육체가 죽지 않고 예수님을 위하여 살아갈 수가 없습니다.

그래서 예수 믿을 때 죽었다가 다시 살아나 천국의 본체인 예수님으로 살도록 하시는 것입니다. 이제 자신의 인간적인 생각이나 지혜나 열심으로 살지 말아야 합니다. 성령의 인도를 받아야 합니다. "무릇 하나님의 영으로 인도함을 받는 사람은 곧 하나님의 아들이라(롬 8:14)" 그래서 하나님은 "만일 우리가 성령으로 살면 또한 성령으로 행할지니(갈 5:25)" 라고 말씀하십니다. 예수를 믿고 성령으로 거듭난 성도는 성령으로 깨달아야 하고, 성령으로 기도해야 합니다. 자신은 예수를 믿을 때 죽고 다시 예수로 태어나 예수님을 위하여 살기 때문입니다. 예수님이 천국이시니 자신은 당연하게 지금 천국을 만끽하고 살아야 합니다. 그래서 예수를 믿고 성령으로 거듭난 크리스천들은 특별하고 위대한 사람들입니다. 천국인 예수님의 인생을 살고 있기 때문입니다. 그렇기 때문에 빠른 시간 내에 자신이 없어지고 순수하게 성령으로 깨닫고, 성령으로 기도하면서 성령의 지배와 인도를 받아야 합니다. 그래야 하나님께서 주시는 것들을 온전하게 누리면서 살아갈 수가 있는 것입니다. 지금 천국을 누리면서 만끽하고 살아야 할 이유가 분명하게 있다는 것입니다. 분명하게 지금 천국을 만끽하며 살아야 마지막 때 임하는 영원한 천국에 들어갈 수가 있습니다.

모든 사람들의 삶은 순간이 모여 이루어집니다. 순간의 조각들이 모여서 시간을 이루고 시간이 하루의 삶을 만들어냅니다. 만일 우리의 현재의 삶이 하늘의 원칙에 합당한 삶이면 장래의 삶도 그럴 것입니다. 우리의 현재의 품성과 모습은 장차 우리가 이루게 될 모습의 확실한 그림자입니다. 일상생활에 나타나는 매일의 삶과 성품이 그렇지 않은데, 갑자기 확연하게 다른 미래의 성품과 모습이 나타나지 않습니다. 오늘의 나의 모습이 앞으로 올 천국의 생활의 모습입니다.

천국은 이 땅에서 지금 시작되는 것입니다. 산 믿음으로 그리스도를 영접한 사람은 매일 매 순간 주님과 산 교제를 갖습니다. 그러는 가운데 세상이 살 수 없는 보물, 하나님의 은혜 속에서 누리는 화평과 하늘의 분위기 속에 살게 됩니다. 하늘에서 성도가 되고자 한다면 먼저 지상에서 성도가 되어야 합니다. 지상의 생활은 하늘 생활의 시작이고, 지상의 교육은 하늘 원칙에 입문하는 것이며, 이생에서의 인생활동은 내세에서의 인생활동을 위한 훈련입니다.

우리가 보통 알고 있는 것이 예수님을 믿으면 천국으로 간다는 것입니다. 크리스천들의 목적은 구원과 천국이 아닙니다. 크리스천들의 목적은 예수님이십니다. 예수님을 주인으로 영접하고 예수님 중심으로 신앙 생활하다가 보면 결과가 구원과 천국이 되는 것입니다. 죽어서 가는 천국을 소망하고 열심히 신앙생활을 합니다. 목사님들의 설교나 모든 교인들은 "천국은 예수님 열심히 믿고 죽어서 간다."고 믿고 있습니다.

그런데 성경에 보면 천국이란 죽어서 가는 곳이 아닙니다. 성경은 죽어서 가는 곳으로 말씀하고 있지 않습니다. 지옥도 마찬가지입니다. 천국은 죽어서 가는 곳이 아니라 살아서 인식되는 것입니다. 이 책을 계속 정독하다가 보면 모든 것이 이해가 될 것입니다. 하나님은 시편 89편 29절에서 "또 그 후손을 영구케 하여 그 위(자리)를 하늘의 날과 같게 하리로다." 분명하게 하나님의 말씀은 살아서 천국을 만끽하는 것입니다. 사람에게는 선과 악을 아는 마음이 있고, 하나님과 사람이 그렇게 같습니다. 그리고 천사는 선만 알며, 사단은 악만 아는 영입니다. 성경에서 타락한 천사라든지 혹은 유리하는 별이라고 표현되는 것은 하나님의 전령으로 세상에 보내진 하나님의 빛을 전하는 선지자로서 발람과 같이 자기 배를 채우는 길로 간 사람을 뜻하는 말입니다. 영적인 사단은 악만 알고 있을 뿐입니다. 그래서 영으로서의 천사가 타락을 하는 일은 있을 수 없는 것입니다. 사람은 그렇게 선과 악을 다 알고 있는 상태로 만들어 졌는데 선악과를 따먹는 악을 택하는 범죄를 하여 그 생령의 상태에서 벗어난 것입니다.

에덴에서 나와서 다시 에덴으로 복귀하는 것은 마음이 온전히 선만을 향하는 상태가 될 때만 가능해 지는 것입니다. 늘 하나님과 함께 다녔다는 말은 완전히 악을 향한 마음을 지웠다는 말입니다. 창세기 당시에는 악, 곧 세상에 속한 것을 향할 종류가 그리 많지 않았습니다. 문명이 발달하면 할수록 그 선악과의 종류도 많아지는 것이고 그것을 향한 마음도 많아지는 것입니다. 그래서 우리는 성령의 가르침이라는 도움이 필요한 상태가 되어 있는 것입니다. 만일 오늘날의 사람이 온전히 그 마음에 악을 향한 마음을 지워 낸다면 오늘날도 죽음을 맛보지 않고 하늘로 올라갈 수 있습니다.

물론 육신이 공중으로 날아가는 하늘을 말하는 것이 아니라, 마음에 하나님의 나라가 서면 죽음을 맛보지 않고 하늘로 올라가는 것입니다. 그것을 일컬어 하나님의 안식에 들었다고 말하는 것입니다. 천국은 그렇게 땅에서 육신이 살아 있는 상태에서 인지되는 것이지 죽어 흙으로 돌아간 뒤에 가는 곳이 아닙니다. 지옥이란 악만 창궐해 있는 세상을 말합니다. "마귀가 또 예수를 이끌고 올라가서 순식간에 천하만국을 보이며 가로되 이 모든 권세와 그 영광을 내가 네게 주리라. 이것은 내게 넘겨준 것이므로 나의 원하는 자에게 주노라 그러므로 네가 만일 내게 절하면 다 네 것이 되리라"(눅4:5-7). 사단이 장악하고 있고 세상의 행사가 악하여 그 속에 있으면 그것이 곧 지옥에 있는 것입니다. "세상이 너희를 미워하지 못하되 나를 미워하나니 이는 내가 세상의 행사를 악하다 증거함이라."(요7:7). 세상이 예수님을 미워하는 것은 악을 밝히 드러내기 때문이라는 것입니다.

여기 지옥에 대하여 확실하게 하는 하나님의 말씀이 있습니다. "불러 가로되 아버지 아브라함이여 나를 긍휼히 여기사 나사로를 보내어 그 손가락 끝에 물을 찍어 내 혀를 서늘하게 하소서 내가 이 불꽃 가운데서 고민하나이다. 아브라함이 가로되 얘 너는 살았을 때에 네 좋은 것을 받았고 나사로는 고난을 받았으니 이것을 기억하라 이제 저는 여기서 위로를 받고 너는 고민을 받느니라."(눅16:24-25). 고민이란 세상에 속해서 사는 사람이 하는 것입니다. 고민이란 달리 방법을 모색할 것이 있다고 이렇게 할지 저렇게 할지 여러 생각을 할 때 하는 것입니다. 불꽃이란 그리스도의 향기를 발하는 백합꽃, 즉 제자들과 달리 멸하는 말, 거짓을 증거하는 자들을 말하는 것입니다. 세상에 속하여 사단에게 엎드려 세상에 속한 것을 받으면 그것이 복이라고 전하는 말이 곧 "불꽃"입니다. 자기를 부인하고 자기십자가를 지고 가는 길에서 천국도 가고, 또 지옥에 있는 자들의 악함을 경험도 하는 것입니다.

그래서 예수님은 따라오는 조건으로 저 두 가지를 가르치신 것입니다. 성경은 그리스도를 나타내기 위한 책이고 구원을 위한 책이며, 그리스도께서 말씀하신 구원의 방법은 "자기를 부인하고 자기십자가를 지는 것"입니다. 그리고 그것을 가능하게 하시는 것이 성령의 가르침입니다. 그래서 바울이 전하는 "성령의 법"에 대하여 알아야 합니다.

예수님은 이렇게 기도하라고 하십니다. "하늘에 계신…… 거룩히 여김을 받으시오며 나라이 임하옵시며 뜻이 하늘에서 이룬 것같이 땅에서도 이루어지이다"(마6:9~10). 그러면 영의 세계에 있는 보이지 않는 하나님의 나라는 어디에 임하게 되는 것입니까? 하나님의 나라는 하나님의 성전에 임하시게 되고, 하나님의 성전은 건물이 아니라, 사람의 마음이 됩니다. 세상 모든 사람의 마음이 성전이 되는 것이 아니라, 예수를 주인으로 영접한 사람의 마음을 말하는 것입니다. "우리는 하나님의 동역자들이요, 너희는 하나님의 밭이요, 하나님의 집이니라"(고전3:9). "너희가 하나님의 성전인 것과 하나님의 성령이 너희 안에 거하시는 것을 알지 못하느뇨"(고전3:16). 곧 하나님은 사람의 마음에 임하신다는 것인데, 어떤 사람에게 임하시는 것입니까? 하나님을 주인으로 모신 사람에게 임하십니다. 그런데 하나님은 영이십니다. 초자연적으로 역사하시는 살아계신 분입니다. 그런 하나님은 말씀이시며(요1:1), 예수님도 말씀이십니다. 성령으로 말씀을 깨달아 순종하며 지키는 사람에게 하나님도 예수님도 임하시는 것입니다. 영이라 형체가 없으시지만 믿는 성도를 통하여 살아서 초자연적으로 역사하시고 나타내시는 분입니다.

하나님과 예수님이 함께하는 곳이 천국이므로 천국은 먼저 성령으로 말씀을 깨닫고 지키는 사람(성도)의 마음에서 이루어지는 것입니다. 초림 때는 성령님이 예수님과 함께 하셨으니 예수님이 곧 천국이었던 것입니다. 지금은 성령이 역사하는 교회시대입니다. 지금 천국은 천국의 주인이신 예수님을 믿고 성령으로 거듭난 성도들이 천국입니다. 예수님의 통치를 받는 성도들이 천국이라는 말입니다. 그래서 천국은 지금 성도들을 통하여 이루어지고 있습니다. 성도들은 지금 천국을 만끽하면서 살아야 합니다.

그럼 마지막 때 영원한 천국은 어떤 사람들이 들어갈까요? 분명하게 신약 성경에 약속된 천국은 예수 믿고 죽어서 가는 것이 아니라, 성령의 지배와 장악을 당하여 성령의 인도를 받는 성도들이 지금 천국을 만끽하며 누리다가 영원한 천국에 들어가는 것입니다. 마지막 때 영원한 천국에 들어가는 것은 어느 교회에 단체에 속해야 들어가는 것이 절대로 아닙니다. 어떤 목사의 휘하에 있어야 들어가는 것이 아닙니다. 지금 성령으로 말씀을 깨닫고 성령으로 기도하며 성령의 인도를 받으면서 천국을 전인격으로 만끽하면 살아가는 성도가 들어가는 것입니다. 지금 천국을 전인격으로 누리면서 사는 것이 중요합니다.

어떤 자에게 진리를 많이 듣고 알아서 90점 맞아서 영원한 천국에 입성하는 것이 아닙니다. 성경말씀은 말이 아니고 생명입니다. 살아계신 하나님의 말씀입니다. 말씀대로 살아계신 역사를 체험해야 생명의 말씀이 되는 것입니다. 진리의 말씀을 많이 알아서 천국을 만끽하는 것이 아니고, 하늘나라(예수)를 말씀대로 전인격으로 느끼고 체험해야 합니다. 천국을 몸으로 마음으로 느껴야 한다는 말씀입니다. 성령의 지배와 장악을 받아 성령의 인도를 받으면서 지금 천국을 누리며 만끽하며 살아가면 마지막 때 임하는 영원한 천국에 들어가는 것입니다.

첫째, 천국의 법칙을 이 땅에서도. 하나님의 나라의 법은 영원히 불변하는 법입니다. 계명은 하나님의 정부의 기초입니다. 예수님께서는 천국 시민의 법칙과 행동의 강령을 산상수훈을 통해서 발표하셨는데, 이 산 위에서 발표하신 산상수훈은 하나님의 왕국의 헌법, 헌장을 선포하신 것이었습니다. 하늘 신민의 자격 조건과 하늘나라의 법을 말씀하신 이 설교에는 하나님의 법인 계명을 지키는 삶과 성품이 어떠한 것인지 자세하게 나타나 있습니다. 팔복과 그리스도인의 삶의 행동 지침에 대해서 말씀하시면서 예수님께서는 "내가 율법이나 선지자나 폐하러 온 줄로 생각지 말라 폐하러 온 것이 아니요 완전케 하려 함이로라"(마 5:17~19)라고 말씀하셨습니다.

계명에 일치하는 생애와 성품은 천국 시민이 되기 위한 조건입니다. 이 땅에서 하나님의 법을 지키는 사람이 천국의 법을 지키는 사람이 되는 것이며, 그런 사람이 천국에 들어가서 살 수 있는 것입니다. "죄를 짓는 자마다 불법을 행하나니 죄는 불법이라"(요일 3:4). 구속의 계획은 우리를 사탄의 권세에서 완전히 회복시키는 것을 말합니다. 그리스도께서는 그분의 왕국의 법칙을 따르기로 순종하는 영혼에게서 죄를 분리시키십니다. 그리스도께서는 마귀의 역사를 멸하시기 위하여 오셨으며, 모든 회개하는 영혼에게 성령을 주셔서 그로 죄를 범하지 않도록 만반의 대비책을 세우셨습니다. 그리고 주님께서는 그 구속받은 자녀들에게 하늘에 적합한 품성을 건설하라고 명령하십니다. 품성은 유일하게 하늘로 가져갈 수 있는 재산입니다. 천국의 법칙이 마음속에 이루어진 사람은 이 땅에서도 천국의 시민이 되어 하늘을 맛보며 만끽하며 살아가게 됩니다. 마지막 때 임하는 영원한 천국에 들어가는 것입니다.

둘째, 천국의 법칙을 이루게 하시는 은혜. 주님께서는 우리 인간들이 하늘에 적합한 성품을 이루게 하시는 데 필요한 모든 구속의 방법을 고안해 놓으셨습니다. 만일 우리가 우리 자신을 주님께 바치고 그분을 우리의 구주로 받아들이면, 우리의 생애가 아무리 악하였을지라도 그분의 공로로 인하여 우리는 의롭다 하심을 얻을 수 있습니다. 그렇게 될 때에 예수 그리스도의 품성이 우리의 품성을 대신하게 되고, 우리는 죄를 범하지 않은 것처럼 하나님의 앞에 받아들이는바 됩니다.

이뿐만 아니라 그리스도께서는 마음을 변화시키십니다. 그분은 믿음으로 말미암아 우리 마음 가운데 거하십니다. 우리와 예수 그리스도와의 연합은, 믿음으로 우리의 마음을 항상 그분에게 바치고 순복함으로 말미암아 유지됩니다. 그렇게 하는 동안에는 우리가 하는 모든 일은 우리 속에서 주님께서 그분의 기쁘신 뜻대로 행하시는 것이 될 것입니다. 그러므로 "이제 내가 육체 가운데 사는 것은 나를 사랑하사 나를 위하여 자기 몸을 버리신 하나님의 아들을 믿는 믿음 안에서 사는 것이라"(갈 2:20)는 간증이 우리의 것이 됩니다.

하나님께 바쳐져 있고 성령께 굴복된 상태가 늘 우리에게서 유지되어야 합니다. 의지가 하나님께 굴복되어 있을 때 마음의 평안과 화평이 옵니다. 그리스도인들은 비록 이 세상에 있을지라도 주님과 교통하는 기쁨을 누릴 수 있으며, 그분의 사랑의 빛과 우리와 함께 하심으로 받는 영구적인 위안을 누릴 수 있습니다. 그렇게 될 때에 생애의 매 발걸음은 그분의 사랑을 더욱 깊이 체험하게 되는 가운데 복된 평화의 본향으로 한 걸음씩 매일 더 가까이 나아가게 될 것입니다. 그러면 머지않아서 영원한 천국 문은 하나님의 자녀들을 들이기 위하여 활짝 열리게 될 것이고 영광의 왕의 입술에서 "내 아버지께 복 받을 자들이여 나아와 창세로부터 너희를 위하여 예비 된 나라를 상속하라"(마 25:34)는 큰 음악 소리와 같은 축복이 귀에 들릴 것입니다.

머지않아 구속함을 받은 자들은 예수님께서 저희를 위하여 예비하신 나라로 맞아들임을 받게 될 것입니다. 하늘에서 교제하고 사귈 동무들은 이 땅의 비열한 자, 거짓말하는 자, 우상 숭배자, 더러운 자, 믿지 않는 자들이 아닙니다. 사탄을 이기고 하나님의 도움으로 완전한 품성을 형성한 자들로 더불어 교제하게 될 것입니다. 이 세상에서 그들을 괴롭게 하는 모든 죄의 습관, 모든 불완전한 것이 그리스도의 피로 말미암아 완전히 제거되고, 태양의 광선보다 훨씬 뛰어난 아름답고 광채 나는 하나님의 영광 속에서 살 때에, 그분의 품성의 완전하심과 아름다움이 모든 구원 받은 사람들을 통하여 빛날 것입니다. 하나님의 은혜로 천국의 화평과 행복은 이 땅에서 우리의 마음속에 이루어지는 것입니다.

셋째, 지금 천국을 만끽하라. 이생에서 해야 할 일을 하지 않으면서 미래의 천국과 그 보상만을 바라는 사람들이 있습니다. 영원한 천국에 들어가는 영광을 누리기 원하는 사람은 이 땅에서 천국을 만끽해야 합니다. 범죄하기 전에 인간은 "지혜와 지식의 모든 보화가 감취어"(골 2:3) 있는 분과 즐거이 교통했습니다. 그러나 사람이 범죄한 이후로는 신성한 것을 즐기지 않게 되고 하나님의 낯을 피하고 싶어 하게 되었습니다. 지금도 거듭나지 않은 사람의 마음은 그러합니다. 마음이 하나님과 융화하지 못한 사람은 하나님과 더불어 교통하는 가운데서 기쁨을 얻지 못합니다.

죄인은 하나님 앞에서 기뻐할 수 없고 거룩한 자들과 같이 사귀기를 꺼릴 것이며, 비록 그가 천국에 들어간다고 하더라도 그는 거기서 아무런 기쁨도 얻지 못할 것입니다. 이기심 없는 사랑이 지배하는 하늘에서, 각자의 마음이 무한하신 사랑을 가지신 하나님의 마음과 서로 통하는 천국에서, 죄인의 심금에는 아무런 공명도 느껴지지 않고 없을 것입니다. 죄 된 사상과 취미와 동기는 하늘에 사는 무죄한 자들을 고무시키는 사랑과 기쁨과 취미와 동기와 배치될 것입니다.

죄인은 하늘의 "멜로디"에 거친 음조가 될 것이며, 그에게 천국은 말할 수 없이 고통스러운 장소가 될 것입니다. 그는 하늘의 빛이 되시고 하늘 기쁨의 중심인 하나님의 낯을 피하기를 원할 것입니다. 그러므로 악인이 하늘에서 제외되는 것은 그들 자신이 하늘의 교제에 부적합하기 때문에 제외되는 것입니다. 죄를 사랑하고 버리기를 거절한 사람에게 하나님의 영광은 오히려 소멸시키는 불이 될 것입니다. 이 땅에서 하나님과 화목하는 법을 배우지 않고 하나님과 교제하는 법을 배우지 않은 사람은 천국이 불편한 장소가 될 것입니다. 하늘을 만끽해야 하는 시간은 지금입니다. 지금 천국을 누리면서 만끽해야 합니다.

천국은 먼 나라가 미지의 나라가 아닙니다. 자신 안에 임한 하나님의 나라입니다. 지금 천국을 누리면서 만끽하고 살아야 합니다. 천국은 어떤 사람들이 입신 들어가서 보고 나온 지어낸 이야기를 듣고 소망하며 믿는 장소가 아닙니다. 지금 자신이 실제적으로 온몸으로 체험하며 만끽해야 합니다.

넷째, 성령으로 변화되어야 한다. 우리는 예수님께서 곧 오신다는 것을 믿습니다. 거룩한 천사들의 무리에게 호위되어 구름을 타고 오실 주님을 기다리고 있습니다. 오셔서 충성되고 의로운 자들에게 불멸의 마무리 손질을 하실 분을 맞을 준비를 하고 있습니다. 그런데 예수님께서 재림하실 때, 그분은 그때 죄를 정결케 하시거나 품성의 결점들이나 성격의 약점들을 치료하시지 않습니다. 이 일이 우리에게 이루어져야 한다면 그것은 지금이며 재림 전에 이루어져야 할 것입니다. 육신의 생명이 살아있을 때 준비하고 누려야 합니다.

주님이 중보사역을 마치시고 지성소에서 나오실 때 거룩한 자는 그대로 거룩할 것입니다. 그들의 몸과 정신을 성화와 거룩함으로 보존한 사람들은 그 때 불멸의 마무리 손질을 받아 영화롭게 될 것입니다. 그러나 불의하고, 성화되지 못하고, 더러운 자들은 그대로 남을 것입니다. 그때 가서 결점을 제거하고 거룩한 성품을 주는 일은 없을 것입니다. 성품의 변화는 지금 이루어져야 합니다. 재림의 때에 주님께서 정련 작업을 다시 하셔서 죄와 부패를 제거하시지 않으십니다. 이 모든 일은 은혜의 시기 생명이 있을 동안에 이루어져야 합니다. 우리에게 이 일이 이루어져야 할 시간은 바로 지금입니다. 무덤은 인간의 성품을 변화시켜주지 않습니다. 아니 변화시킬 수가 없습니다. 각 사람은 자신이 평소에 이루고 자기 일생을 통해 형성했던 그 성품을 그대로 가지고 있을 것입니다. 무덤은 성품의 결점을 제거해주거나 보완해주지 않습니다. 의롭다고 칭해주시는 칭의가 하늘에 들어갈 티켓이라면, 성화, 거룩하게 변화되는 것은 하늘에 가서 살 적합성입니다. 지금 성령으로 정화하며 독소를 배출하며 천국을 만끽하도록 변화되어야 합니다. 진리로 성화되고 하나님의 은혜와 능력으로 죄를 승리하는 성품의 완성은 하늘 왕국의 영광과 하늘 천사들과 동거하기에 합당한 적합성을 이루게 해줍니다. 우리는 천국에서 하늘 왕의 아름다움을 볼 준비를 지금 하여야 합니다. 우리는 곧 하늘 영광 가운데 순결한 하늘의 천사들과 연합하게 될 것입니다. 바로 여기서 천국에서 살 준비를 해야 하는 때는 생명이 살아있는 지금이며, 우리의 몸과 영이 불멸에 적합하게 되어야 하는 장소가 있다면 바로 여기입니다.

우리는 이 마지막 시대에 만연하는 부패 속에서 흠 없이 서야 합니다. 이기심과 죄악이 우리에게 영향을 주지 못하게 해야 하며, 하나님의 성령이 우리를 온전히 장악하여 우리의 모든 행위에 영향을 끼치도록 해야 합니다. 그리하여 우리의 몸과 영이 거룩하게 변화되도록 우리는 성령의 지배와 장악이 되어, 매 순간 주님께서 자신을 통하여 나타내시도록 의탁해야 할 것입니다.

결론적으로 구원(천국)을 세 상황으로 정리할 수 있습니다. 첫째로 이 땅에 이미 하늘나라 천국이 임했습니다. 따라서 예수를 믿어 성전 된 우리는 매일 하늘나라에서 사는 사람처럼 천국을 만끽하며 살아야 합니다. 둘째로 이렇게 천국을 만끽하고 누리며 살다가 죽으면 우리 몸은 썩고 영혼은 예수님이 계신 하늘에 있게 됩니다. 셋째로 예수님께서 다시 오실 때 비로소 우리의 몸은 부활하여 새 하늘과 새 땅에서 영원히 살게 됩니다. 하늘나라 천국에 대하여 바르게 인식하고 믿음을 성장시키기를 바랍니다.

4장 천국은 마치 밭에 감춰진 보화와 같다.

(마 13:44)"천국은 마치 밭에 감추인 보화와 같으니
사람이 이를 발견한 후 숨겨 두고 기뻐하며 돌아가서 자
기의 소유를 다 팔아 그 밭을 사느니라."

천국은 감추어진 비밀입니다. 비밀은 택함 받은 사람만이 성
령으로 알 수 있는 것을 의미합니다. 그렇다면 알려주시는 자들
과 숨기시는 그들은 누구십니까? 우리는 먼저 사단과의 첨예한
영적 전쟁을 이해하지 못하면 하나님을 매우 편협하고 불공평하
신 분으로 오해할 수 있습니다. 그 옛날 에덴동산에서 하와를 미
혹하던 사단의 모습입니다. "뱀이 여자에게 이르되 너희가 결코
죽지 아니하리라"(창 3:4). "또 그들을 미혹하는 마귀가 불과 유
황 못에 던져지니 거기는 그 짐승과 거짓 선지자도 있어 세세토
록 밤낮 괴로움을 받으리라"(계 20:10).

이와 같이 성경은 창세기에서 계시록까지 전쟁을 말하며 주
의 자녀들과 마귀의 자녀들을 확연하게 구별하고 있습니다. "이
러므로 하나님의 자녀들과, 마귀의 자녀들이 드러나나니"(요일
3:10). 성도들은 범죄한 악한 영(靈)들과 싸움의 개념을 이해할
때에 비로소 우리를 향한 하나님의 예정과 부르심을 깨닫게 될
것입니다.

또한 주께서 말씀하시는 천국의 비밀이란 과연 무엇일까요?
그것은 고통과 이별이 없는 영원한 부활을 말씀하십니다(계

21:1-4). 불교를 비롯하여 타 종교에서도 윤회의 교리를 믿고 있으나 환생은 죄 가운데 또 다시 죽음으로 가는 저주의 연속일 뿐입니다. 성철 스님은 평생 눕지 아니하고 장좌불와(長坐不臥)의 고행을 했지만 마지막 남긴 말은 산은 산이요. 물은 물이라는 한 마디였습니다. 장좌불와(長坐不臥)란 결코 눕지 아니하고 꼿꼿이 앉은 채로만 수행하는 방법을 말합니다.

이것이 원죄로 말미암아 영(靈)이 죽어있는 인간의 한계랍니다. 감추인 영생의 비밀은 사람의 지식과 노력으로는 알 수 없으며 오직 만물의 창조주이신 성령의 도우심으로 가능한 것입니다 (고전2:9-14). 또한 새해가 되면 유명한 점쟁이에게 가는 기독교인들이 많다고 합니다. 저들은 마치, 맹인에게 길을 묻는 것과 같이 어리석은 사람들이요. 우리 모두는 사도 바울의 고백을 두려운 마음으로 경청해야 할 것입니다. "이는 내가 사람에게서 받은 것도 아니요. 배운 것도 아니요. 오직 예수 그리스도의 계시로 말미암은 것이라"(갈 1:12).

성경 66권은 사람의 이성으로는 믿기 어려운 기적의 책입니다. 말씀으로 세상 만물을 창조하시고 마리아의 잉태와 나사로의 소생, 더불어 눈앞에서 홍해가 갈라지는 이적을 본다고 해서 믿음이 생길까요? 이스라엘 백성들은 애굽에서 나와 광야에서 사십 년 동안 하나님의 기적을 체험했으나 결국은 모두 멸망하고 말았습니다. 영혼을 살리는 것은 오직, 성령께서 내 마음(靈)으로 깨닫게 하시는 주의 말씀입니다.

따라서 은혜는 믿는 것이 아니라, 믿어지는 것이며, 이는 바로 성도들 각 사람 자신의 살아있는 간증입니다. "너희는 그 은혜에 의하여 믿음으로 말미암아 구원을 받았으니 이것은 너희에게 난 것이 아니요 하나님의 선물이라"(엡 2:8). 우리의 지난날을 돌아보면 모든 것이 주님의 섭리가 아닐 수 없습니다. 그러므로 한 영혼을 부르시는 것은 오직 하나님의 은혜요. 예수 그리스도는 믿는 자들만이 알 수 있는 구원의 비밀입니다. "이 비밀은 너희 안에 계신 그리스도시니 곧 영광의 소망이니라"(골 1:27). 이 비밀은 반드시 예수를 주인으로 영접한 성도가 성령으로 깨닫게 되는 것입니다.

예수께서는 제자들이 비유로 가르치신 이유를 물었을 때 "천국의 비밀을 아는 것이… 듣지 못하며 깨닫지 못함이니라"고 대답하셨습니다(마13:11-13절). 천국의 비밀이란 하나님 나라에 대한 진리로서 인간이 스스로 발견할 수 없으며, 오직 하나님께서 성령으로 계시해 주실 때 알 수가 있습니다. 곧 성령을 통하여 계시를 받을 때에만 깨달을 수 있는 진리를 가리킵니다.

예수와 함께 복음 사역을 하는 제자들 외에는 이 진리를 알 수 없으므로 예수께서는 무리들에게 알기 쉬운 비유를 통해 비밀스러운 진리를 가르치시고자 하신 것입니다. 지금은 예수를 믿고 성령으로 세례 받은 모든 크리스천들이 성령으로 진리를 깨달아 알고 순종할 수가 있습니다.

예수께서는 천국의 비밀을 깨닫는 자와 깨닫지 못하는 자에 대해 무릇 있는 자는 받아 넉넉하게 되되 무릇 없는 자는 그 있는 것도 빼앗기리라고 말씀하셨습니다. 있는 자란 하나님의 말씀을 받아들이고 성령으로 천국의 비밀을 깨닫는 자를 의미합니다. 없는 자는 하나님의 말씀을 거부하거나 천국의 비밀을 깨닫지 못하는 영적으로 우매하고 완악한 자들을 가리킵니다. 인간적인 머리와 지식으로 성경을 알려고 하는 사람들입니다.

예수님은 천국은 마치 밭에 감추인 보화와 같으니……. 라고 하시며 천국의 이야기를 시작하셨습니다. 그리고 어떤 사람이 남의 밭에서 보물을 발견하고 기뻐하며 돌아가 자기의 소유를 다 팔아 사는 것과 같다 하시며 천국은 최고의 값진 진주를 얻는 상인이 진주를 사서 그것을 소유하며 기뻐하는 것과 같다고 설명하십니다. 또 천국은 그물에 가득한 물고기를 골라 좋은 것은 그릇에 담고 나쁜 것은 내어버리는 것이라고 설명하십니다. 이 예수님의 말씀을 생각하기에 앞서서 먼저 천국에 대한 우리의 잘못된 인식부터 찾아보아야 하겠습니다.

먼저 자신의 변화된 가치를 발견해야 합니다. 6.5와 7이 같이 살고 있었습니다. 7은 6.5를 이유 없이 못살게 굴었습니다. 하지만 어쩌랴. 6.5는 7에 비해 0.5가 적은 숫자였으므로 아무 말 않고 죽어지냈습니다. 어느 날 7이 6.5에게 커피를 타오라고 했습니다. 그런데 이게 웬일입니까? 평소 같으면 쪼르르 달려가 커피를 타왔을 6.5가 뻣뻣하게 서서 7에게 말했습니다. "네가 타먹어." 순간 주위에 있던 숫자들이 긴장했습니다. 7이 어떻게 나올지 몰랐기 때문입니다. 불안을 느낀 4와 5가 얼른 나서서 6.5를 말렸습니다. "야! 너 왜 그래?" 그러자 6.5는 당당하게 말했습니다. "야! 나 점 뺐어!" 점을 빼고 65가 되었다는 것입니다. 예수를 믿기 전에는 귀신들에게 눌려서 살았지만, 예수 믿고 귀신들을 지배하는 위치로 상승한 것입니다. 귀하도 점 하나의 가치가 얼마나 큰지 발견하셨습니까?

천국은 죽어서 지옥갈 수 없으니까, 할 수없이 가는 곳이 아닙니다. 어떤 교회에서 부흥회를 했는데 성도들이 큰 은혜를 받았습니다. 강사 목사님이 "여러분 모두 천국백성이 되시기를 축원합니다." 했더니 온 교우들이 기쁨으로 아멘 했습니다. 그러자 이어서 강사 목사님이 "그러면 그 좋은 천국에 지금 가실 분 손 들어보세요!" 했더니 한사람도 손을 안 들더랍니다. 이것은 지금은 세상이 훨씬 더 좋고 죽었을 때 지옥은 나쁜 곳이니까 할 수 없이 천국을 선택하는 자세이기 때문에 그렇습니다.

천국은 지금부터 내가 소유하는 곳입니다. 예를 들어 어떤 처녀가 약혼을 했다고 합시다. 지금까지는 입을 옷을 사가지고 입더라도 자신의 마음에만 들면 되었습니다. 그러나 이제는 옷을 사도 약혼자를 생각하게 됩니다. 머리를 해도 약혼자 마음에 들까하고 생각하게 됩니다. 아직 결혼은 안 했지만 사실은 신랑 될 사람과 정신적으로는 함께 사는 것이나 마찬가지입니다. 그러니까 우리가 예수를 나의 왕으로 마음에 모시면 왕 되신 예수가 다스릴 나라 천국 속에 내가 있는 것이라는 것이 천국은 지금부터 내가 소유한다는 뜻으로 예수님도 "천국이 여기 있다 저기 있다 하지 말라 천국은 너희 마음에 있느니라" 하셨습니다.

그러면 이 천국을 마음에 소유하고 이 세상을 살아 지금부터 천국 속에 살아갈 사람이 누구인가 하는 것입니다. 본문은 바로 그 천국을 소유하는 자의 자격을 우리에게 설명하고 있습니다. 그래서 천국을 지금부터 소유하고 사는 사람의 자격에 대하여 말씀 드리려고 합니다. 말씀을 들으시고 우리 모두 왕 되신 예수를 마음에 주인으로 모시고 지금 천국을 만끽하며 살아가시기를 바랍니다. 천국은 죽은 다음에 가는 곳도 누리는 곳도 아닙니다. 지금 예수님을 주인으로 모신 성도들이 만끽하며 누리는 곳입니다.

첫째, 자신의 가치를 아는 자가 천국을 소유할 수 있습니다. "천국은 마치 밭에 감추인 보화와 같으니 사람이 이를 발견한 후 숨겨두고 기뻐하며 돌아가서 자기의 소유를 다 팔아 그 밭을 사느니라. 또 천국은 마치 좋은 진주를 구하는 장사와 같으니 극히 값진 진주 하나를 만나매 가서 자기의 소유를 다 팔아 그 진주를 샀느니라"(마13:44-45). 예수님의 말씀 속에서 어떤 농부가 밭에서 밭을 갈다가 쟁기에 무엇이 부딪치는 소리를 들었습니다.

그래서 땅을 파보니까 그 속에 놀라운 보물 상자가 들어 있었습니다. 은행이 없었던 고대 중동 지방에서는 은행대신 자기의 귀중한 물품들을 땅에 파묻어 감추어 두었다고 합니다. 그런데 재미있는 사실은 그 당시의 유대 법에 의하면 그 보물을 제일 먼저 찾는 사람이 임자였습니다. 그런데 예수님의 비유 속에 나오는 이 사람은 그것을 땅에 파묻어 두고 가서 자기의 소유를 다 팔아 그 보물이 묻혀있는 밭 전체를 샀다는 것입니다. 그리고 그것이 바로 천국을 소유하는 자의 자세라고 설명하십니다. 즉 천국을 소유할 수 있는 자는 그 천국의 가치를 귀중히 여기는 자에게 주신다는 것입니다.

본문의 농부는 자기 소유를 다 팔아 그 보물이 숨겨있는 밭을 샀는데 그것은 그 보물이 자신의 모든 소유보다 귀하다는 가치를 인식했기 때문에 나온 행동이었습니다. 만일 이 농부가 자기가 발견한 보물이 자기가 소유한 전 재산보다 가치가 없는 것이라고 생각했다면 왜 재산을 팔았겠습니까?

또 진주를 산 상인도 마찬가지입니다. 자기가 발견한 진주가 자기가 소유한 재산보다 더 귀하다는 가치를 인식했기에 자신의 전 재산을 팔아 그 돈으로 진주를 산 것입니다. 그러니 천국을 소유할 수 있는 자는 천국의 귀중성과 가치를 아는 자라야 되고 죽었을 때 지옥보다는 천국이 나으니까 할 수없이 가는 사람은 자격이 없다는 뜻입니다.

그래서 예수님은 천국은 침노하는 자의 것이고 빼앗는 자의 것이라고 말씀하십니다. "세례 요한의 때부터 지금까지 천국은 침노를 당하나니 침노하는 자는 빼앗느니라"(마 11:12). 가치를 아는 자가 침노하고 빼앗지 아무 가치가 없는 것을 침노하고 빼앗지 않기 때문입니다. 그러니 우리는 천국백성이 되기 위하여 내 삶 전체를 천국을 위하여 투자할 수 있는 믿음이 있어야 할 줄로 믿습니다. 이 가치를 아는 충만한 교회 성도들이 되시기를 우리 주님의 이름으로 축원합니다.

1947년 어느 봄날 이스라엘에 풀을 따라 양을 치며 이동하는 유목민이 있었습니다. 그런데 양을 한 마리 잃어버렸습니다. 그래서 양을 찾아 사해 서쪽에 많은 동굴들이 있는 곳을 지나 가다가 혹시 동굴 안에 양이 있는가? 해서 동굴 속으로 돌을 던졌습니다. 그런데 그 속에서 쨍그랑 하는 소리가 들렸습니다. 이 소리를 들은 유목민이 신기하게 생각하고 그 동굴에 들어가 보았습니다. 그러자 그 안에 항아리가 열 개나 되었습니다. 그래서 그 항아리 안을 들여다보니 아홉 개는 아무 것도 없고 열 번째 항아리 속에서 가죽으로 된 두루마리에 무슨 글이 쓰여 있는 것을 발견했습니다. 이 사람은 매우 실망해서 그 두루마리를 가지고 와서 자기 장막에 매달아 놓고 생각하기를 저 가죽으로 신발 끈이나 만들까 하고 생각했습니다. 그러나 신발 끈으로도 적당치 않아 한 2년쯤 매달아 두었습니다. 이 두루마리가 무엇인지 아십니까? 사해사본이라고 하는 돈으로는 그 가치를 표현할 수 없고 황금이나 보석보다도 귀하며 역사를 바꿀 수 있는, 성경의 위대한 가치와 하나님 말씀의 전승을 보여준 가장 오래되고 권위 있는 성경 사본이었습니다. 왜 그렇게 귀한 보물을 이 사람은 신발 끈으로 쓰려고 했을까요? 그 가치를 몰랐기 때문입니다.

알라스카는 지금은 미국 땅이지만 옛날에는 소련 땅이었습니다. 눈과 얼음으로 뒤덮인, 추워서 사람이 살 수 없는 땅이기에 소련은 그 땅을 미국에 아주 헐값으로 팔았습니다. 그런데 그곳에서 많은 석유가 나오고 경제적인 가치를 돈으로 환산할 수 없는 곳이었습니다. 뒤늦게 소련에서 후회했지만 이미 늦었습니다. 그 땅의 가치를 몰랐기 때문입니다.

천국은 지옥갈 수 없으니까 죽어서 할 수 없이 가는 곳이 아닙니다. 예수 믿는 가치를 아시기 바랍니다. 충만한 교회의 가치를 아시기 바랍니다. 예수님의 십자가의 가치를 아시기 바랍니다. 그 가치를 아는 사람이 소유하는 곳입니다. 그래서 이 가치를 아는 사람은 땅에 감추지 아니하고 천국에 쌓아두는 지혜의 삶을 살게 됩니다. 천국의 가치를 바로 아는 성도들이 되셔서 지금부터 천국을 누리고 이루며 살아가는 충만한 교회 성도들이 되시기를 주님의 이름으로 축원합니다.

둘째 바른 진리를 따라가야 천국을 소유 할 수 있습니다. "천국은 마치 밭에 감추인 보화와 같으니 사람이 이를 발견한 후 숨겨두고 기뻐하며 돌아가서 자기의 소유를 다 팔아 그 밭을 사느니라"(마13:45). 본문의 농부는 보물을 발견하고 그것을 다시 묻었습니다. 그리고 돌아가서 자신의 재산을 다 팔아서 그것을 샀습니다. 앞서 말씀 드린 것처럼 그 당시에는 그것을 찾는 자, 발견하는 자가 임자이고 주인입니다. 그러나 냉철하게 보면 그것은 내 것이 아닙니다.

법적으로는 하자가 없을지는 몰라도 그 보물은 어떤 사람이 정성을 다하여 모아두고 감추어둔 것입니다. 그러니 참다운 자세로 본다면 그것은 내 것이 아닙니다. 그래서 농부는 그것을 자기 것이라고 주장할 수 있는 자리에 있음에도 불구하고 그것을 도로 파묻어 두고 집으로 돌아가 자신의 전 재산을 팔아 그 보물이 담겨있는 밭을 삼으로 자기 것으로 하였다는 것입니다.

즉 나는 수고도 하지 않고 우연히 내가 제일 먼저 발견했다는 사실만으로 이것이 내 것이라고 주장하면 천국을 소유할 수 없다는 것이 주님이 하고 싶으신 이야기입니다. 천국 백성이 되고 천국을 소유하려면 언제나 올바른 길을 걸어가야 한다는 것입니다.

천국의 주인이 되기를 원하십니까? 언제나 편법을 쓰지 말고 옳지 못한 방법으로 내 이익을 추구하는 삶이 아니라, 내가 땀 흘리고, 내가 수고하고, 내 물질 내 시간으로 헌신하는 성도가 되시기 바랍니다. 그래야 우리는 이 땅의 보물을 하늘에 쌓아 두는 자가 되고 그곳에 들어가 그것으로 인하여 면류관을 받는 천국을 소유한 성도가 될 수 있는 줄로 믿습니다.

야곱은 장자의 축복을 아는 사람입니다. 그래서 날 때부터 장자가 되고 싶어서 형의 발꿈치를 잡고 나온 사람입니다. 기회가 있을 때마다 장자의 복을 갖기 위하여 수단방법을 안 가렸습니다. 형이 배고프다니까 팥죽 한 그릇을 주며 장자의 명분을 팔라고 했습니다.

아버지가 형에게 장자의 축복을 주는 날 그는 어머니의 도움을 받아 목과 손에 염소의 털을 감아 털 많은 사람 형 에서로 위장하고 눈이 안 보이는 아버지를 속이고 장자의 축복을 받았습니다. 축복을 받으면 축복이 와야 하지 않습니까? 그런데 축복이 왔습니까? 아닙니다. 환난과 고통이 찾아왔습니다. 형이 나중에 자신의 축복을 가로챈 야곱의 행동을 알고 야곱을 죽이려고 합니다. 죽음이 찾아오고 형제의 불화가 찾아왔습니다. 그 위기를 모면하려고 야곱은 보따리를 싸들고 외삼촌의 집으로 도망을 갑니다. 어제까지 평안한 삶을 살았던 야곱에게 하늘을 지붕 삼고 돌을 베게 삼아 베델에서 웅크리고 광야에서 잠을 자는 고난이 찾아왔습니다.

야곱이 한 행동은 바른 방법이 아니었기 때문입니다. 옳지 않은 방법이었기 때문입니다. 형을 속이고 아버지를 속이는 거짓의 삶이었기 때문입니다. 바른 길을 가지 않는 그에게 하나님이 축복을 주시지 않으니까 그에게 엄청난 고난이 찾아온 것입니다. 결국 야곱이 이것을 깨닫고 베델에서 하나님의 꿈을 꾼 후에 제단을 쌓고 회개할 때에 하나님이 그의 예배를 받으시고 축복하시자 장자의 축복이 그에게 오게 되었습니다.

분명히 자신이 발견했으니 자기 것이라고 우길 자격이 주어졌지만 본문의 농부는 그것을 소유하지 않았습니다. 다시 파묻어 두고 돌아가 자신의 전 재산을 팔아 그 보물이 숨겨있는 땅을 샀습니다. 이것이 바른 방법이고 천국을 지금부터 소유할 수 있는 자격을 얻는 길입니다.

우리가 교회 다닌다고 하면서, 주의 일을 한다고 하면서 바른 방법보다 쉽고 편리한 방법에 눈이 멀어 하나님도 속이고 나의 양심도 속이고 살면서 성도라고 할 수 없습니다. 내 것이 아니면 아무리 내손에 있어도 내 것이 아닌 것을 아는 지혜가 필요합니다. 이제 바른 방법을 찾는 성도들이 되시기 바랍니다. 그래서 죽어서 어쩔 수 없이 가는 값없는 천국이 아니라 이 땅에서부터 천국을 소유하고 그것을 누리며 참 행복과 기쁨을 소유하는 충만한 교회 성도들이 되시기를 주님의 이름으로 축원합니다.

셋째, 성령의 지배와 장악이 되어야 천국을 소유할 수 있습

니다. 생명의 말씀과 성령의 지배와 장악이 되어 좋은 물고기가 되어야 천국을 만끽하며 누릴 수가 있습니다. 성령으로 진리를 깨달아 안자가 천국을 소유할 수 있습니다. 예수님은 천국을 찾는 자들에게 주어진다고 앞의 두 가지 비유에서 말씀하셨습니다. 그리고 이어서 천국은 바다의 큰 그물에 걸린 물고기가 좋은 것은 그릇에 담아 선택되고 못된 것은 버림을 당한다고 말씀하십니다.

"또 천국은 마치 바다에 치고 각종 물고기를 모는 그물과 같으니 그물에 가득하매 물가로 끌어내고 앉아서 좋은 것은 그릇에 담고 못된 것은 내어 버리느니라 세상 끝에도 이러하리라"(마 13:47-49). 여기서 우리는 천국을 소유할 수 있는 자는 그 천국을 주실 하나님에게 좋은 것으로 인정되어야 선택될 수 있다는 것을 깨닫게 됩니다. 하나님께 좋은 사람으로 인정받으시기 바랍니다. 그러면 우리가 어떻게 하여야 좋은 것으로 하나님께 인정받게 되고 천국을 소유할 자로 선택되느냐는 것입니다.

좋은 사람으로 선택되려면 먼저 좋은 믿음을 가져야 하겠습니다. 나를 구원하시려는 하나님의 넘치는 사랑을 믿고 그 하나님이 보내신 예수 그리스도가 나를 구원하시려고 이 땅에 오셔서 십자가에 달려 죽으셔서 내 죄를 완전히 사하셨다는 것을 믿는 사람입니다.

그리고 또 하나님께 좋은 사람으로 선택되려면 먼저 좋은 생각을 가져야 하겠습니다. 엄마들이 아이를 임신하면 그때부터 좋은 생각을 가지려고 합니다. 반듯하고 좋은 음식을 가려서 먹습니다. 그것은 바로 엄마가 좋은 생각을 가지고 좋은 음식을 먹으면 아기가 좋은 성품을 가지고 태어나고 건강한 아이로 태어나기 때문입니다.

어떤 부인이 친구들과의 모임에 참석하였는데 가장 친한 친구의 남편이 바람을 피워 가정이 깨어질 위기가 왔다는 소식을 들었습니다. 그래서 서로 이야기하기를 "네 남편도 조심해야 돼 열 여자 싫다는 남자가 있니?" 하며 이야기를 했습니다. 그리고 친구들이 자신에게 이야기하기를 네 남편은 일이 바빠서 며칠씩 못 들어오는 경우도 있으니 조심하라고 걱정이 담긴 충고를 합니다. 그래서 남편을 믿기만 했는데 한번 의심해보기로 했습니다. 그런데 그렇게 작정하고 보니 의심스러운 것이 한두 가지가 아니었습니다. 그렇게 여러 날을 지난 어느 날 밤 새벽 1시쯤에 남편의 휴대전화가 울렸습니다. 자다 벌떡 일어나 전화를 받은 남편은 가만히 상대의 목소리를 듣고만 있더니 알았다고 하고 전화를 끊습니다. 얼핏 들으니 여자 목소리였습니다. 남편은 잠시 갈등하더니 조용히 일어나 옷을 주섬주섬 챙겨 입었습니다.

그리고 자는 부인을 확인 하더니 조용히 문을 닫고 나갔습니다. 자는 척 하고 있던 부인은 벌떡 일어나 남편이 이 밤중에 여자의 전화를 받고 몰래나갔다 이걸 어떻게 해야 하나 하고 고민했습니다. "뒤따라 나가서 현장을 잡아서 머리끄덩이를 잡고 싸워야지! 그런데 만일 남편이 내편을 안 들고 그 여자 편을 들면 어쩌하나?" 하는 생각이 들며 등골이 오싹했습니다. 그런데 금방 나간 남편이 들어오는 소리가 들립니다. 분명 급하게 나가느라 지갑을 안 들고 나가서 지갑을 가지러 돌아오는 모양입니다. 저 인간을 어떻게 하나 초당 100바퀴로 머리를 굴리다 벌떡 일어나 문 앞에 가서 섰습니다. 문을 여는 순간 남편은 자는 줄 알았던 아내가 문 앞에 서있자 "으악" 하고 놀라 자빠졌습니다.

그 놀란 모습이 정말 사실인 것 같았습니다. 그래서 넘어져 있는 남편에게 소리를 질렀습니다. "당신 이제 변명해도 소용없어 난 모든 걸 다 알아 지금 전화한 여자 누구 얏?" 심상치 않은 분위기를 직감한 남편은 슬금슬금 일어나며 사실대로 불었습니다. "옆… 옆집 아줌마!" 뭐 옆집 아줌마? 아니 적이 그렇게 가까이 있었단 말인가? 그래서 내가 몰랐구나! 부인은 정신이 아뜩해 지면서 또 남편에게 소리를 질렀습니다. "그 여자가 왜 전화 한 거야? 이 밤중에 남의 남자한테 왜? 왜?" 놀라고 당황하던 조금 전의 모습과는 다르게 조금 당당해진 남편은 침대로 가면서 대답했습니다. "차 빼 달란다!"

나쁜 생각은 나쁜 일을 낳고 나도 못된 것이 됩니다. 그러나 좋은 생각은 좋은 것을 만들고 나를 좋게 만듭니다. 모래사장에 우리를 장사지내려고 잘 있는 애굽에서 우리를 끌고 왔느냐며 날마다 불평했던 이스라엘 백성들은 그 못된 생각 때문에 결국 모두 자신의 말대로 모래사장에 장사지내졌습니다.

그러나 백세에 아들을 주시는 하나님이 그 아들을 죽여 번제로 드리라는 하나님의 명령에 좋으신 하나님이니 내가 아들을 죽여도 다시 살려 함께 내려 보내실 것이라는 좋은 생각을 가진 아브라함은 사환에게 우리가 저기 가서 여호와께 경배하고 함께 내려오리라 라고 말했더니 정말 그대로 아들과 함께 모리아 산을 내려와 사환을 만나게 되었습니다.

교회와 십자가와 예수님과 하나님의 가치를 바로 알아서 하나님이 축복으로 주시는 천국을 지금부터 누리고 사시기 바랍니다. 바른 길을 걸어가서 천국을 소유하시기 바랍니다. 좋은 생각 좋은 믿음을 가져서 좋은 사람이 되셔서 하나님께 좋은 사람으로 인정되셔서 천국의 자녀들로 선택되어 지금 천국을 만끽하며 누리는 축복을 받으시기를 주님의 이름으로 축원합니다.

충만한교회에서는 매주 토요일 10:00-12:30 정한 선교헌금을 하고 1주전 예약하여 2시간 30분씩 특별 개별집중내적치유 시간이 있습니다. 대상자는 여기서도 저기서도 치유와 능력을 받지 못한 분/ 지금 천국을 만끽하고 싶은 분/ 불치병, 귀신역사를 빨리 치유 받을 분/ 목, 허리디스크, 허리어깨통증, 근육통, 온몸이 아프고 무거움에서 치유해방 받고 싶은 분/ 자녀나 본인의 우울증, 공황장애, 조울증, 불면증을 빨리 치유 받을 분/ 가슴이 답답하고 기도하기가 힘이 드는 분/ 생업과 목회로 영육의 탈진에 빠져서 고통당하시는 분/ 축복과 영의 통로를 뚫고 싶은 분/ 성령의 불세례를 체험하고 싶은 분/ 최단기간에 성령치유 능력 받고 싶은 분이 참석하시면 기적적인 영육의 치유와 능력을 받습니다. 반드시 1주전에 전화하시고 예약해야 합니다.

5장 천국은 예수님으로 하나가 된 곳

(요 17:11)"나는 세상에 더 있지 아니하오나 그들은 세상에 있사옵고 나는 아버지께로 가옵나니 거룩하신 아버지여 내게 주신 아버지의 이름으로 그들을 보전하사 우리와 같이 그들도 하나가 되게 하옵소서"

세상 모든 사람에게는 다 저 나름의 천국이 있습니다. 필자가 사모하는 천국은 나 자신과 가정과 교회와 세상이 예수님으로 하나가 되고, 공기가 맑고, 과일이 풍성하고, 맑은 시내가 흐르고, 예수님 안에서 내가 하고 싶은 일을 늙도록 할 수 있고, 온갖 화초가 피어있는 곳을 가리켜 천국, 이상촌이라 생각합니다. 예수님으로 하나가 되지 못하면 만물이 풍성해도 지옥이라고 생각합니다.

필자는 천국은 아무리 공기가 맑고 먹을 것이 풍부하고 많은 꽃들이 피어나는 곳이라 해도 그곳에 예수님이 계시지 않고, 질병이 있고, 불안과 두려움이 상존하고, 서로 싸우고, 죽음이 있고, 헤어짐이 있다면 그곳은 결코 천국이 아니라고 생각합니다.

성도님들이 사모하는 천국은 예수님과 함께 살면서 사랑하는 자와 영원히 이별함이 없이 평안하고, 하고 싶은 일을 할 수가 있고, 병이 없고, 불안과 두려움이 없고, 이별이 없고, 슬픔이 없고, 항상 행복이 넘치는 이런 곳에서 서로를 바라보고 행복을 느끼며 사는 곳, 이런 곳이 성도들이 사모하는 천국이라 여깁니다.

어떤 사람은 책이 잔뜩 쌓이고 잉크가 놓인 방이 천국인 사람이 있습니다. 음반이 가득 쌓이고 질 좋은 오디오가 놓인 방을 천국으로 아는 사람이 있습니다. 화려한 옷들이 줄줄이 걸린 옷장이 천국인 사람이 있습니다. 포도주와 브랜디 병이 가득한 방을 천국으로 아는 사람이 있습니다. 돈이 가득 들어 있는 방이 천국인 사람 등등…. 각자의 천국은 다 다르다고 생각합니다.

천국의 의미는 걱정거리가 없고, 그 곳에 가면 마음이 착해지고 편안해지는 그런 곳을 말하는 것이라고 생각합니다. 그러고 보면 금은보화가 쌓인 곳은 결코 천국이 아니라는 것을 알게 됩니다. 걱정과 불안이 있기 때문입니다. 원하지 않는 일을 하는 장소 역시 천국일 수가 없습니다. 내 마음에 불만이 차기 때문입니다. 성공만을 위해 달려가는 장소 역시 천국이 아닙니다.

예수님이 주인으로 계신 곳, 예수님으로 하나가 된 곳, 향긋한 아기 냄새가 있는 곳, 사랑하는 사람이 있는 곳, 좋아하는 일이 있는 곳, 행복한 취미가 있는 곳, 건강이 있는 곳, 소박한 행복이 있는 바로 그 곳이 천국인 것입니다. 오늘 요한복음 17장에 보면 예수님 역시 이 땅에 살아가는 하나님의 자녀들이 천국을 누리기를 사모하셨습니다. 예수님께서 하나님께 기도하는 중점이 있습니다.

첫째, 예수님이 추구하시는 영광은 믿는 자가 하나 되는 것.
많은 사람들이 영광을 추구합니다. 그러나 그들이 추구하는 영광과 예수님이 추구하는 영광이 달랐습니다. 예수님은 사람들이 추구하는 영광이 무엇이라고 경고합니까? "너희는 서로 영광을 주고받으면서 오직 한 분이신 하나님께서 주시는 영광은 구하지 않으니, 어떻게 믿을 수 있겠느냐? …자기 마음대로 말하는 사람은 자기의 영광을 구하지만, 자기를 보내신 분의 영광을 구하는 사람은 진실하며, 그 사람 속에는 불의가 없다."(요5:44,요7:18). 우리는 사람들로부터 영광을 받고자 합니까, 아니면 하나님의 영광을 추구합니까? 사람들끼리 영광을 주고받는 그러한 영광을 추구하는 사람들은, "자기의 영광"을 위해서 "자기 마음대로 말하기에" "진실"하지 않고 "불의"하다고 경고합니다. 이런 이들이 사람들 속에 있으면 늘 시끄럽습니다. 자기가 인정받기 위해, 늘 누구인가를 모함하고 깎아내리며 이간질하기 때문입니다. "하나님께서 주시는 영광"을 추구하는 사람은, 좀 억울해도 참고 견디고 양보하면서 오히려 세워주고 도와주려고 애쓰기에 모두에게 기쁨과 평화가 있습니다.

예수님은 마지막까지 오직 "하나님께서 주시는 영광"을 추구했습니다. 따라서 예수님은 아예 "나는 사람에게서 영광을 받지 않는다."(요5:41)고 제자들 앞에 선언합니다. 많은 사람들이 특히 신앙인들이 다른 사람을 도와주고는 속았다고 분노합니다. 그들은 신앙이라는 것을 오해했기 때문입니다. 신앙은 오직 참이며 진리이며 진실하신 하나님과 그분의 말씀을 믿는 것이지, 사람과 그들의 말을 믿는 것이 아닙니다. 성경은 사람을 믿을 수 없는 존재 곧 죄인으로 선언합니다. 특히 종교지도자는 더더욱 믿을 수 없는 적그리스도적인 존재 가능성을 끊임없이 깨우치고 있는데, 성경에서 뭘 보는지 모르겠습니다. 이것이 지도자와 사람들을 배척하거나 냉소적으로 바라보라는 뜻이 아닙니다. 그렇기 때문에 "오직 서로 사랑하라"고 말씀하십니다. 중요한 것은, "분별력 있는 사랑"을 할 것을 당부하지 않습니까? 분별력은 사람들의 성향을 파악할 줄 아는 것입니다. 그 실체를 모르기 때문이 아니라, 알기 때문에 지혜롭게 그 사람을 섬겨주는 것입니다.

예수님께서 왜 이 땅에 오셨습니까? 우리 죄인들을 구원하여 천국을 건설하러 오지 않으셨습니까? 따라서 예수님께서 우리를 구원하시기 위해 택하신 방식은 무엇이었습니까? 우리를 뜯어고치려고 애쓰지 않으셨습니다. 우리의 죄성이 무엇인지를 아셨기 때문입니다. 오직 마지막까지 우리를 사랑해주셨습니다. 오히려 우리의 죄악을 대신하여 자신이 십자가에 못 박혀 돌아가시는 그 길을 택하지 않으셨습니까? 세상에 어떻게 이러한 미련한 방법을 택하셨다는 말입니까? 이것이 세상적인 눈으로는 아주 미련한 방법인 것 같지만, 이것이 하나님 편에서는 가장 지혜로운 방법이셨습니다. 따라서 예수님은 자기의 영광을 어떻게 선포하십니까? "인자가 영광을 받을 때가 왔다."(요12:23). 자신이 십자가에서 당하실 죽음에 대한 예고입니다. 도대체 뜬금없이 이 무슨 말씀입니까?

이 의미를, 예수님은 당신의 제자들에게 어떻게 부연설명하시며 초청합니까? "내가 진정으로 진정으로 너희에게 말한다. 밀알 하나가 땅에 떨어져서 죽지 않으면 한 알 그대로 있고, 죽으면 열매를 많이 맺는다. …나를 섬기려고 하는 사람은, 누구든지 나를 따라오너라. 내가 있는 곳에는, 나를 섬기는 사람도 나와 함께 있을 것이다. 누구든지 나를 섬기면, 내 아버지께서 그를 높여주실 것이다."(요12:24-26). 우리가 그리스도인으로 산다는 것이 무엇인지, 우리가 예수님을 따르는 신앙인으로 산다는 것이 무엇인지 다시금 생각해보아야 합니다. 어쩌면 우리 모두는 이 말을 알고 있습니다. 단지, 지식적으로 말입니다. 그러나 내 삶과 인생 속에서 이렇게 살고자 하는 작은 믿음이라도 우리에게 있느냐고 하는 것입니다. 사실은 겁나고 두려운 일입니다.

예수께서도 하시기 좋은 말로 하는 말씀이 아니라는 고뇌가 어떻게 토로됩니까? "지금 내 마음이 괴로우니, 무슨 말을 하여야 할까? "아버지, 이 시간을 벗어나게 하여 주십시오" 하고 말할까? 아니다. 나는 바로 이 일 때문에 이때에 왔다. 아버지, 아버지의 이름을 영광스럽게 드러내십시오."(요12:27-28). 이 말씀들을 통해, 마지막 기도에서 예수께서 구하신 "영광"의 의미를 부분적이나마 깨닫게 됩니다. "아버지, 때가 왔습니다. 아버지의 아들을 영광되게 하셔서, 아들이 아버지께 영광을 돌리게 하여 주십시오."(요17:1). 예수님은 자신의 십자가 죽음을 통해 "아버지께 영광이 돌리게" 되기를, 그리고 그 죽음을 온전히 감당할 수 있도록 "아버지의 아들을 영광되게" 해달라는 간구로 마지막 기도를 시작합니다. 참으로 숙연한 기도일 수밖에 없습니다.

다른 동물이 아닌 자신을 친히 희생 제물로 드리기를 준비하시며, 그 의식을 집례 하는 대제사장으로서의 중보기도입니다. 이미 제자들과의 대화 속에, 자신을 하나님께 드리는 영광의 그 순간에 대한 고뇌가 얼마나 깊이 담겨있는지 보지 않습니까? 주님은 놀랍게도 자신의 죽음을 통해 받을 "권세"를 어떻게 고백합니까? "아버지께서는 아들에게 모든 사람을 다스리는 권세를 주셨습니다. 그것은 아들로 하여금 아버지께서 그에게 주신 모든 사람에게 영생을 주게 하려는 것입니다"(요17:2). 자신이 왜 굳이 죽어야하느냐고 부르짖지 않습니다. "모든 사람에게 영생을 주게 하려는" 아버지의 섭리에 대한 순종으로, 또 이것이 자신으로 "모든 사람을 다스리는 권세를" 주신 사건으로서 고백합니다.

결국 예수님은 자신의 십자가의 죽음을 "나는 아버지께서 내게 하라고 맡기신 일을 완성하여, 땅에서 아버지께 영광을 돌렸습니다."(요17:4), 곧 자기 사명의 완성과 하나님께 드리는 영광으로 고백합니다. 왜 예수님은 이러한 길을 택했습니까? 그것은 "영생" 곧 '영원한 생명'이 무엇인가에 대한 선언에서 깨닫게 됩니다. "영생은 오직 한 분이신 참 하나님을 알고, 또 아버지께서 보내신 예수 그리스도를 아는 것입니다."(요17:3). 이 '안다'는 것이, 어떤 관념적인 지식의 개념이 아니라, 함께 몸을 비비며 더불어서 호흡하며 살아가는 삶을 의미한다는 것을 아시죠? 체험적으로 안다는 말입니다. 이 짧은 문장 속에 나오는 "영광, 권세, 영생"이 우리가 아는 의미들과 많이 다르다는 것에 어떤 생각이 드십니까? 우리는 성경이나 다른 사람들과의 대화에서 나오는 단어들을, 우리의 기존 개념이나 자기 편견에 가두지 않는 이들이 복됩니다. 이들이 "하나님께서 주시는 영광"을 추구하면서, 하늘의 참된 "권세"와 우리로 함께 하게 하신 사람들과 더불어서 마지막까지 주님과 함께 복된 "영생"의 삶을 살아갑니다.

둘째, 거룩하게 산다는 것이 무엇일까? 예수님은 자신의 생애와 삶과 평상시 입에서 나오는 언어를 통해서 아버지 하나님을 나타냈습니다. 이것을 예수님은 기도에서 어떻게 고백합니까? "나는, 아버지께서 세상에서 택하셔서 내게 주신 사람들에게 아버지의 이름을 드러냈습니다."(요17:6). "아버지의 이름"이라는 것이 단지 하나님에 대한 어떤 호칭을 의미하지 않습니다. 아버지 되시는 하나님의 본질과 인격을, 예수께서 자신의 삶과 사역의 방식을 통해 세상 속에 나타내보였음을 의미합니다. 자신의 모든 참된 삶의 방식의 근원이 하나님께로부터 온 것임을 "아버지"라는 단어를 통해 표현합니다. 우리는 흔히 '부전자전'이니, '그 애비에 그 자식'이라는 표현을 씁니다. 예수님의 생애가 속된 말로 막 되먹었는데도 하나님께 영광을 돌린 것이 될 수 있겠습니까? "너는 너의 하나님 여호와의 이름을 망령되이 일컫지 말라"(출20:7,개역)는 것이, 단지 그분의 호칭만이 아니라 우리의 말과 행동으로서의 삶의 방식까지를 의미한다는 것을 생각해 보셨습니까?

예수님은 단지 말로 사람들을 가르치지 않았습니다. 하나님의 말씀의 진리를 예수님은 자신의 모든 삶의 방식으로써 자기의 생애와 사역 속에서 드러내셨습니다. 이것을 예수님께서는 어떻게 고백합니까? "나는 아버지께서 내게 주신 말씀을 그들에게 주었습니다. 그들은 그 말씀을 받아들였으며, 내가 아버지께로부터 온 것을 참으로 알았고, 또 아버지께서 나를 보내신 것을 믿었습니다."(요17:8). "말씀"이라는 것이 단지 어떤 '지식'이나 '말'을 의미하지 않는다는 것을 우리는 압니다. 아버지 하나님의 입으로부터 나온 말씀은 '진리' 그 자체 아닙니까? 예수님이 우리로 깨닫기를 원하는 것은 단지 '지식'이나 '말'이 아닌 '진리'이고, 그 진리가 하나님과 예수님 그리고 우리의 인격과 삶으로 나타난다는 의미에서 '생명'이라고 말씀하지 않습니까? 따라서 우리는 말과 행동에 있어서 보다 신중해야하고, 세상 사람들의 방식과는 달라야 합니다. 그러나 이것이 인간관계 속에서 모든 분위기를 꽉 막히게 하는, 답답한 어떤 그런 삶의 방식을 의미하지 않습니다. 오히려 막힌 것을 헐어 물이 흘러가게 해주는 자연스러움이 구별된 삶의 방식입니다.

사람들은 "아버지께서 내게 주신 말씀"대로 사는 것을 두려워합니다. 진리를 추구하는 삶을 의외로 세상 사람들은 싫어합니다. 심지어는 교회 안의 사람들조차 싫어합니다. 예수님은 왜 그렇다고 말씀합니까? "나는 그들에게 아버지의 말씀을 주었는데, 세상은 그들을 미워하였습니다. 그것은, 내가 세상에 속하여 있지 않은 것과 같이, 그들도 세상에 속하여 있지 않기 때문입니다."(요17:14). "아버지께서 내게 주신 말씀"대로 산다고 하는 것이, 세상 사람들이 추구하는 삶의 방식과는 다르다는 데에 있습니다. 악하게 살고자 한 것이 아니라 선하게 살고자 하는 그 다른 것을 존중해주면 좋은데, 세상은 그들을 미워합니다. 세상에서의 선과 악의 개념은 상대적인 개념입니다. 따라서 상대방이 선하다면 나는 악한 것이 되어버리는 것을 견디지 못합니다. 그들을 따라 선한 삶의 방식을 추구하거나 아니면 그냥 놔두면 좋은데, 그렇지 못하고 끌어내리려고 하거나 비방합니다.

왜 그들은 그렇게 합니까? 사실 선하게 살고자 하거나 평범하게 사는 사람들은 그러지 않습니다. 문제는 자신이 선한 사람인 것처럼 아니면 의인인 것처럼 행세하는 사람들이 그렇게 행동합니다. 그 사람 때문에, 자신의 거짓된 실체가 드러나는 것을 두려워하기 때문입니다. 이들을 성경은 '적그리스도'라고 말합니다. 사람들은 '적그리스도'하면 단지 마귀와 사탄의 존재로만 생각하는 경향이 있습니다. 물론 그런 부분도 있지만, 성경에서 '적그리스도적'이라고 하는 부분을 보면, 그리스도를 대적한다는 의미로서 곧 사람들을 차별하고 적대하며 얽어매고자 하는 방식에 대한 의미로 나타납니다. 따라서 '그리스도적'이라고 하는 것은 그리스도의 가르침을 따른다는 의미로서, 그리스도이신 예수님처럼 인간을 죄악의 굴레에서 벗겨주고자 하는 해방자와 구원자적 삶을 의미합니다. 그렇기 때문에 마치 자신이 특별한 사람인 것처럼 행동하는 것이, 왜 '적 그리스도적'인 것인지를 깨달아야 합니다.

따라서 예수님은 자신을 따르는 제자들이 그러한 잘못된 신앙적 삶의 방식에 물들지 않기를 어떻게 간구합니까? "내가 아버지께 비는 것은, 그들을 세상에서 데려 가시는 것이 아니라, 악한 자에게서 그들을 지켜 주시는 것입니다. 내가 세상에 속하지 않은 것과 같이, 그들도 세상에 속하지 않았습니다."(요 17:15,16). 거룩한 삶이라는 것이 세상과 분리되는 삶을 의미하지 않는다는 것을 예수님은 밝힙니다. 그러면서도 세상의 속성을 "악한 자"가 지배하는, 곧 "악"이 지배하는 곳임을 깨우쳐줍니다. 이러한 세상 현실 속에서 예수의 사람들 곧 하나님의 백성과 자녀들이 어떻게 거룩할 수 있음을 기도합니까? "진리로 그들을 거룩하게 하여 주십시오. 아버지의 말씀은 진리입니다. 아버지께서 나를 세상에 보내신 것과 같이, 나도 그들을 세상으로 보냈습니다. 그리고 내가 그들을 위하여 나를 거룩하게 하는 것은, 그들도 진리로 거룩하게 하려는 것입니다."(요17:17-19). 거룩하게 사는 삶은 주님의 진리 가운데 사는 삶입니다. 예수님은 제자들을 거룩하게 살라고 닦달이 한 것이 아니라, "그들을 위하여 나를 거룩하게" 했다고 고백합니다.

　그렇다면 죄악이 관영한 시대와 세상 속에서 우리는 어떻게 살아야 합니까? 세상에 몸을 담고 살지만, 세상적인 사고와 삶의 방식이 아니라, 하나님과 하늘의 뜻과 진리를 추구하는 삶의 방식의 사람들을 가리켜서, 천국 백성과 자녀 또는 하나님의 백성과 자녀 나아가 그리스도 예수의 사람들이라고 말합니다. 우리가 그리스도인이라고 하는 신앙공동체로 함께 부름 받은 의미를 깨닫는 이들이 복됩니다. 사도 바울이 죽을지도 모를 예루살렘으로 돌아가며, 자신이 세운 에베소 교회 장로들을 밀레도에 불러서 고별인사를 하면서, 그 성도들을 어디에 부탁합니까? "여러분은 자기 자신을 잘 살피고 양떼를 잘 보살피십시오.… 바로 여러분 가운데서도, 제자들을 이탈시켜서 자기를 따르게 하려고, 어그러진 것을 말하는 사람들이 나타날 것입니다.… 나는 이제 하나님과 그의 은혜로운 말씀에 여러분을 맡깁니다. 하나님의 말씀은 여러분을 튼튼히 세울 수 있고, 거룩하게 된 모든 사람들 가운데서 여러분으로 하여금 유업을 차지할 수 있습니다."(행20:28,30,32). 왜 예수님께서 아버지 하나님께, 예수를 따르는 신앙의 사람들을 말씀의 진리로 붙잡아주시고 거룩하게 해주시기를 기도했는지 조금 이해가 되십니까?

셋째, 왜 우리는 예수로 하나가 되어야 할까? 예수를 믿고 천국의 시민권을 가진 하나님의 자녀들이 지금 이 땅에서 천국을 만끽하면서 살아가도록 하기 위함입니다. 예수님은 이 땅에 천국이 되기를 소원하셨습니다. 예수께서 십자가에서 죽어 가실 시간이 점점 다가오면서, 마지막 그 순간을 앞두고 아버지 하나님께 간구하신 기도제목이 무엇이었습니까? "나는 이제 더 이상 세상에 있지 않으나, 그들은 세상에 있습니다. 나는 아버지께로 갑니다. 거룩하신 아버지, 아버지께서 내게 주신 아버지의 이름으로 그들을 지켜주셔서, 우리가 하나인 것 같이, 그들도 하나가 되게 하여 주십시오."(요17:11). 예수님은 하나님과의 친밀한 교제 가운데 자신의 생애와 사역과 삶을 살아내셨습니다. 그렇기에 이제 마지막으로 자신이 감당해야 될 십자가의 사명 앞에 두려움과 불안보다는, 악한 세상 가운데 놔두고 갈 자신의 제자들과, 저들로 인해 또한 하나님께 돌아올 주님의 백성과 자녀들에 대한 염려가 더 우선했습니다. "나는 이 사람들을 위해서만 비는 것이 아니고, 이 사람들의 말을 듣고 나를 믿는 사람들을 위해서도 빕니다. 아버지, 아버지께서 내 안에 계시고, 내가 아버지 안에 있는 것과 같이, 그들도 하나가 되어서 우리 안에 있게 하여 주십시오."(17:20,21).

왜 예수님은 이토록 우리가 하나 되기를 염원합니까? 하나가 되어야 지금 천국을 만끽하며 누릴 수가 있기 때문입니다. "그 것은, 우리가 하나인 것과 같이, 그들도 하나가 되게 하려는 것입니다. 내가 그들 안에 있고, 아버지께서 내 안에 계신 것은, 그들이 완전히 하나가 되게 하려는 것입니다."(요17:22-23). 그렇다면 우리가 "하나"가 된다는 것이 무엇입니까? 단지, 어떤 조직 체계나 한 공간 안에 함께 있는 것만을 의미하지 않습니다. 평생을 함께 살면서 한 방에서 한 이불을 덮고 자는 부부도, 마음이 하나 되지 못한 사람들이 얼마나 많습니까? 그것은 상대방의 입장에 서주고 이해하려고 하기보다, 자신의 입장만이 옳다고 고집하는 사람들인 경우가 대부분입니다. 그런 인물이 예수님의 제자들 중에도 있었습니다. 우리도 마찬가지이기는 하지만, 그 정도가 심한 사람이 바로 가룟 유다 아니었습니까? 이 가룟 유다에 대한 안타까움이 어떻게 고백됩니까? "아버지께서 내게 주신… 한 사람도 잃지 않았습니다. 다만, 멸망의 자식만 잃은 것은 성경 말씀을 이루기 위함이었습니다."(요17:12).

이 "멸망의 자식"이라는 표현이 가룟 유다에 대한 저주의 표현입니까? 가룟 유다가 흔히 생각하는 그런 악한 사람입니까?

문제는 마지막까지 자기의 입장과 시각만을 고집했다는 것이, 스스로를 파멸에 몰아넣었습니다. 스스로 자기 마음의 문을 열지 않는 이상, 예수님도 어떻게 도와줄 수 없었음에 대한 안타까운 고백입니다. 그러한 그의 선택의 결과를 "성경 말씀을 이루기 위함"이었다고 말씀합니다. 나아가서 그러한 그의 시각이 스승인 예수를 적에게 팔아넘기는 악을 행하게 되지만, 그것 또한 예수 그리스도의 대속의 죽음을 통해 인류를 구원코자 계시된 "성경 말씀을 이루기 위함"이라는 의미입니다. 하나님 안에서는 우리가 이해할 수 없는 일조차도 믿음으로 받아들일 때, 우리가 직면하는 어떠한 문제와 불이익과 악 조차도 하나님의 원대한 뜻을 성취하는 도구로 쓰임 받습니다. 사도 바울이 "모든 일이 서로 합력해서 선을 이룬다는 것을 우리는 압니다"(롬8:28)라는 고백의 의미를 깨닫습니다.

예수님은 우리가 "하나"되어야 하는 궁극적 이유를 어떻게 기도하십니까? "아버지께서 나를 보내셨다는 것과, 아버지께서 나를 사랑하신 것과 같이 그들도 사랑하셨다는 것을, 세상이 알게 하려는 것입니다."(요17:22). 주님은 우리가 조직적인 체계의 획일화된 하나가 아니라, 하나님의 본질적인 속성과 인격이신 "사랑"으로 함께 하는 하늘나라 공동체적 통일성을 꿈꾸셨고 당부합니다. 이것이 하나님을 아는 것이고 믿는 것이며, 그 하나님의 보내신바 되신 그리스도 예수를 온전히 아는 것이고 믿는 것이기 때문입니다. 따라서 예수님은 자신이 세상에서 지금까지 그렇게 살아왔고, 자신을 따르는 이들도 그렇게 살아가기를 마지막으로 간구합니다. "의로우신 아버지,… 그들에게 아버지의 이름을 알렸으며, 앞으로도 알리겠습니다. 그것은, 아버지께서 나를 사랑하신 그 사랑이 그들 안에 있게 하고, 나도 그들 안에 있게 하려는 것입니다."(요17:25-26).

우리가 예수 안에서 하나 되기를 꿈꾸며 기도하는 것이 무엇이라고 생각합니까? 예수께서 하나님의 뜻을 자기 생애를 통해 이루셨듯이, 예수님을 통해서 계시된 하나님의 뜻을 우리 생애를 통해 이루어가는 것이, 그리스도인이고 기독교 신앙입니다. 우리가 행한다는 데에 중심이 있는 것이 아니라, 우리의 마음속에 하나님과 예수님을 담는 것입니다. 아니, 그분 안에 거하는 것입니다. 그럴 때 말씀의 진리가 우리의 온 몸과 영혼을 하늘의 생명으로 물들일 것입니다. 그러면 우리의 모든 사고와 삶의 방식과 언어가 주님의 뜻을 이루는 것으로 표현되고 표출되어질 수밖에 없습니다. 우리 안에 거룩하신 성령이 충만하게 임재하기 때문입니다.

이렇게 성령으로 충만하게 채워지니 지금 천국을 만끽하며 누리게 되는 것입니다. 천국은 예수님으로 하나가 된 곳입니다. 반대로 지옥은 어디일가요? 세상으로 하나 되었거나, 예수님과 세상이 섞여서 날마다 충돌하는 곳입니다. 섞여있는 예수님과 세상을 성령으로 하나가 되게 해야 합니다. 하나 될 때 고통을 따르지만 예수님을 따르면 잠시 지나서 천국을 누리게 됩니다.

6장 천국은 예수님의 평안을 만끽하는 곳

(요 14:27)"평안을 너희에게 끼치노니 곧 나의 평안을
너희에게 주노라 내가 너희에게 주는 것은 세상이 주는
것 같지 아니하리라"

천국은 예수님의 평안을 만끽하며 누리는 곳입니다. 아무리
예수를 믿고 성령으로 거듭났다고 하더라도 평안하지 않으면 하
늘나라가 임한 것이 아니라는 것입니다. 예수님이 주인이신 하
늘나라는 예수님의 평안이 있는 곳입니다. 예수님이 주시는 평
안은 세상이 주는 것과 같지 않습니다. 필자는 매주 토요일 개별
집중정밀치유를 합니다. 이때 정밀치유를 하면 모든 분들이 참
으로 평안하다고 하십니다. 그러면 필자가 이렇게 말합니다. 자
신 안에 주인으로 계시는 예수님의 평안이 온전하게 흘러나오는
것이라고 합니다. 그러면서 예수님 외에 다른 세상 것들이 성령
의 역사로 모두 배출이 되어 온전하게 예수님으로 하나가 된 증
거라고 설명을 합니다. 천국은 세상이 주는 것과 같지 않은 예수
님의 평안이 자신의 전인격을 지배한 상태라고 표현하면 정확합
니다. 말씀지식으로가 아니고 실제적으로 느끼는 평안입니다.

평강은 예수님이 주십니다. 예수님은 평강의 왕이십니다. 이
사야 선지자를 통하여 예수님의 탄생을 예언하시면서 그의 이름
은 평강의 왕이요, 그 정사와 평강의 더함이 무궁하리라고 하셨
습니다. 예수님이 탄생하셨을 때도 천사들이 노래하기를 하나님

께는 영광이요, 땅에서는 기뻐하심을 입은 사람들 중에 평화라고 했습니다. 예수님이 십자가를 지기 위해서 예루살렘에 입성하실 때도 무리들은 평강의 왕으로 오시는 이여 호산나 하면서 노래했습니다.

예수님은 부활하신 후에 첫 번째 하신 말씀이 무엇인지 아십니까? "너희에게 평강이 있을지어다"라고 제자들에게 말씀하셨습니다. 제자들은 두려워서 방문을 잠그고 있었는데 예수님은 홀연히 그들에게 나타나셔서 거듭 거듭 "너희에게 평강이 있을지어다. 너희에게 평강이 있을지어다"라고 거듭 말씀하셨습니다. 오늘 말씀을 통해서 우리들에게도 "너희에게 평강이 있을지어다" 하시는 음성을 듣기 바랍니다. 참 평안을 누리기를 바랍니다. 두려워하며 근심하는 자 곁에 서셔서 "아들아 너에게 평강이 있을지어다" 수치심, 불안, 염려 때문에 잠 못 이루는 자에게 찾아오셔서 "사랑하는 나의 자녀여, 너에게 평강이 있을지어다" 하시는 음성을 들으시기 바랍니다.

예수님은 이렇게 말씀하십니다. "평안을 너희에게 끼치노니 곧 나의 평안을 너희에게 주노라" 예수님 자신의 평안을 우리에게 주셨습니다. 평강의 근원이시며 평강의 왕이신 예수님께서 자신의 평안을 우리에게 주신다고 하셨습니다. "평안을 너희에게 끼치노니 곧 나의 평안을 너희에게 주노라." 예수님이 주시는 평안은 우리 마음을 편하도록 달래거나 쓰다듬어 주시는 정도가 아닙니다. 예수님 자신의 깊은 평안, 그 영광스러운 성품의 하나인 평안, 존재적인 평안을 우리에게 주신다고 하셨습니다. "나의 평안을 너희에게 주노라." 엄청난 말씀입니다.

예수님이 주신 평안은 세상이 주는 것과 같지 않다고 하셨습니다. 이 세상의 평안은 조건적이며 일시적입니다. 그러나 예수님이 주신 평안은 조건을 초월하는 평안이며 영원한 평안입니다. 풍랑 이는 바다에서도 깊이 잠들 수 있는 평안입니다. 예수님은 그러한 자신의 평안을 우리에게 주셨습니다.

그러나 문제는 '나의 평안'이라는 예수님의 말씀에 있습니다 (요14:27). 아울러 '세상'도 평안을 준다는 것이 본문의 말씀입니다. 그러므로 자신이 소유한 평안이 '세상의 평안'인지, '예수님의 평안'인지를 구분하지 못하게 되면 아무런 의미가 없게 되고, 나아가서는 착각과 미혹의 씨앗이 될 수도 있습니다. 그렇기 때문에 우리는 더욱더 성경 말씀이 무엇을 어떻게 말씀하고 있는지 성령의 깨닫게 하심으로 살펴보아야 할 필요성이 있습니다.

'세상의 평안'과 '예수님의 평안' 사이에 차이점은 무엇일까요? 그런데 이 질문을 유심히 보면, 놀라운 것은 '평안'이라는 말에는 아무런 차이가 없다는 점입니다. 다만 그 평안이 누구로부터 온 것이냐는 차이만 있을 뿐입니다. 그러므로 세상도 예수님도 똑같이 제공할 수 있는 '평안'이 무엇을 의미하는가를 먼저 알 필요가 있습니다. 평안(에이레네)이란 무엇인가요?

「에이로」즉 연합하다(to join)는 뜻으로부터 유래된 「eijrhvnh(에이레네)」는 따라서 '하나가 됨, 고요, 안식, 다시 하나가 되다'라는 의미를 가집니다. 즉, '평안(eijrhvnh)'이라는 것은 분리된 상태거나 두 개 이상의 별개의 존재가 연합하여 하나가 된 상태를 의미합니다. 일반적으로 평안(평화)의 반대말인 전쟁을 생각하면 이해가 쉽습니다. 전쟁이란 적대하는 두개 이상의 나라나 단체 혹은 개인이 있어야만 가능한 것이고, 상대적으로 평안은 어느 한쪽으로 통일된 상태를 가리킨다고 볼 수 있습니다. 그러므로 우리 인간이 평안하다고 할 수 있으려면 우리 내부에 다투는 두개의 존재(즉 갈등구조)가 있을 때는 불가능하고 어느 한쪽이 다른 한쪽에 투항하든지 쫓겨나든지 해야 가능한 것입니다.

사도 바울이 로마서 7장에서 고백한 것처럼 "내 속 사람으로는 하나님의 법을 즐거워하되 내 지체 속에서 한 다른 법이 내 마음의 법과 싸워 내 지체 속에 있는 죄의 법 아래로 사로잡혀 가는"(롬 7:22-23), 상황에서는 평안이 있을 수 없습니다. 그러므로 문제의 시작은 내 속에 두 존재가 있음을 알아채는 때부터라고 볼 수 있습니다. 그러면 그 이전 상태는 어떤 것인가요? 앞에 설명했듯이 평안이란 '하나 된 상태'를 의미하는데 자기 속에서 두 존재가 갈등구조를 그리고 있는 것조차 알지 못할 때에는 그쪽도 '평안'이란 말입니다. 이것이 세상의 평안입니다.

마치 대낮에는 한 점 어두움이 없어 평안인 것처럼, 칠흑 같은 한밤중도 한 점 빛이 없어도 평안인 것과 같습니다. 갈등 즉 싸움이 일어나 평안이 깨지는 시점은 칠흑의 어두움에 성령의 빛이 비추기 시작하면서부터입니다. 이때로부터 두 '평안'의 다툼이 시작되는데 이것이 곧 해산의 아픔(요 16:21)이요, 이 고통을 지난 기쁨이 곧 새로운 평안, 어두운 곳이 하나도 없는 '빛 안에서의 평안(눅 11:36)'입니다. 한동안 다툼이 일어난 다음에 제 3의 존재들이 성령으로 제압이 되면 예수님의 평안으로 바뀌는 것입니다. 그러므로 본문이 말씀하고 있는 '세상의 평안'은 세상과의 연합을 의미하는 것이고, '예수님의 평안'은 예수님과의 연합(엡 2:14-17)을 의미합니다.

글을 읽는 분들 중에 오늘날 기독교인 가운데 이걸 모르는 사람이 있을까? 의문시하는 분들도 있을 것입니다. 필자가 이렇게 설명하는 것은 기독교인이란 모두 세상과 연합된 과거가 있었고 이제는 예수님과 연합되어 '그의 평안'을 누리고 있다고 생각하기 때문에 자기를 분별해 보라는 것입니다.

그러나 문제는 오늘날 신자들의 대부분이 과연 '세상'과 '예수님'이라는 두 상극의 갈등구조(롬 7장)를 몸으로 살고(영-혼-육이 성령의 지배를 받지 않고), 예수님에게 연합되었느냐에 있습니다. 그 갈등과 고통의 체험 없이(이는 시간적인 문제가 아니라, 영-혼-육이 성령의 지배를 받느냐 받지 못하느냐의 문제입니다.), 예수를 믿는다는 것은 감히 단언하건대 거짓말입니다. 왜냐하면 세상과 연합하여(우리 인간은 누구나 세상과 하나 되어 살던 존재들이었습니다(엡 2:1-3).), 평안한 삶을 누리던 사람이 예수를 만나게 되면 그 가치체계의 다름 때문에 심각한 근심과 갈등을 했던 것이 성경에 기록되어 있기 때문입니다. 대표적인 사례가 마태복음 19장에 거론되는 부자청년의 이야기입니다.

예수를 믿는 길은 '나의 목숨'이라는 비용이 든다는 것을 기억해야 합니다. 그냥 '믿으면'이 아니란 말입니다. 내 목숨을 버리지 않으면 괜히 공사를 시작만하고 이루지 못하는 불쌍한 사람이 된다(고전 15:19)는 말입니다. 그러므로 좁고 협착한 길입니다. 자기 목숨을 '위하여' 전심전력으로 사는 삶이 주는 평안이 있는데 이것이 곧 '세상이 주는 평안'이요, 자기 목숨을 '잃음으로써' 얻는 평안이 있는데 이것이 곧 '예수의 평안'입니다.

둘 다 평안이라는 말을 쓸 수 있는 것은 전자는 자기 목숨 이외의 것이 보이지 않음으로 평안이요, 후자는 자기 목숨이 없어지고(십자가에서 예수와 함께 죽음, 갈 2:20), 성령의 지배와 장악된 그리스도의 생명으로 살기 때문에 주어지는 평안입니다. 근심이 있고 갈등이 있다는 얘기는 자기 목숨과 그리스도의 생명 사이에서 방황한다는 말입니다. 몸으로는 자기 목숨을 위하여 살면서 입으로는 그리스도를 믿는다고 자랑스러워할 일이 아닙니다. 분명하게 성령으로 전인격을 굴복시켜야 합니다. 전인격이 성령의 지배와 장악이 되고 성령의 인도를 받아야 '예수의 평안'을 영-혼-육의 온몸으로 느끼면서 살아갈 수가 있는 것입니다. 천국은 자신 안에 있는 성전에서 예수님의 평안이 넘쳐나는 상태를 말합니다.

첫째, 세상이 주는 평안. 평안이란 세상에서도 가볍게 무시할 수 있는 성질의 것이 아닙니다. 세상에서도 나름대로 마음수련, 명상호흡 단 월드, 단전호흡, 기 치료, 명상, 웃음치료, 프로포폴 투약 등을 통하여 나름대로 평안을 누리고 있기 때문입니다. 더구나 본문에게 말하는 세상은 일반적으로 생각하는 세상이 아닙니다. 즉 부정과 부패가 난무하는 저 '로마'의 백성들이 아니라, 하나님을 향하여 기도하던 '유대'백성들이 곧 '세상(눅 12:30)' 입니다. 말로는 하나님을 사랑한다고 하면서 그의 계명을 가지고(e[cw,에코) 지키는(threvw,테레오) 것(요 14:21)을 무엇인지 모르는, 그래서 진리의 영을 받지 못하는 대상이 곧 세상이라는 말입니다(요14:17). 다른 말로 하면 '자기 목숨을 위하여' 신앙 생활하는 사람들이 성경적 '세상사람'들입니다.

세상은 이런 사람들에게 자기의 평안을 선물하는데 이것이 곧 '기도함으로써' 누리는 평안이요, '구제함으로써' 가지는 평안입니다. 기도는 자신의 욕구를 충족하는 내용으로 간구하는 기도요, 기도시간을 때워야 율법을 범하지 않기 때문에 하는 인간적인 기도를 말합니다. 그래서 어렵사리 '큰 일' 한 건 하고 나면 몸은 피곤해도 소위 영혼은 하나님 앞에 뿌듯하고 자랑스럽고 평안한 것입니다.

그러나 이 모든 것은 어떠한 일을 '자기가 함으로써' 주어지는 것들이요, 자기 신앙의 수준에 따라 조령모개(朝令暮改)로 변하는 평안입니다. 자기 자신만 알고 인정해주는 평안이라는 말입니다. 그래서 하나님 앞에 열심히 살지 못하면 죄송스럽고, 그래서 또 눈물 흘리며 회개 기도하고 나면 속이 후련하고, 그러면 또 그 용서에 감격해서 평안하고, 마치 냄비에 죽 끓듯, 다람쥐 쳇바퀴 도는 것과 같은 것이 오늘날의 신앙 행태입니다.

신앙의 주체가 '자신'에게 있기 때문입니다. 신앙의 주체가 '자신'에게 있기 때문에 자신이 기도를 하건 아니하건, 예배를 드리건 안 드리건 상관이 없다는 말입니다. 자신의 마음대로 해야만 평안한 사람은 아직 예수의 평안이 무엇인지 모르고 세상이 주는 평안을 예수의 그것인 줄 착각하고 있는 것입니다. 알아야 할 것은 예수를 믿는다는 것은 주체의 옮김을 뜻합니다. 즉 자신의 평안이 아니라, '예수의 평안'을 가지게 된다는 말인데, 따라서 주체가 '예수'이므로 '자신'의 행위나 감정적 변화에 전혀 영향을 받을 필요가 없게 됩니다.

왜냐하면 우리가 하나님을 사랑하므로 평안한 것이 아니라, 하나님의 사랑을 받으므로 평안한 것이어야 하기 때문입니다. 사랑을 받아 본 사람만이 사랑할 수 있습니다. 하나님의 사랑을 모르고 하나님을 사랑함으로써 누리는 평안이 곧 세상이 주는 평안입니다. 이것은 분명히 '예수의 평안'과는 다릅니다. 왜냐하면 전자는 우리가 하나님을 사랑할 때만 누리는 평안이요, 후자는 그냥 내 속에 존재하는 평안이기 때문입니다.

그래서 본문의 '끼치노니'라는 말은 「ajfivhmi(앞히에미)」로서 '허락하다. 곁에 두다' 는 말입니다. 즉 너희를 평안하게 해 주겠다는 말이 아니라, 너희에게 '평안'을 허락한다는 말입니다. 이것은 곧 '나의 평안'인데 26절의 아버지께서 내 이름으로 보내실 진리의 성령이시요, 다른 보혜사이십니다. 그러므로 우리는 하나님의 자녀(요 1:12)이면서 평안(엡 2:14)의 아들(눅 10:6)입니다.

예수님의 평안을 누리며 살아야 합니다. "너희는 마음에 근심도 말고 두려워하지도 말라." 예수님은 근심하지도 말고 두려워하지도 말라고 하셨습니다. 근심과 두려움은 마귀에게 속한 것입니다. 그래서 성경은 평강의 하나님께서 사탄을 우리 발아래서 곧 멸하시리라고 하셨습니다(롬 16:20). 마귀를 멸하는 것은 전투를 뜻합니다. 그렇다면 능력의 하나님께서 사탄을 멸하시리라고 하지 않고, 왜 평강의 하나님께서 라고 하셨을까요? 사탄은 불안, 불화, 근심, 염려의 근원입니다. 사탄은 이런 것을 무기로 사용합니다. 하나님은 평강의 근원이십니다. 하나님은 평강을 무기로 사용하십니다. 근심과 두려움을 이기는 것은 평강입니다. 하나님은 자신의 평강으로 불안과 근심과 두려움의 원흉인 사탄을 멸하십니다.

하나님은 그 넘치는 평강, 그 깊은 평강으로 우리를 어지럽히는 사탄을 멸하십니다. 사탄의 역사가 일어납니까? 불안하고 초조합니까? 평강의 하나님을 선포하시기를 바랍니다. 평강의 하나님께서 사탄을 곧 멸하시리라고 선포하시기를 바랍니다. 평안은 힘이 있어야 누릴 수 있습니다. 환경보다 더 큰 힘이 있어야 누릴 수 있습니다. 문제보다 더 큰 힘이 있어야 누릴 수 있습니다. 질병보다 더 큰 힘이 있어야 누릴 수 있습니다. 우리 안에 계신이가 세상보다 더 크십니다. 우리는 그 분의 능력으로 환경을 이길 수 있고 문제도 이길 수 있고 병도 이길 수 있습니다. 우리는 예수님의 능력으로 그 어떤 문제를 만나도 이길 수 있기 때문에 평안을 누릴 수 있는 것입니다.

성령의 힘으로 누리게 해 주십니다. 예수님이 제자들에게 나의 평안을 너희에게 주신다고 하셨는데 실제로 제자들이 평안을 누린 것은 오순절에 성령 충만 받고 나서부터였습니다. 항상 두려워하고 불안해하던 그들이 성령 받고 나서는 담대하고 평안했습니다. 베드로는 감옥에서 다음 날이면 끌려나가 죽게 되었는데도 평안하게 깊이 잠들었습니다. 그들은 매를 맞으면서도 죽음 앞에서도 평안을 누렸습니다. 성령님은 예수님이 주신 평안을 누릴 수 있는 힘이 되십니다. 예수님은 자신의 평안을 우리에게 주셨고, 그 평안을 누릴 수 있도록 성령님을 보내 주셨습니다.

그래도 불안할 때가 있습니다. 우리는 예수님의 평안을 받았으면서도 누리지 못하고 불안해 할 때가 많습니다. 대개 그런 때는 우리가 성령님의 뜻을 거스를 때입니다. 성령님의 뜻을 거스를 때 내 속에서 성령님이 근심합니다. 그러면 내 마음에 불안, 근심, 두려움이 일어납니다. 이는 성령님께서 우리를 바로 세우기 위해 사용하시는 도구입니다. 자신을 깨닫게 하고 바로 세우기 위해서 성령님은 불안, 근심을 사용하십니다. 이런 근심은 유익한 것입니다. 이런 근심 후에는 반드시 더 큰 평안을 누리게 됩니다.

세상이 주는 평안도 맛보고 예수께서 주는 평안도 맛을 본 사람만이 세상의 평안을 알 수 있습니다. 세상이 주는 평안으로 잘 먹고 잘 살던 경험이 과거지사가 아닌 사람은 현재의 삶이 그것이라는 반증입니다(물론 예수 '믿고' 나서부터입니다). 그래서 세상이 주는 평안이 크면 클수록 힘써 하나님의 평안을 거부하게 됩니다. "그러므로 '저희'가 평안하다 안전하다 할 그 때에 잉태된 여자에게 해산 고통이 이름과 같이 멸망이 홀연히 저희에게 이르리니 결단코 피하지 못하리라"(살전 5:3). 우리 모두 하나님의 평안을 선물로 받아서 세상의 평안에 만족하며 사는 사람들에게 하나님의 평안을 소개하는 사람이 되시기를 바랍니다. "화평케 하는 자는 복이 있나니 저희가 하나님의 아들이라 일컬음을 받을 것임이요"(마 5:9). 예수님의 평안을 주변사람들에게 전이시키는 우리가 되어야 합니다.

둘째, 예수님의 평안. 평안을 어떻게 정의할 수 있을까요? 내적 만족, 내적 고요함, 마음의 안정, 침착함, 다툼으로부터 자유함, 안식, 환경에 방해 받지 않는 영혼의 상태를 말합니다. 저는 내적인 평안을 소유한 그리스도인과 있을 때에 저 역시도 평안에 거하게 되는 것을 느낍니다. 아니 많은 부분에서 제가 그렇게 평안을 끼치는 사람이 되기를 원합니다.

그리스도 안에 있는 생명의 피, 곧 구속을 통하여 진정한 평안에 거하게 되었습니다. 엡 2장 13~14절에 "이제는 전에 멀리 있던 너희가 그리스도 예수 안에서 그리스도의 피로 가까워졌느니라 그는 우리의 화평이신지라 둘로 하나를 만드사 중간에 막힌 담을 허시고" 저는 성도의 이름을 가졌지만, 여전히 죄 가운데 불안해하고, 평안을 누리지 못하는 성도들을 볼 때가 있습니다. 조그만 일에도 불안해하고 두려워합니다. 그러면서도 믿음이 있다고 아멘 합니다. 그것은 어떤 면에서 사단에 의해서 거짓에 속고 있는 모습이 아닌지 모르겠습니다. 하나님을 믿는데 불안해하고 두려워하는 것은 거짓 믿음입니다.

이사야 기자는 이렇게 기록합니다. "오직 악인은 능히 인정치 못하고 그 물이 진흙과 더러운 것을 늘 솟쳐내는 요동하는 바다와 같으니라. 내 하나님의 말씀에 악인에게는 평강이 없다 하셨느니라"(이사야 57:20-21). "그들은 평강의 길을 알지 못하며 그들의 행하는 곳에는 공의가 없으며 굽은 길을 스스로 만드나니 무릇 이 길을 밟는 자는 평강을 알지 못하느니라"(이사야 59:8). 귀하는 혹 이렇게 말할지도 모릅니다. "저는 악인이 아닙니다. 저는 하나님을 믿고 그분 안에 있습니다." 생각해 보시기 바랍니다. 하나님 편에서 악인의 기준은 무엇일까요? 우리 안에 있는 정욕, 술 취함, 또는 약물중독, 미움, 시기, 질투 이것 보다 더 근본적인 중요한 사실이 있습니다.

무엇입니까? 하나님께서 말씀하시는 악인의 기준은 그리스도께서 허락하신 모든 평안을 알면서도 이를 거부하고 그의 은사를 부인하는 자입니다. 좀 더 쉽게 설명하면 주님 안에서 "내가 너희에게 평안을 주노라"하신 주님의 초청을 믿지 못하고 거부하며, 불안해하고 두려워하는 것입니다.

출애굽기 32장은 이스라엘 백성들의 배교의 사건을 기록하고 있습니다. 하나님의 임재의 모습인 불기둥과 구름 기둥을 눈만 들면 그들이 바라 볼 수 있었습니다. 그러나 그들의 마음은 하나님과의 교제가 단절되었습니다. 그러므로 그들에게 가장 먼저 찾아 온 것, 그들의 반응은 두려워하는 모습입니다. 불안 해 하는 모습입니다. 그 결과가 하나님께 배교라는 엄청난 결과를 낳았습니다. 이것은 많은 인명 피해도 낳았습니다. 출애굽기 32장 28절에 "레위 집안의 백성은 모세에게 복종했습니다. 그 날 이스라엘 백성 중에서 삼천 명 가량이 죽었습니다.”

아마도 광야 생활 가운데에서 하나님의 뜻을 받들고 약속의 땅을 향해 가던 백성들에게 모세가 보이지 않는 것은 큰 두려움이 되었을 것입니다. 그래서 백성들이 아론에게 찾아 와서 우리를 인도할 신을 만들어 달라고 요구한 것이 무리는 아닐 것입니다. 그러나 이것은 철저하게 하나님을 신뢰하지 못하는 불신앙 자체였습니다. 그러므로 그들의 방법대로 우상을 만들고 그것을 향하여 “너희를 애굽 땅에서 인도하여 낸 너희 신”이라고 하는 망언을 쏟아 놓았던 것입니다. 문제는 무엇입니까? 하나님의 대한 불신앙입니다.

귀하가 불안해하는 이유가 무엇입니까? 과연 예수 그리스도께서 당신의 피 흘리심으로 하나님 아버지와 막힌 담을 허셨음을 믿습니까? 그 분이 이루신 화평을 믿습니까? 그러므로 그 분의 약속 안에 속한 백성이 되었음을 확신하십니까? 그러면 예수님의 평안을 누려야 합니다. 예수 그리스도의 피는 우리의 생명입니다. 보혈의 피를 믿는 자는 생명을 얻었고, 진정한 그리스도의 평안을 누리는 자가 되었습니다.

이 세상에 모든 사람들이 평안을 꿈꾸고 소망하고 있는데, 그들은 모두가 이 평안을 누리고 있습니까? 오늘 본문 요한복음 14장 27절 말씀에 예수님께서 말씀하셨습니다. “나의 평안을 너희에게 주노라… 너희는 마음에 근심하지도 말고 두려워하지도 말라” 이렇게 예수님께서 말씀하심은 첫째로 내가 평안을 주겠다는 것입니다. 예수님께서 십자가에 돌아가시고 난후 두려워 떠는 제자들에게 부활하신 주님이 찾아 오셔서 하셨던 말씀이 "너희에게 평강이 있을지어다"(요20:26)입니다. 또는 적어도 이렇게 말씀하심은 그 평안을 줄 수 있는 확실한 대안이 있다는 말씀입니다. 분명하게 주님 안에 참된 안식이 있고, 평안이 있는 줄로 믿습니다. 예수님으로 하나가 되었을 때 평안을 누리는 것입니다.

그러나 이 시대에 많은 그리스도인들이 마음에 근심과 두려움과 공포와 불안에 고통하고 있습니다. 특히 성도들의 우리의 삶도 예외는 아닌 듯합니다. 믿음이 있는 성도인데 우리의 현실은 여전히 소수의 성도들만이 지속적인 마음의 평안을 누리고 있다는 것입니다. 많은 그리스도인들이 마음에 근심과 두려움과 공포와 불안에 고통 하는 원인은 예수님으로 하나가 되지 못했기 때문이라고 생각합니다. 예수님으로 하나가 된 다는 것은 인간적으로 안다고 하나가 되는 것이 아닙니다. 예수님은 영이십니다. 살아계십니다. 초자연적으로 역사하시고 계십니다. 살아서 초자연적으로 역사하시는 예수님이 믿는 자의 마음 안을 성전삼고 주인으로 계십니다. 그러나 온전하게 전인격을 지배하고 장악을 한 상태는 아닙니다. 그렇기 때문에 온전하게 예수님의 평안을 만끽하며 살아가지 못하는 것입니다. 반대로 예수님의 평안을 누리고 사는 소수의 크리스천은 자신 안에 성전삼고 주인으로 계시는 성령님이 전인격을 지배하고 장악했으며, 성령의 인도를 받는 사람들입니다. 그렇기 때문에 예수님의 평안을 누리면서 살아가려면 진리의 말씀과 초자연적인 성령의 역사로 자신이 하나가 되는 역사를 일으켜야 합니다.

누가복음 1장 74-75 말씀에 세례요한의 아버지 사가랴는 이렇게 예언하였습니다. "우리로 원수의 손에서 건지심을 입고 종신토록 주의 앞에서 성결과 의로 두려움이 없이 섬기게 하리라 하셨도다" 이는 예수님께서 이 땅에 낮은 자로 오셔서 성육신을 이루시고, 피흘려 이루신 구속의 이유입니다. 즉 당신의 백성들을 원수들에게서 구원하시는 것, 그러므로 영원토록 그의 앞에서 깨끗하고 순결함으로 두려움 없이 섬기게 하는 것입니다. 이는 우리의 삶을 통해 마음의 평안과 두려움 없이 하나님과 동행하는 삶을 살도록 하시겠다는 것입니다. 더 나아가 사가랴는 예수님께 대해 또 이렇게 덧붙였습니다. "어두움과 죽음의 그늘에 앉은 자에게 비취고 우리 발을 평강의 길로 인도하시리로다"(눅1:79).

예수님은 평강의 왕으로 오셨습니다. 이는 예수님의 탄생 시 천사들의 노래에도 나타납니다. 눅 2장 14절에 "지극히 높은 곳에서는 하나님께 영광이요. 땅에서는 기뻐하심을 입은 사람들 중에 평화로다" 이미 예수님은 이 평화를 온 땅에 전하시기 위해 오셨던 것입니다. 요 16장 33에는 좀 더 적극적인 말씀을 기록합니다. "이것을 너희에게 이름은 너희로 내 안에서 평안을 누리게 하려 함이라. 세상에서는 너희가 환난을 당하나 담대하라. 내가 세상을 이기었노라" 예수님은 당신의 사람들에게 세상의 어떤 것으로도 흔들리지 않을 평안을 주시기를 원하셨습니다. 그러므로 믿음의 선진들이 주 안에서 이 평안을 누렸습니다.

7장 예수님 재림 때 들어가는 천국은 이런 곳

(계 21:1-4)"또 내가 새 하늘과 새 땅을 보니 처음 하늘과 처음 땅이 없어졌고 바다도 다시 있지 않더라. 또 내가 보매 거룩한 성 새 예루살렘이 하나님께로부터 하늘에서 내려오니 그 준비한 것이 신부가 남편을 위하여 단장한 것 같더라. 내가 들으니 보좌에서 큰 음성이 나서 이르되 보라 하나님의 장막이 사람들과 함께 있으매 하나님이 그들과 함께 계시리니 그들은 하나님의 백성이 되고 하나님은 친히 그들과 함께 계셔서 모든 눈물을 그 눈에서 닦아 주시니 다시는 사망이 없고 애통하는 것이나 곡하는 것이나 아픈 것이 다시 있지 아니하리니 처음 것들이 다 지나갔음이러라."

진시황이 동남동녀 500인을 보내서 죽지 않는 "불사약"을 구해오라고 했다는 이야기가 하나의 전설인 줄만 알았습니다. 그런데 중국 선교 갔다가 천진에 가본 사람들의 이야기를 들으니까, 진시황과 그 신하들이 동남동녀 500인을 떠나보내는 장면을 동상으로 만들어 세운 것을 바닷가에서 볼 수가 있었다고 합니다. 그 비석에 보면 그 동남동녀 500명이 불사약을 구할 수가 없으니까 일본 섬에 머물러 살게 되었다고 적혀 있다는 것입니다. 진시황뿐 아니라, 모든 사람은 영생불사의 본능을 가지고 있는데 그 본능이 있다는 것은 영원히 사는 천국과 지옥이 있기 때문입니다. 물먹고 싶은 욕망이 있는 것은 그것을 충족시킬 물이 있기 때문입니다.

병아리와 오리 새끼를 갓 부화시켜서 물가에 갖다 놓으면 병아리는 물을 봐도 관심이 없는데 오리 새끼는 물을 보자마자 들어가 헤엄을 치며 놉니다. 헤엄치는 법을 가르쳐 준 일도 없는데 수영하는 것은 수영하는 본능을 갖고 태어났기 때문이고 그 본능을 충족시킬 물이 있는 것입니다. 이와 같이 다른 동물과 달리 우리 인간에게 영원을 사모하는 마음이 있는 것은 영원한 세계가 있기 때문입니다. 죽음이 인생의 끝이 아니라 부활이 있고 심판이 있고 영원한 천국과 지옥이 반드시 있습니다.

콩이나 옥수수 등을 땅에 심으면 죽어 없어지고 맙니까? 반드시 다시 살아 수십 배, 수백 배 열매를 맺지 않습니까? 그런데 사람은 죽으면 끝이라는 생각을 하는데 이것은 큰 잘못입니다. 고린도전서 15장 35-36절에 "누가 묻기를 죽은 자들이 어떻게 다시 살며 어떠한 몸으로 오느냐 하리니 어리석은 자여 너의 뿌리는 씨가 죽지 않으면 살아나지 못하겠고" 했고 42-44절에는 "죽은 자의 부활도 이와 같으니 썩을 것으로 심고 썩지 아니할 것으로 다시 살며 욕된 것으로 심고 영광스러운 것으로 다시 살며 약한 것으로 심고 강한 것으로 다시 살며 약한 것으로 심고 강한 것으로 다시 살며 육의 몸으로 심고 신령한 몸으로 다시 사나니 육의 몸이 있은즉 또 신령한 몸이 있느니라"고 했습니다. 그러므로 죽음 후에 부활이 있고 천국과 지옥이 있습니다.

지금 이 책을 읽는 분들에게도 각자 다 문제가 있을 것입니다.

그 문제는 돈 문제일 수도 있고 집 문제일 수도 있고 외모나 건강 문제일 수도 있고 취직이나 사업 문제일 수도 있습니다. 그러나 세월이 지나서 우리가 죽음 앞에 서게 되면 그 역시도 별 문제가 아니었다는 것을 깨닫게 될 것입니다. 왜냐하면 죽음 앞에 사람이 서게 되면 또 다른 문제가 보이는 것입니다. 이전에 내가 큰 문제라고 여겼던 그 돈 문제, 집 문제, 사업 문제보다도 훨씬 더 크고 중요한 문제가 죽음 이후에 기다리고 있다는 것을 발견하게 될 것이기 때문입니다.

히브리서 9장 27절 말씀에 보면 하나님께서 이렇게 말씀하셨습니다. "한 번 죽는 것은 사람에게 정해진 것이요 그 후에는 심판이 있으리니." 성경은 분명히 말합니다. 죽음이 끝이 아니라 그 후 이후에는 하나님의 심판이 있고, 그 심판의 결과에 따라서 천국과 지옥으로 나뉜다는 것을 분명히 말하고 있습니다. 죽음 이후에 하나님의 심판이 있다는 것과 천국과 지옥이 있다는 사실은 성경에서 한두 번 살짝 희미하게 스쳐 지나가는 내용들이 아닙니다. 성경 여러 곳에서 구체적으로 그것들을 강조하며 말하고 있습니다. 사람이 내가 언제 죽음 앞에 설지는 알 수가 없습니다. 어제도 많은 사람들이 죽어갔을 텐데, 어제 죽어간 수많은 사람들 중 대다수는 자신이 어제 죽을지 상상도 못해봤을 것입니다. 죽음이라는 것은 그렇게 예고 없이 어느 날 찾아오는 것입니다.

이런 경우를 생각해 보세요. 영원한 천국 갈 준비가 전혀 안 돼 있는 어떤 사람이 이제 이 땅에서 살 수 있는 날이 일주일밖에 안 남았다고 가정을 해봅시다. 물론 그 사람은 자신의 삶이 일주일밖에 남지 않았는지를 모릅니다. 이 사람이 어떤 큰 문제를 가지고 있다 한들 그 문제는 사실 큰 문제가 아닐 것입니다. 왜냐, 일주일 뒤에 죽어서 천국으로 가느냐, 지옥으로 가느냐, 이것보다 더 크고 중요한 문제는 없기 때문입니다. 그래서 기독교인들도 죽음이 다가오면 세상 사람과 똑같이 불안해한다는 것입니다. 천국이 확실하게 보장되지 않았기 때문에 찾아오는 불안일 것입니다. 그러나 지금 천국을 만끽하며 누리고 사는 크리스천은 죽음이 다가와도 평안한 나날을 보낼 것입니다.

천국 티켓이 준비돼 있지 않았는데 원하는 직장에 취직하면 뭐합니까? 그렇게 팔리지 않았던 아파트가 팔리면 뭐합니까? 정작 중요한 문제에 대해서는 준비가 돼있지 않은 채 세상의 문제들만 신경 쓰고 있다면 그보다 더 안타까운 모습은 없을 것입니다.

반대로도 생각해 보세요. 문제가 풀리지 않고 있어요. 또 이 세상에 내가 별로 잘 나가는 인생이 아니에요. 그렇게 한번 가정을 해봅시다. 요즘 그런 표현 많이 씁니다. 금수저 흙수저 인생이라, 그러는데 내가 예를 들어서 금수저 인생이 아니라, 흙수저 인생이라고 가정을 해봅시다. 내가 흙수저 인생이라 할지라도 지금 천국을 누리며 천국 갈 준비가 돼 있다면, 그래서 오늘 당장 죽어도 영원한 천국에 들어갈 수 있다면 그 사람은 진짜 성공한 사람이고 행복한 사람일 것입니다.

잊지 마십시오. 인생을 멀리 내다보면 지금 나에게 크게 보이는 문제가 진짜 큰 문제가 아닐 수 있습니다. 지금 눈앞에 펼쳐진 일들만 바라보지 마세요. 좀 더 멀리 보셔야 합니다. 10년 후,

은퇴 이후까지만 보지 마시고, 이왕 멀리 보실 거면 죽음 이후까지도 보시기를 바랍니다. 귀하가 믿든지 믿지 않든지 귀하의 믿음과 상관없이 죽음 너머에는 영원한 세상이 있습니다. 그래서 하나님께서는 사람을 만드실 때 우리 사람의 마음 안에 그 영원한 세계를 사모하는 마음을 함께 넣어주셨습니다.

전도서 3장 11절 말씀에 보니까 하나님 이렇게 말씀하셨습니다. "하나님이 모든 것을 지으시되 때를 따라 아름답게 하셨고, 또 사람들에게는 영원을 사모하는 마음을 주셨느니라." 성경은 이렇게 말하고 있습니다. 그래서 하나님께서 이미 우리를 만드실 때 영원세계를 사모하는 마음을 함께 넣어주셨기 때문에 우리 인간에게는 한편에 영원한 세계를 동경하는 마음이 다 있는 것입니다. 왜 하나님께서 우리 마음 가운데 영원한 세계를 사모하는 마음을 넣어주셨을까요? 실제 영원한 세상이 있기 때문입니다. 있으니까 그 마음을 넣어주신 거예요. 그래서 오늘 이 시간에는 그 영원한 세계에 대해서 살펴보려고 합니다. 천국과 지옥이 영원한 세상인데, 특별히 천국에 대해서 살펴보려고 합니다.

천국이 어떤 곳일까, 언제 가는 곳일까? 가장 확실하게 알 수 있는 방법은 직접 가보든지 체험해보는 것입니다. 그러나 하나님께서는 이 땅에 살고 있는 우리가 천국을 살짝 엿볼 수 있도록, 맛볼 수 있도록 이 말씀을 주셨어요. 성경말씀을 보면 천국에 대한 정보들이 있습니다. 그러나 이 정보들은 반드시 성령으로 깨달아서 믿음으로 사는 것입니다.

바른 신앙은 하나님이 말씀을 통해서 보여주시는 것까지만 보고 알려주시는 데까지만 아는 것이 바른 신앙입니다. 만약에 성경이 천국에 대해서 50만큼 말하고 있는데 80, 100만큼 알려고 하면 신비주의나 이단에 빠지기 쉽습니다. 성경이 우리에게 50만큼 알려주면 우리는 50만큼만 아는 것입니다. 그리고 나머지는 "지금 천국을 만끽하고 살다가 사후에 그 땅을 밟아보면 정확하게 알 것입니다." 하면서 믿음으로 사는 것입니다. 그렇다면 성경이 말하는 지금 천국을 만끽하며 누리다가 들어가는 영원한 천국은 어떤 곳인가요, 영원한 천국에 있는 것과 없는 것을 나눠서 살펴보도록 하겠습니다.

첫째, 영원한 천국에 없는 것들. 영원한 천국에는 볼 수 없는 것들이 있습니다. 세상에서 천국을 누리면서 살다가 영원한 천국에 들어가면 세상에서 보던 것들이 보이지 않습니다.

◎ 밤이 없습니다. 요한계시록 22장 5절에 보면 천국에는 "밤이 없다"고 했는데 밤은 흑암과 죄악과 공포의 상징입니다. 밤은 위험합니다. 그래서 LA나 뉴욕 같은 데는 해 떨어지면 걸어 다닐 수가 없습니다. 온갖 범죄가 밤에 이루어집니다. 천국에 이런 죄악과 공포의 밤이 절대로 없습니다. "또 다시 밤이 없겠고 등불과 햇빛이 쓸데없으니 이는 주 하나님이 저희에게 비취심이라 저희가 세세토록 왕 노릇하리로다."라고 했습니다. 주님의 영화로운 빛이 천국의 구석구석을 비추시므로 밤이 없고 햇빛과 등불이 필요 없습니다.

◎ 질병과 고통이 없습니다. 과학이 발달한 문명한 나라에도 질병과 고통이 많이 있습니다. 질병과 고통은 참으로 무서운 것입니

다. 어떤 사람은 너무 고통이 심해서 빨리 죽게 해달라고 애원하기
도 합니다. 암병, AIDS병, 신경통 등 온갖 고통이 사람을 괴롭힙니
다. 그러나 영원한 천국은 이런 질병과 고통이 없는 곳입니다.

◎ 죽음과 슬픔이 없는 곳입니다. 세상에는 죽음과 슬픔이 끊임
없이 찾아옵니다. 죽음과 슬픔이 손을 못 대는 가정이란 이 세상
아무데도 없습니다. 요한계시록 21장 3절과 4절에 "…하나님은
친히 저희와 함께 계셔서 모든 눈물을 그 눈에서 씻기시매 다시 사
망이 없고 애통하는 것이나 곡하는 것이나 아픈 것이 다시 있지 아
니하리니 처음 것들이 다 지나갔음이러라"고 말씀했습니다.

◎ 염려와 근심이 없습니다. 세상에는 근심과 걱정이 끊일 날
이 없습니다. 사업 때문에, 자식들 때문에, 먹고 사는 문제 때문
에, 입학 때문에, 질병 때문에… 온갖 염려와 근심이 끊일 날이
없습니다. "걱정과 근심이 어느 곳에는 없으리? 돌아갈 내 고향
하늘나라" 세계에서 제일 잘 사는 나라 스위스에서 자살하는 사
람이 제일 많다고 합니다. 천국에는 염려와 근심이 없습니다.

◎ 유혹과 죄가 없습니다. 사탄이 우리 조상 아담과 하와를 유
혹하고 죄를 범케 하여 죄가 세상에 들어왔습니다. 아무리 문명
하고 살기 좋은 나라도 죄가 없는 곳은 없으며 마귀의 유혹이 없
는 곳은 없습니다. 그런데 영원한 천국은 죄가 없고 마귀의 유혹
이 없는 곳입니다.

◎ 바다가 없습니다. 본문에 "또 내가 새 하늘과 새 땅을 보니
처음 하늘과 처음 땅이 없어졌고 바다도 다시 있지 않더라"고 했
습니다. 바다가 없다는 것은 폭풍이 없다는 것입니다. 사도 요한

이 계시를 받을 때는 밧모 섬에서 귀양살이를 할 때인데 둘러싸인 바다에서 무서운 파도 소리와 울부짖는 바람 소리가 그의 귀를 때렸을 것입니다. 그는 폭풍과 같은 생애를 보냈습니다. 그런데 천국에는 생명강수가 흐를 뿐, 무서운 바다가 없습니다. 바다는 고달픈 곳입니다. 파도에 시달리고 멀미에 시달리고, 때로는 침몰되어 죽기도 하는데 영원한 천국에는 바다가 없습니다. 하나님께서 바다를 싫어하시기 때문입니다.

◎ 영원한 천국은 변함이 없습니다. 나이아가라 폭포는 해마다 조금씩 침식해 들어간다고 합니다. 세상 것은 다 변합니다. 대 바벨론도, 로마 제국도, 애굽도 다 멸망했습니다. 뉴욕도 도쿄도 다 변하여 없어질 날이 옵니다. 그러나 영원한 천국은 영원히, 영원히 변함이 없습니다.

둘째, 영원한 천국에 있는 것들. 영원한 천국에 있는 것들은 다 열거할 수도 없고 인간의 말로 그 아름다움을 다 표현할 수도 없습니다. 다 표현할 수 있다면 우리 모두 세상은 등한히 하게 될 것입니다.

◎ 아름다운 성이 있는 곳입니다. 이 세상 도시에는 폭력배와 해함과 위험이 있지만 새 예루살렘 성에는 이런 것이 없습니다. 물론 술집도 병원도 형무소도 없는 아름다운 곳입니다. 거리는 맑은 순금으로 포장되어 있으며 열두 진주문이 있고 아름다운 집들이 있는 곳입니다. 신부가 신랑을 위해 단장한 것 같이 아름다운 곳입니다.

◎ 기쁨과 행복이 있는 곳입니다. 천국은 슬픔과 근심 대신에

기쁨과 행복만이 영원히 계속되는 곳입니다. 아름다운 노래 가들려오고 생명수 강이 흐르는 곳입니다. 그 강가에는 온갖 생명과일이 다달이 열매를 맺습니다. 이 세상에서 제일 기뻤던 것의 천 배를 더해도 천국의 기쁨과 행복만 못합니다.

◎ 아름다운 집이 있습니다. 내 집, 내 가정이 제일 아름다운 곳입니다. 그런데 영원한 천국에는 완전한 안식과 기쁨이 있는 집이 있는 곳입니다. 예수님께서 "너희는 마음에 근심하지 말라 내 아버지 집에 거할 곳이 많도다"라고 하셨습니다.

◎ 영원한 천국에는 예수님이 계십니다. 영원한 천국에 순금의 거리가 있고 열두 진주문이 있고 아름다운 집이 있고 면류관과 별별 것이 다 있다고 해도 예수님이 안 계시면 아무것도 아닙니다. 천국에는 가장 귀한 예수님이 계십니다. 그리고 그 분과 함께 살게 됩니다. "내가 다시 와서 너희를 나 있는 곳에 영접하여 나 있는 곳에 너희도 함께 있으리라"고 했습니다.

셋째, 천국은 어디에 있을까? "천국" 혹은 "하나님의 나라"는 '바실레이아 투 쎄우' 라고 하는데 이것이 "하나님이 통치하시는 나라"라는 뜻입니다. 그러므로 천국에 들어가려면 먼저 사탄, 마귀의 통치와 지배를 받던 사람이 예수님을 영접하여 하나님이 통치하시는 사람이 되어야 합니다. 마태복음 12장 28절에 "그러나 내가 하나님의 성령을 힘입어 귀신을 쫓아내는 것이면 하나님의 나라가 이미 너희에게 임하였느니라"고 말씀하신 것입니다. 누가복음 11장 20절에도 "그러나 내가 만일 하나님의 손을 힘입어 귀신을 쫓아내는 것이면 하나님의 나라가 이미 너희에게 임하였느니라"고 했습니다.

그러므로 천국에 들어가려면 사탄의 지배 밑에 살던 사람이 하나님의 지배 밑으로 들어가야 합니다. 누가복음 17장 20-21 절에 "하나님의 나라가 어느 때에 임합니까?"라고 물을 때 "… 하나님의 나라는 볼 수 있게 임하는 것이 아니요 또 여기 있다 저기 있다고도 못하리니 하나님의 나라는 너희 안에 있느니라" 고 말씀하셨습니다. 천국에 들어가려면 먼저 우리 심령 속에 예수님을 영접해서 우리 속에서부터 시작되어야 한다는 말씀이지 객관적인 천국, 실재하는 천국이 없다는 말씀이 아닙니다. 지금 천국을 만끽하며 누리고 살라는 것입니다.

그런데 천국을 "하늘나라"(Kingdom of Heaven)이라고 하며, 헬라어로 "바실레이아 톤 우라논"이라고 하는데 문자 그대로 "하늘에 있는 나라"를 의미합니다. 그런데 성경에 의하면 세 가지 하늘 즉 첫째 하늘, 둘째 하늘, 셋째 하늘이 있다고 했습니다. 천국은 셋째 하늘에 있다고 했습니다.

첫째 하늘은 대기권 하늘(sky)입니다. 새가 날아다니고, 비행기가 날아다니며, 비와 이슬이 내리는 하늘입니다.

둘째 하늘은 우주 하늘(space)입니다. 이 둘째 하늘은 해와 달과 별들이 있는 하늘입니다.(창세기 22장17절, 신명기 4장19절, 욥기 38장31-33절, 이사야 13장10절, 마태복음 24장29절)

셋째 하늘은 천국이 있는 하늘(Heaven)입니다. 여기에 우리 크리스천들의 최후 도착지인 하늘나라가 있습니다. 고린도후서 12장 2절에서 바울은 "내가 그리스도 안에 있는 한 사람을 아노니 십사 년 전에 그가 셋째 하늘에 이끌려 간 자라" 하며 셋째 하늘에 올라가 엄청난 계시와 음성을 듣고 온 것을 간증했는데, 영어로는 "caught up to the third heaven"이라고 했습니다. 첫째 하늘은 sky, 둘째 하늘은 space, 셋째 하늘은 오직 천국만이 있는 하늘 heaven입니다. 히브리서 9장 24절에 "그리스께서는 참 것의 그림자인 손으로 만든 성소에 들어가지 아니하시고 오직 참 하늘에 들어가서 이제 우리를 위하여 하나님 앞에 나타나시고"라고 기록되어 있습니다. 여기서 하나님이 계신 "참 하늘"이라고 했습니다. 셋째 하늘은 하나님이 계신 처소(Dwelling Place)입니다.

열왕기상 8장 30절에 "…이곳을 향하여 기도할 때에 주는 그 간구함을 들으시되 주의 계신 곳 하늘에서 들으시고 들으시사 사하여 주옵소서"라고 했고, 베드로전서 1장 4절에는 "썩지 않고 더럽지 않고 쇠하지 아니하는 기업을 잇게 하시나니 곧 너희를 위하여 하늘에 간직하신 것이라"고 했습니다. 시편 11편 4절에 "여호와께서 그 성전에 계시니 여호와의 보좌는 하늘에 있음이여"라고 여호와의 보좌가 하늘에 있다고 했습니다.

천사장 루시퍼가 하나님의 보좌를 찬탈하려다가 저주받아 사탄이 된 기원이 이사야 14장 13절에 있습니다. "네가 네 마음에 이르기를 내가 하늘에 올라 하나님의 뭇별 위에 나의 보좌를 높이리라 내가 북극 집회의 산 위에 좌정하리라" 이 말씀에서 하나님의 보좌는 셋째 하늘 북쪽에 있음을 알 수 있습니다.

과학자들의 말에 의하면 둘째 하늘인 우주의 별들 사이를 들여다보면 거기에는 별들이 없고 빈 공간이라고 합니다. 그러니까 셋째 하늘에는 별들이 없고 오직 하나님의 보좌가 있는 천국만 있음을 알 수 있습니다. 욥기 26장 7절에 "그는 북편 하늘을 허공에 펴시며 땅을 공간에 다시며"라고 했는데 천국이 있는 셋째 하늘(Heaven)에는 아무것도 없는(void) 빈 공간에(upon nothing) 북편 하늘에 두심을 알 수가 있습니다.

시편 33편 13~14절에 "여호와께서 하늘에서 감찰하사 모든 인생을 보심이여 곧 그 거하신 곳에서 세상의 모든 거민을 하감하시도다"라고 하셨습니다. 욥기 22장 12절에 "하나님이 높은 하늘에 계시지 아니하냐! 보라 별의 높음이 얼마나 높은가" 즉 첫째 하늘도 아니고 둘째 하늘도 아니라 가장 높은 셋째 하늘에 천국이 있음을 알 수 있습니다(시편 113편 5절, 시편 102편 19절).

특히 "북쪽 하늘"임을 알 수 있습니다. 이곳을 "북극성"이라고도 하고 "백로 별자리"라고도 하는데 이 별자리는 변함이 없기 때문에 "붙박이 별"이라고도 합니다. 미국에서 보나, 한국에서 보나, 호주에서 보나 항상 북쪽이기 때문입니다. 왜냐하면 가장 높은 하늘에 있기 때문에 북극성은 항상 북쪽에 있는 것입니다.

시편 48편 1-2절에 "여호와는 광대하시니 우리 하나님의 성, 거룩한 산에서 극진히 찬송하리로다 터가 높고 아름다워 온 세계가 즐거워함이여 큰 왕의 성 곧 북방에 있는 시온 산이 그러하도다"라고 하셨습니다. 불신자들이 상여를 메고 나갈 때 부르는 노래에서 "북망산"이라고 한 것도 뜻이 있는 일이라고 봅니다.

이 영원한 천국에는 누가 들어갈 수 있을까요. 첫째로 하나님의 아들, 우리 죄를 대속하여 피 흘려 죽으시고 부활하신 예수 그리스도를 믿고 영접하는 자만 들어갑니다. 유식하다고 고상하다고 가는 것이 아니고 착한 일 많이 했다고 천국 가는 것이 아닙니다. 누구든지 어떤 죄인이든지 자기가 죄인임을 깨닫고 회개하며 예수님만 믿으면 천국에 갈 수 있습니다. 요한복음 14장 6절에 "내가 곧 길이요 진리요 생명이니 나로 말미암지 않고는 아버지께로 올 자가 없느니라"고 하셨고, 요한복음 3장 16절에 "하나님이 세상을 이처럼 사랑하사 독생자를 주셨으니 이는 저를 믿는 자마다 멸망치 않고 영생을 얻게 하려 하심이니라"고 했습니다. 예수님께서 "거듭나야" 즉 두 번 태어나야 천국에 갈 수 있다고 하셨는데, 육신이 한 번 태어나고 우리 영혼이 또다시 태어나야 하는 것을 의미합니다. 죽었던 영혼이 예수님을 영접할 때 영생을 얻으며 다시 태어납니다.

둘째로 그럼 마지막 때 영원한 천국은 어떤 사람들이 들어갈까요? 분명하게 신약 성경에 약속된 천국은 예수 믿고 죽어서 가는 것이 아니라, 성령의 지배와 장악을 당하여 성령의 인도를 받는 성도들이 영원한 천국에 들어가는 것입니다. 마지막 때 영원한 천국에 들어가는 것은 어느 교회에 단체에 속해야 들어가는 것이 절대로 아닙니다. 어떤 목사의 휘하에 있어야 들어가는 것이 아닙니다. 지금 성령으로 말씀을 깨닫고 성령으로 기도하며 성령의 인도를 받으면서 지금 천국을 전인격으로 만끽하면 살아가는 성도가 들어가는 것입니다. 지금 천국을 전인격으로 누리면서 사는 것이 중요합니다.

어떤 자에게 진리를 많이 듣고 알아서 90점 맞아서 영원한 천국에 입성하는 것이 아닙니다. 성경말씀은 말이 아니고 생명입니다. 살아계신 하나님의 말씀입니다. 말씀대로 살아계신 역사를 체험해야 생명의 말씀이 되는 것입니다. 진리의 말씀을 많이 알아서 천국을 만끽하는 것이 아니고, 하늘나라(예수)를 말씀대로 전인격으로 느끼고 체험해야 합니다. 천국을 몸으로 마음으로 느껴야 한다는 말씀입니다. 성령의 지배와 장악을 받아 성령의 인도를 받으면서 지금 천국을 누리며 만끽하며 살아가면 마지막 때 임하는 영원한 천국에 들어가는 것입니다.

천국은 누가 가느냐, 천국은 죄 안 짓고 사는 의인이 가는 곳이 아닙니다. 왜냐, 죄 안 짓고 사는 의인은 세상에 한 사람도 없습니다. 다 죄를 짓습니다. 정도의 차이만 달라서 그렇지 하나님 보시기에 다 죄인이에요. 그러면 누가 천국에 가느냐, 용서받은 죄인이 가는 곳이 천국이고 용서받지 못한 죄인이 가는 곳이 지옥임을 믿으실 수 있기 바랍니다. 그렇기 때문에 천국에 가는 길은 딱 하나 밖에 없어요. 나의 죄를 위해서 이 땅에 오셔서 나를 대신해서 죽음의 형벌을 받으시고 3일 만에 부활하사 하늘로 승천하셔서 지금 하나님 보좌 우편에 앉아 나를 위해 기도하고 계신 그 예수님을 주인으로 믿는 것입니다. 그분을 믿음으로 말미암아 진짜 믿음의 삶을 사는 것입니다.

두 번째, 우리가 천국을 준비하는 두 번째 삶은 나만 믿고 천국 갈 것이 아니라 예수님을 믿지 않는 가족들에게 사랑하는 사람들에게 예수님을 전해야합니다. 저들도 천국을 분양받을 수 있도록…. 오늘 당장 죽어도 후회 없이 이 세상을 떠날 수 있도록 준비시켜야 합니다. 전도에 힘쓰실 수 있기를 바랍니다. 그것이 천국의 삶을 준비하는 삶입니다.

그리고 마지막으로 천국에 상급을 쌓는 삶을 사셔야 합니다. 하나님께서 우리에게 주신 건강이 있고 재능이 있고 물질이 있습니다. 은퇴 이후를 위해서만 이것들을 투자하고 쌓지 마시고, 내가 지금 가지고 있는 건강 재능 물질 모든 것들이 고스란히 하늘에 상급이 되도록 하나님이 기뻐하시는 일에 시간과 젊음과 재능과 물질을 투자할 수 있기를 주님의 이름으로 축원합니다. 가치 있게 써야합니다. 아무리 많은 재산을 쌓아나 봐야 단 10원도 가지고 갈 수 없습니다. 또 사놓은 땅이 아무리 가격이 많이 튀어도 20~30년 후면 전부다 반납하고 가야 합니다.

이런 이야기가 있어요. 무슨 이야기냐면 쌓아놓은 재산이 많아서 이거 남겨두고 가기가 너무 아까우니까 하나님께 특별부탁을 한 것입니다. 이걸 순금 몇 덩이로 바꿔서 그 금 몇 덩이만 가지고 천국 갈 수 있게 해달라고 특별부탁을 하니까 하나님께서 마지못해서 허락을 해주셨답니다. 그래서 그 순금 몇 덩이를 배낭에 넣고 천국에 갔더니, 천국 문 앞에 서있는 문지기가 이러더라는 것입니다. '왜 당신은 무겁게 도로포장재를 가지고 돌아다니십니까?' 무슨 말인지 아시겠어요? 이 땅에서는 순금이 어마어마한 가치가 있지만 천국 가면 아무런 별로 가치가 없습니다. 그건 도로포장재에 불과하다는 말입니다. 무슨 말이냐, 지금 나에게 주어진 재능과 물질들을 나중에 하늘에 상급이 되도록 가치 있는 곳에 쓰고 돌아가실 수 있기를 바랍니다.

2부 하늘나라 천국은 예수님이 주인

8장 하늘나라 천국의 주인이신 예수님

(마 16:16-17)"시몬 베드로가 대답하여 이르되 주는 그리스도시요 살아 계신 하나님의 아들이시니이다. 예수께서 대답하여 이르시되 바요나 시몬아 네가 복이 있도다 이를 네게 알게 한 이는 혈육이 아니요 하늘에 계신 내 아버지시니라"

하나님께서 예수님이 하늘나라라는 것을 증명하여 주셨습니다. 지금 세상을 혼란스럽게 하는 이단 교주들과 같이 자신이 스스로 보혜사라고 한 것이 아닙니다. 하나님께서 친히 음성으로 예수님이 하나님의 아들이라는 것을 알려주셨습니다. 그렇기 때문에 예수를 담대하게 믿고 천국을 만끽할 증거가 되는 것입니다. 예수를 주인으로 믿는 성도들은 천국이신 예수님이 주인으로 계심으로 지금 천국을 만끽하며 누려야 합니다. 하나님은 모든 크리스천들이 지금 이 땅에서 천국을 누리기를 원하십니다. 천국은 바르게 알고 사모해야 지금 누린다고 생각합니다.

천국에 대하여 바르게 알지 못하면 일부 교회 성도들과 교계에 문제를 일으키고 있는 어느 사이비집단 사람들과 같이 사후에 천국에 들어간다고, 천국에 들어가려면 자기 집단에 속해야 되고, 자기 집단의 교주가 말한 대로 열심히 순종해야 된다고 알고 믿어, 교주의 종노릇, 아니 노예생활을 할 수 있기 때문입니다. 하나님의 뜻(생각)은 모든 크리스천들이 지금 이 땅에서 심령에 천국을 누리며, 아브라함의 복을 받아 누리며, 하나님의 나라를 건설하는 것입니다. 예수님도 산상수훈(마4-10장)에서 그렇게 말씀하셨습니다. 그런데 많은 크리스천들이 재림예수를 기다리면서 세상을 떠나야 천국을 누리는 것으로 잘못알고 있는 것이 사실입니다. 이 땅에서 천국을 누리는 것은 뒤로하고 죽은 다음에 하늘나라에 가서 상급을 받겠다고 열심히 신앙생활을 합니다. 자신 안에 임재하신 천국을 관심을 갖지 않으니 자연스럽게 현실 세상에서는 여러 가지 환란과 풍파를 당하면서 살아갑니다.

크리스천들은 항상 천국에 대하여 궁금하게 생각합니다. 하지만 정작 천국은 이 세상 일이 아니라고 아직 먼 곳에 있는 천국을 이야기하는 경우가 많습니다. 그래서 누가 깊은 임재(입신) 가운데 천국을 갔다가 왔다고 간증하는 것을 부러운 눈초리를 하면서 듣기도 합니다. 필자는 천국은 죽고 난 후에 크리스천들이 들어가 누릴 곳이 아니라, 세상에 살아서 살아가는 지금 이 순간, 예수님께서 크리스천들에게 주신 천국을 찾아야 되고, 천국을 마음껏 누리는 것이라고 생각하고 믿고 있습니다. 예수를 믿고 성령으로 거듭난 크리스천은 이 땅에서 천국을 누리는 권리가 주어진 것입니다. 이 땅에서 천국을 만끽하며 누리다가 사후, 또는 예수님 재림 시에 영원한 천국이 입성하는 것입니다. 하나님의 나라 시민권이 있는 성도들이기 때문입니다.

우리 크리스천들의 사고가 바뀌어야 합니다. 발상과 생각의 전환이 절대적으로 필요합니다. 특별하게 영적인 일은 관심이 중요합니다. 자신이 이 땅에서 천국을 누린다는 관심을 갖게 되면 천국을 누릴 수가 있다는 말입니다. 천국에 대한 관심이 죽어서 가서 누리는 것으로 알고 있으면 그대로 된다는 말입니다. 예수님은 분명하게 이 땅에 지금 천국을 건설하려고 오셨습니다. 예수님이 십자가에서 이루어 놓으신 천국을 누려야 합니다.

삶에서 예수를 누리지 못하니 항상 주님을 믿으면서도 세상에서 힘들어하는 것, 매일 매순간 우리들은 너무나 시장하고, 갈급하고, 또 그것을 원하지만 정작 갈수록 갈급해지기만 하는데 도대체 원인이 무엇이며, 무엇이 문제인지 모르고 살고 있지 않습니까? 어떻게 하나님과 함께 하면서 우리는 항상 목마르고 갈급한 걸까요? 돈에 목마르고 사랑에 목마르고, 은혜에 목마르고, 명예에 목마르고…. 이 모든 것들은 심령에 계신 하나님과 교통하지 못하기 때문에 생기는 현상입니다. 오로지 하나님만이 우리들의 갈급함을 해결하실 수가 있는데 그분과의 교통이 원활하지 못하기 때문에 자꾸 영에서 신호를 보내는 것입니다.

그런데 영이 활성화되지 못하니 알아차리지를 못하는 것입니다. 자연스럽데 갈급한 것입니다. 지금 세상에는 방황하는 성도들이 많이 있다고 합니다. 방황하는 성도들의 특성이 영적인 갈급함을 채우지 못하여 돌아다니는 것입니다. 이 책에서 중점 주제로 다루고 있는 지금 천국을 누리지 못한 연고입니다. 예수님은 분명하게 지금 천국을 누리기를 소원하십니다. 모든 크리스천들이 지금 천국을 누려야 그들을 통하여 하나님의 나라를 건설할 수가 있기 때문입니다. 하늘나라 천국은 예수님이십니다. 하늘나라 천국이 예수님이시라는 증거가 성경에 기록되어 있기 때문입니다.

첫째, 세례요한에게 물세례 받은 후에 하늘이 열리고 음성으로 보증하였습니다. 세례요한에게 물세례 받으실 때에 상징으로 성령이 비둘기 같이 임하십니다. 예수님께서는 태어나셔서 30이 되시자 요단강에서 요한의 물세례 받으셨는데 하나님께서 감동하시어 성령으로 세례를 하셨습니다. 주님은 성령 세례 받으시고 난 다음 성령을 통해서 3년 반 동안 사역을 하셨습니다. 마 3:16~17에 보면 "예수께서 세례를 받으시고 곧 물에서 올라 오실째 하늘이 열리고 하나님의 성령이 비둘기 같이 내려 자기 위에 임하심을 보시더니 하늘로서 소리가 있어 말씀하시되 이는 내 사랑하는 아들이요 내 기뻐하는 자라 하시니라" 예수님께서 요단강에서 세례 받으시고 올라오실 때 성령이 그 위에 임하신 것입니다. 그래서 하나님의 아들로 하나님께로부터 증거를 얻게 된 것입니다. 하나님께서 예수님이 하늘나라 천국이라는 것을 음성으로 증명하신 것입니다. 예수님이 이 땅에 천국을 건설하러 오셨다고 하나님께서 입증하신 것입니다.

하나님은 그리스도가 하나님 아버지에게 복종하셨기 때문에 그의 아들이라고 인정하사 말씀하셨습니다. 예수님은 물세례를 받으실 필요가 없으셨으나 그를 따를 모든 성도들을 본을 위하여 기꺼이 본이 되어 주신 것입니다. 예수님께서 성령으로 세례를 받으신 것은 이 시대를 살아가는 성도들이 성령으로 세례를 받아야 하기 때문에 친히 본을 보이신 것입니다. 성령은 살아계신 하나님을 알게 하시는 살아있는 성령입니다. 성령의 실체를 느끼고 알아야 합니다. 그래서 성령으로 세례를 받아야 한다는 것입니다.

목회자들은 성도들에게 무조건 성령으로 세례를 받아야 한다고 하지 말고 왜 성령으로 세례를 받아야 하느냐는 것을 알게 해야 합니다. 이것을 바르게 알고 성령으로 세례를 받으려고 해야 한다는 것입니다. 왜는 간단합니다. 예수님이 요단강에서 세례요한에게 물로 세례를 받은 다음에 성령으로 세례를 받으셨기 때문입니다. 성령으로 세례를 받고 성령의 이끌림을 받아 광야에 가셔서 마귀의 시험을 성령의 인도와 말씀으로 승리하시니 천사가 수종을 들고 그때부터 회당에서 말씀을 증거 하실 때 권능으로 귀신들의 정체가 폭로되었습니다. 성령의 권능으로 귀신들을 쫓아내며 죽은자를 살리며 천국의 실체를 나타내셨습니다.

성령으로 세례를 받으시기 전에는 그저 말씀만 전하셨으나 성령의 세례를 받고 말씀을 전하니 권능이 나타나기 시작을 한 것입니다. 마가복은 1장 27절은 이렇게 말합니다. "다 놀라 서로 물어 이르되 이는 어찜이냐 권위 있는 새 교훈이로다 더러운 귀신들에게 명한즉 순종하는 도다 하더라" 사람들은 다 놀라서 말했습니다. "이는 어찜이냐 권세 있는 새 교훈이로다 더러운 귀신에게 명한즉 순종하는도다" 예수님의 권세는 귀신의 순종으로 나타납니다.

그리고 예수님이 성령으로 세례 받는 것을 강조하셨기 때문입니다. "요한은 물로 세례를 베풀었으나 너희는 몇 날이 못 되어 성령으로 세례를 받으리라 하셨느니라"(행1:5). 몇 날이 못 되어 성령으로 세례를 받는 다고 말씀하십니다. 그러면서 이렇게 말씀하십니다. "오직 성령이 너희에게 임하시면 너희가 권능을 받고 예루살렘과 온 유대와 사마리아와 땅 끝까지 이르러 내 증인이 되리라 하시니라."(행 1:8). 우리에게 성령이 임하시면 예수님의 증인이 된다고 말씀하십니다. 어떻게 해야 주님의 증인이 되어질까 고심하고 애쓰는 것이 아니라, 성령이 임하시면 되어진다는 것입니다.

둘째, 베드로의 신앙고백을 통하여. "주는 그리스도요, 살아 계신 하나님의 아들이니이다."라는 베드로의 신앙고백을 통하여 예수님이 하늘나라 천국이라는 것이 증명된 것입니다. 베드로는 지금 예수님을 향해 "주님이 그리스도입니다"라고 고백하고 있습니다. "예수님 당신이 우리가 수백 년 동안 기다려온 메시아입니다. 우리를 허물과 죄악과 상처와 죽음으로부터 구원하실 그리스도가 바로 예수님 이십니다" "이 땅에 하나님의 나라 천국을 만드실 예수님 이십니다." 베드로의 고백은 여기에서 멈추지 않습니다. 예수님을 그리스도라고 고백한 베드로는 이어서 "살아계신 하나님의 아들"이라고 선언을 합니다. "하나님의 아들"은 하나님의 제 이격인 성자 하나님을 뜻합니다. 즉 하나님의 아들은 곧 하나님입니다. 이것은 매우 중요한 바를 시사하고 있습니다. 그리스도는 곧 하나님이라는 것입니다. 인류를 구원하실 그리스도, 구원자는 하나님 밖에는 없다는 것입니다. 예수님은 믿는 자들을 통하여 세상에 하나님의 나라를 만드시려고 오신 것입니다. 오직 하나님만이 그리스도가 되실 수 있고, 하나님만이 우리를 구원하실 수 있습니다. 하나님께서 우리를 통하여 기적을 행하시는 것입니다. 그 그리스도, 그 구원자, 그 하나님이 바로 예수님이십니다.

베드로의 답변은 예수님께서 우리의 구원자이시며 하나님이시라는 놀라운 고백입니다. 베드로가 스스로 말한 것이 아니고, 하나님께서 베드로의 입술을 통하여 예수님이 누구시라는 것을 세상에 나타내신 것입니다. 그래서 예수님이 베드로를 칭찬하신 것입니다. 베드로에게 있어서 예수님은 세상 사람들이 말하는 세례요한이나 선지자들처럼 신앙의 모범이나 본보기가 아니었습니다. '신앙의 대상' 그 자체였습니다. 믿을 것이 많았던 빌립보 가이사랴에서 믿어야 하는 신앙의 대상은 오직 그리시도시오, 하나님의 아들이신 예수님 뿐이셨습니다. 그래서 예수님을 믿으면 영원한 천국과 구원과 생명이 보장되는 것입니다. 예수님께서 그리스도시고 하나님이시기 때문입니다.

예수님은 오늘 제자들의 믿음을 시험하신 것을 주목해야 합니다. "사람들이 인자를 누구라 하느냐" 제자들이 대답합니다. "더러는 세례 요한, 더러는 엘리야, 어떤 이는 예레미야나 선지자 중의 하나라 하나이다." 여기에 예수님은 반응하시지 않으십니다. 예수님은 돌아다니는 세상 사람의 말에는 관심이 없으십니다. 우리도 살아계신 하나님과 동행하려면 사람의 말을 의식하지 말고 하나님의 음성에만 집중하고 의식해야 합니다. 성령의 감동을 받아 말하고 순종하는 습관이 되어야 합니다. 사람을 의식 한다든지 사람의 말을 듣고 움직이는 자는 주님과 상관이 없는자 입니다.

예수님이 다시 질문합니다. "너희는 나를 누구라 하느냐" 베드로가 대답을 합니다. "주는 그리스도시요, 살아계신 하나님의 아들이시니이다" "예수께서 대답하여 가라사대 바요나 시몬아 네가 복이 있도다. 이를 네게 알게 한 이는 혈육이 아니요, 하늘에 계신 내 아버지시니라" 예수님은 "주는 그리스도시오, 살아계신 하나님의 아들이시니이다."라고 고백한 베드로를 칭찬하시고 복이 있다고 말씀하셨습니다. "주는 그리스도시오 살아계신 하나님의 아들이시라는 이 고백이 왜 주님이 기뻐하시는 신앙고백이고 베드로 개인에게는 축복이 되었을까요? 하나님께서 베드로의 이 신앙 고백을 통하여 예수님은 이제 그리스도시오, 하나님의 아들로서 세상에 나타나게 된 것입니다. 하나님께서 베드로의 입술의 고백을 통하여 예수님을 세상에 나타내신 것입니다. 하나님은 믿음의 사람을 통하여 자신을 나타내십니다. 우리 모두는 자신을 통하여 살아계신 하나님을 나타내는 도구들이 되어야 합니다. 하나님이 자신을 통해서 기적을 나타내는 도구라야 합니다.

그리고 영생은 유일하신 참 하나님과 그의 보내신 자 예수 그리스도를 아는(체험) 것입니다. 사람의 지식으로는 하나님과 예수 그리스도를 알 수 없고, 예수 그리스도의 소원대로 계시를 받은 자만 주님을 알 수 있습니다. "내 아버지께서 모든 것을 내게 주셨으니 아버지 외에는 아들을 아는 자가 없고 아들과 또 아들의 소원대로 계시를 받는 자 외에는 아버지를 아는 자가 없느니라(마 11:27)" "영생은 곧 유일하신 참 하나님과 그의 보내신 자 예수 그리스도를 아는 것이니이다(요 17:3)" 그런데 베드로가 하나님 아버지께서 계시하심으로 예수 그리스도를 정확하게 누구인지 알게 되었으니 얼마나 큰 축복이겠습니까? 하나님께서 베드로의 입술을 사용하신 것입니다. 그래서 "예수께서 대답하여 가라사대 바요나 시몬아 네가 복이 있도다 이를 네게 알게 한 이는 혈육이 아니요 하늘에 계신 내 아버지시니라"

베드로는 하나님 아버지의 계시로 말미암아 예수 그리스도를 "주는 그리스도시오 살아계신 하나님의 아들이시니이다"라고 고백하게 되었습니다. 이때 베드로는 성령으로 세례를 받기 전의 일입니다. 그런데 히브리서 8장의 새 언약의 내용을 보면 이런 내용이 있습니다. "각각 자기 나라 사람과 각각 자기 형제를 가르쳐 이르기를 주를 알라 하지 아니할 것은 저희가 작은 자로부터 큰 자까지 다 나를 앎이니라." 모두 하나님을 안다고 하십니다.

하나님이 우리에게 새 마음을 주시고, 새 영 곧 성령을 주셔서 우리 마음과 생각에 하나님의 법 곧 주님의 말씀을 주시면 우리가 누가 가르쳐 주지 않아도 자신 안에서 나타나시는 하나님을, 주님을 알게 된다는 내용입니다. 예수님께서 동행 하시면서 큰 일을 행하신다는 것을 알고 믿게 되는 것입니다. 더 나아가 하나님께 기도하여 받은 지혜대로 순종하니 기적이 일어납니다. 자신 앞에 일어난 기적이 하나님께서 자신을 통하여 나타내신 것이라고 말하고 믿게 됩니다. 성령은 예수님을 증거 하시는 영이시기 때문에 우리 안에서 예수 그리스도를 가르치시고 예수님이 하신 모든 말씀을 생각나게 하십니다. "보혜사 곧 아버지께서 내 이름으로 보내실 성령 그가 너희에게 모든 것을 가르치고 내가 너희에게 말한 모든 것을 생각나게 하리라(요 14:26)"

성령님은 우리 안에서 주님의 영광을 나타내십니다. 주님의 영광을 나타내시고 주님이 하신 말씀을 생각나게 하시며, 그리스도의 사랑을 우리에게 알게 하십니다. 성령의 살아있는 역사를 알게 하십니다. 곧 예수 그리스도를 우리에게 증거 하시고 우리로 그 예수 그리스도를 증거 할 수 있도록 도우시는 분이십니다. "그러하나 진리의 성령이 오시면 그가 너희를 모든 진리 가운데로 인도하시리니, 그가 자의로 말하지 않고 오직 듣는 것을 말하시며 장래 일을 너희에게 알리시리라. 그가 내 영광을 나타내리니, 내 것을 가지고 너희에게 알리겠음이니라. 무릇 아버지께 있는 것은 다 내 것이라. 그러므로 내가 말하기를 그가 내 것을 가지고 너희에게 알리리라 하였노라(요 16:13~15)" 하나님께서 성령을 통하여 우리에게 알게 하신다는 것입니다. 모든 것이 우리 안에 성령으로 되는 것입니다.

또 기름 부음 곧 성령님이 우리에게 주님에 관한 모든 것을 가르치신다고 요한일서는 말씀합니다. "너희는 주께 받은바 기름 부음이 너희 안에 거하나니 아무도 너희를 가르칠 필요가 없고 오직 그의 기름 부음이 모든 것을 너희에게 가르치며 또 참되고 거짓이 없으니 너희를 가르치신 그대로 주 안에 거하라(요일 2:27)" 성령께서 친히 인도하시면서 가르치신다는 것입니다.

베드로가 "주는 그리스도시오 살아계신 하나님의 아들이시니이다"라고 고백한 이 고백을 두고, 주님이 "바요나 시몬아 네가 복이 있도다. 이를 네게 알게 한 이는 혈육이 아니요, 하늘에 계신 내 아버지시니라"라고 말씀하신 것은 하나님의 계시로 말미암아 알게 되었다고 말씀하시는 것입니다. 그 베드로에게 주님은 놀라운 축복을 주셨습니다. 그러나 그 축복은 베드로 개인을 위한 축복이 아니고 예수님의 사역을 위한 축복 이였습니다. 성령이 임하시기 전의 일로 예수님의 사역을 위한 하나님 아버지의 특별한 계시로 세상이 알게 된 것입니다. 베드로의 입술을 하나님께서 사용하신 것입니다. "또 내가 네게 이르노니 너는 베드로라 내가 이 반석 위에 내 교회를 세우리니 음부의 권세가 이기지 못하리라. 내가 천국 열쇠를 네게 주리니 네가 땅에서 무엇이든지 매면 하늘에서도 매일 것이요 네가 땅에서 무엇이든지 풀면 하늘에서도 풀리리라 하시고(마 16:18-19)"

베드로의 신앙고백 위에 주님이 베드로를 축복하셨고 그 축복은 주님의 몸인 교회에 주어지는 하늘의 권세입니다. "너는 베드로라 내가 이 반석 위에 내 교회를 세우리니 음부의 권세가 이기지 못하리라" 베드로의 신앙고백(예수 그리스도) 위에 세워진 주님의 교회는 음부의 권세가 이기지 못하는 예수 이름의 권세, 하늘의 권세가 주어진 것입니다. 이 교회는 마음 안에 있는 심령 교회(성전)를 말하는 것입니다. 그 예수 이름의 권세가 바로 이것입니다. "내가 천국 열쇠를 네게 주리니 네가 땅에서 무엇이든지 매면 하늘에서도 매일 것이요 네가 땅에서 무엇이든지 풀면 하늘에서도 풀리리라" 이 놀라운 주님의 약속은 베드로 개인을 위한 것이 아니고 예수님께서 주님의 사역을 위해 교회를 세우고 교회를 통하여 음부의 세력 곧 사탄의 나라를 깨뜨리시고 하나님이 통치하시는 하나님의 나라를 세워 가시겠다는 뜻입니다.

우리에게도 주님이 그리스도시오, 살아계신 하나님의 아들이시라는 신앙 고백이 있었다면, 아니 매일 매일의 신앙 고백이라면 하나님은 우리로 주님의 몸인 교회가 되게 하시고 음부의 권세가 이기지 못하는 하늘의 권세, 예수 이름의 권세로 함께하십니다. 아버지께서 아들 예수 그리스도께 주신 이름을, 성령님께 주시고 그 성령이 우리 안에 그 이름으로 오셨습니다. 우리에게 주어진 예수 이름의 권세는 하늘과 땅의 모든 권세입니다.

주님이 세우신 주님의 몸인 교회에 주신 천국 열쇠입니다. "내가 천국 열쇠를 네게 주리니 네가 땅에서 무엇이든지 매면 하늘에서도 매일 것이요, 네가 땅에서 무엇이든지 풀면 하늘에서도 풀리리라" 그 놀라운 권세로 주님이 성령으로 우리 안에서 하나님의 나라를 세워 가시고 열방과 세계가 예수 이름 앞에 무릎 꿇을 그 날까지 하나님의 사람들을 통하여 일하실 것입니다. 주님의 몸인 교회(성전)된, 하나님의 나라가 된 사람들, 공동체를 통하여 그 권세로 일하실 것입니다.

셋째, 예수님께서 직접 증명하심으로. 예수님이 바리새인들에게 분명하게 천국은 예수님 자신이라고 말씀하셨습니다. 예수님께서 바리새인들의 질문에 이렇게 자신을 증명하여 말씀하셨습니다. "바리새인들이 하나님의 나라가 어느 때에 임하나이까 묻거늘 예수께서 대답하여 이르시되 하나님의 나라는 볼 수 있게 임하는 것이 아니요. 또 여기 있다 저기 있다고도 못하리니 하나님의 나라는 너희 안에 있느니라"(눅 17:20-21). 라고 직접 자신이 하늘나라 천국이라고 입으로 시인하셨습니다. 예수님께서 천국이 너희 안에 있다고 하신 말씀을 이해하려면 예수님이 말씀을 전할 당시의 상황을 알지 못하면 이해할 수가 없습니다. 예수님께서 바리새인들에게 말씀을 전하실 때 예수님은 중앙에 서서 계시고 바리새인은 예수님을 중심으로 하여 원형으로 둘러 앉아 있었습니다. 때문에 예수님께 천국이 언제 임하느냐고 묻는 바리새인들에게 "천국(예수님)은 지금 너희 안에 있다." 즉 너희가 둘러 앉아 있는 중앙에 서있는 내가 곧 천국이라고 말씀을 하신 것입니다. 누가복음 17장 20-23절에 보면 "바리새인들이 하나님의 나라가 어느 때에 임하나이까? 묻거늘 예수께서 대답하여 이르시되 하나님의 나라는 볼 수 있게 임하는 것이 아니요. 또 여기 있다 저기 있다고도 못하리니 하나님의 나라는 너희 안에 있느니라. 또 제자들에게 이르시되 때가 이르리니 너희가 인자의 날 하루를 보고자 하되 보지 못하리라. 사람이 너희에게 말하되 보라 저기 있다 보라 여기 있다 하리라 그러나 너희는 가지도 말고 따르지도 말라" 쉽게 설명하면 예수님이 자신의 주인으로 계시면 천국이라는 뜻입니다.

예수님을 주인으로 모신 사람 안에 천국이 있다는 말입니다. 천국은 기본적으로 하나님의 통치를 받는 나라(영역)로서, 내가 성령님을 주인으로 모시고 살아가는 상태를 뜻합니다. 그래서 지금 예수님이 자신 안에 성전에 주인으로 계시면 천국이 자신 안에 있는 것입니다. 때문에 필자는 예수님을 내 안에 있는 성전에 주인으로 모시고 성령의 인도를 받으며 살아가고 있기 때문에 천국이 내 안에 있다고 믿고 있습니다.

예수님은 영이십니다. 그러나 살아계신 실체이십니다. 자신 안에 예수님이 주인으로 계신다고 항상 찾고 구하고 믿는 자가 천국이 자신 안에 있는 것입니다. 필자는 매주일 성도들에게 이번 주도 자신 안에 예수님을 주인으로 모시고 걸어 다니는 성전으로 살아가라고 강조합니다. 예수님이 자신 안에 주인으로 계시지 않으면 아무리 열심히 믿음생활을 한다 해도 천국에 갈수가 없을 수도 있는 것입니다. 지금 자신 안에 성전에 예수님을 주인으로 모시고 살아가는 성도는 지금 천국을 누리는 성도입니다.

그렇기 때문에 죽어서 천국가려고 예수님을 믿는 사람들은 잘 못하면 죽어서 천국에 갈수가 없을 수도 있다는 것입니다. 지금 자신 안의 성전에 예수님을 주인으로 모시고 사는 성도만이 천국을 누리다가 영원한 천국에 가는 것이 보장된 것입니다. 그런데 천국가려고 믿음생활하시는 분들은 자신의 믿음을 진리의 말씀과 성령으로 분별해 보아야 합니다. 천국가려고 예수님을 열심히 행위로 믿음 생활하는 신앙에서 탈피하여, 예수님을 자신 안 성전에 주인으로 모시면서 천국을 누리는 신앙으로 전환해야 합니다. 그런데 오늘날 기독교인들은 예수님이 말씀하실 당시의 상황을 모르기 때문에 예수님께서 천국이 너희 안에 있다는 말씀을 오해하고, 모두 천국이 우리 안에 있다고 주장을 하는 것입니다.

9장 세상에 하늘나라 천국을 만드시는 예수님

(눅 4:18-19)"주의 성령이 내게 임하셨으니 이는 가난한 자에게 복음을 전하게 하시려고 내게 기름을 부으시고 나를 보내사 포로 된 자에게 자유를, 눈 먼 자에게 다시 보게 함을 전파하며 눌린 자를 자유롭게 하고, 주의 은혜의 해를 전파하게 하려 하심이라 하였더라.".

천국은 하늘나라이고 하늘나라의 주인은 예수님이십니다. 신앙의 목적은 예수님을 믿는 것입니다. 예수님을 주인으로 영접하여 믿은 결과로 구원과 부활의 축복을 받는 것입니다. 기독교는 진리이고 살아계신 예수님을 믿는 것입니다. 우리가 예수를 믿는 것은 사상이나 철학을 믿는 것이 아닙니다. 예수님이 삼일 만에 부활하시므로 믿는 우리도 부활하여 영생한다는 것을 믿는 것입니다. 살아계신 초자연적인 예수님은 공생애 기간 동안 성령의 인도를 받으면서 세상에 천국을 실현하셨습니다. 예수님께서는 안식일 날 나사렛 회당에 들어가셔서 늘 하는 식으로 서니까 거기에 있는 회당장이 성경을 예수님께 내주었습니다. 예수님이 성경을 어디를 펼쳤느냐. "주의 성령이 내게 임하셨으니 이는 나를 보내사 포로 된 자에게는 자유를, 눈 먼 자에게는 다시 보게 함을 전파하며 눌린 자를 자유케 하고 하나님의 은혜의 해를 전파하게 하려 하심이라"(눅 4:18~19).

이렇게 기록한데를 펼쳤습니다. 그것을 보면 예수님이 말씀이 육신이 되었다는 것이 증명된 것입니다. 그냥 제자들 데리고 돌아다니시니까 성경은 관심 밖이었다고 생각할 수가 있으나 예수님은 성령의 인도를 받으면서 진리 안에서 하나님의 뜻을 행하셨다는 것을 알 수 있는 것입니다. 예수님께서 뭐라 하시느냐. 쉽게 "주의 성령이 내게 임하셨으니 이는 나를 보내사 포로 된 자에게 자유를, 눈 먼 자에게 다시 보게 함을 전파하며 눌린 자를 자유케 하고 주의 은혜의 해를 전파하게 하려 하심이라"(눅 4:18~19)고 하셨으므로 세상에 천국을 실행하는 일을 중점으로 하신다는 것을 우리가 쉽게 알 수 있는 것입니다.

첫째, 가난한 자에게 복음을. 예수님께서는 가난한 자에게 복음을 전하기 위해서 오셨다고 말한 것입니다. 가난한 자에게 복음을 전하다니요. 아담은 하나님이 지으실 때 가난하게 짓지 않았습니다. 아담이 있는 에덴은 낙원이었습니다. 낙원이라는 것은 지옥이 아닙니다. 인간이 상상할 수 있는 가장 아름다운 처소를 낙원이라고 말합니다. 아담과 하와는 낙원에 살도록 지음을 받았습니다. 그러나 하나님의 말씀에 거역해서 범죄하므로 낙원에서 쫓겨났습니다.

하나님께서 말씀하기를 동산에 있는 모든 실과는 따먹되 선악을 아는 실과는 먹지 말라 먹는 날에는 네 눈이 밝아져서 선악을 알기를 하나님이 선악을 판단하는 것처럼 될 것이라고… 그리고 그로 말미암아 하나님 앞에 죄를 범하게 되고 에덴에서 쫓겨날 것이라고 분명히 말한 것입니다. 창세기 2장 17절에 "선악을 알게 하는 나무의 열매는 먹지 말라 네가 먹는 날에는 반드시 죽으리라"고 말한 것입니다.

반드시 죽는다. 그럼 마귀는 꼭 하지 말라는 것을 하도록 하는 것입니다. 마귀가 하와에게 와서 아니야~ 안 죽어. 안 죽어. 절대로 죽지 않아. 너 먹으면 눈이 밝아져서 하나님이 좋다 나쁘다를 판별하는 것처럼 너도 좋다 나쁘다를 판별해서 하나님과 같이 동등하게 되므로 그것을 싫어해서 하나님께서 그것을 못먹게 한다. 한번 봐~ 얼마나 보암직하고 맛있게 생겼나? 하와가 보니까 먹음직하고 보암직하고 지혜를 얻기에 탐스럽기까지 합니다. 따 먹고 기왕 먹은 바에는 자기 혼자 먹어 쫓겨나갈 이유가 어디 있느냐. 남편도 데리고 나가야지. 그래서 이 아담에게 선악과를 주니까 이 아담이 하와를 하나님보다 더 사랑함으로 받아서 먹었어요. 둘이가 공모를 해서 하나님을 거역했기 때문에 둘이가 다 똑같이 저주로 인하여 땅이 저주를 받은 것입니다.

하나님을 거역한 죄는 저주입니다. 그 저주가 땅에 임하여서 땅이 저주를 받아 가시와 엉겅퀴를 냈습니다. 가난이 거기에서 부터 온 것이에요. 제일 처음에는 가시와 엉겅퀴가 에덴에는 없었습니다. 그리고 영과 육이 다 죽음의 종이 되고 만 것입니다.

창세기 3장 17절로 19절에 그것이 기록되어 있는 것입니다. "아담에게 이르시되 네가 네 아내의 말을 듣고 내가 네게 먹지 말라 한 나무의 열매를 먹었은즉 땅은 너로 말미암아 저주를 받고 너는 네 평생에 수고하여야 그 소산을 먹으리라" 여기 보십시오. 사람이 저주 받으니까 사람이 사는 땅이 저주를 받습니다. 사람이 복 받은 사람이 오면 그 땅도 복을 받습니다. 요사이도

한가지입니다. 복이나 저주는 사람 따라 오는 것입니다. 그렇기 때문에 어떤 집에 사람이 들어오는데 복 받은 사람이 들어오면 그분이 들어오자마자 복덩어리가 굴러 들어오는 것입니다.

그러나 저주받은 사람이 들어오면 온 집안 만사가 다 가시와 엉겅퀴가 나고 저주가 쏟아지는 것입니다. 여기에 "땅이 네게 가시덤불과 엉겅퀴를 낼 것이라 네가 먹을 것은 밭의 채소인즉 네가 흙으로 돌아갈 때까지 얼굴에 땀을 흘려야 먹을 것을 먹으리니 네가 그것에서 취함을 입었음이라. 너는 흙이니 흙으로 돌아갈 것이니라 하시니라" 욕심은 잉태하면 죄를 낳고 죄가 장성하면 사망을 낳습니다. 아담과 하와가 왜 사람이면 사람으로 살지 사람이 왜 하나님이 되려고 합니까? 욕심이 잉태하면 욕심을 따라 죄를 짓게 되고 죄가 자라면 사망이 오는 것입니다. 그들이 욕심만 잉태하지 않았으면 마귀의 말을 듣지 않았을 것인데 욕심이 잉태하니까 하나님 말씀보다도 마귀의 말을 듣고 죄를 짓고 죄를 계속 짓다가 보니까 하나님께로부터 버림을 받고 자기들만 버림받았으면 모르겠는데 자손 대대로 고통을 받게 만들어 준 것입니다. 아담과 하와보다도 우리가 더 고통을 많이 당할 때가 많습니다. 가만히 보면 격세유전(隔世遺傳)이라고 해서 아버지 어머니 때보다도 손자 때에 머리가 더 좋은 자식들이 태어나기도 하고, 병이 더 심한 유전적인 병을 가지고 태어난 자식이 있기도 한 것입니다. 아담과 하와는 그때야 에덴 낙원에서 나왔기 때문에 땅이 저주를 받아도 혹심하게 안 받았는데 세월이 흘러가서 오늘날 수천년 지나니까 얼마나 저주를 받았는지 말로 표현을 못해요. 그런데 우리가 이만큼 살아있다는 것은 어떻게 해서 살아 있느냐. 예수님의 십자가 대속의 은총 때문에 살아있는 것입니다. 예수님의 대속, 예수님께서 아담과 하와가 가지고 온 저주를 온전하게 청산한 것입니다.

고린도후서 8장 9절을 보십시다. "우리 주 예수 그리스도의 은혜를 너희가 알거니와 부요하신 이로서 너희를 위하여 가난하게 되심은 그의 가난함으로 말미암아 너희를 부요하게 하려 하심이라" 예수께서 이 땅에 오시기 전에 부요하신 분입니까? 아닙니까? 알고 계십니까? 하나님이에요. 하늘과 땅의 모든 권세를 다 가진 굉장히 부요하신 분입니다. 그런데 그것 다 털어버리고 가난한 목수 집안의 아들로 태어난 것은 그의 삶의 희생을 통해서 우리의 모든 가난과 저주를 청산하기 위한 것입니다. 예수님이 이 땅에 오셔서 죽었다가 부활하심으로 말미암아 이 땅에 모든 아담과 하와가 가져온 저주를 청산해 버리고 만 것입니다. 예수님 안에 더 이상 가난은 없습니다. 죄를 용서하신 예수님은 가난도 다 청산해 버린 것입니다. 예수님은 천국이시기 때문입니다. 천국에 가난은 있을 수가 없습니다.

고린도후서 9장 6절로 10절을 보십시다. "이것이 곧 적게 심는 자는 적게 거두고 많이 심는 자는 많이 거둔다 하는 말이로다. 각각 그 마음에 정한 대로 할 것이요 인색함으로나 억지로 하지 말지니 하나님은 즐겨 내는 자를 사랑하시느니라. 하나님이 능히 모든 은혜를 너희에게 넘치게 하시나니 이는 너희로 모든 일에 항상 모든 것이 넉넉하여 모든 착한 일을 넘치게 하게 하려 하심이라 기록된바 그가 흩어 가난한 자들에게 주었으니 그의 의가 영원토록 있느니라 함과 같으니라. 심는 자에게 씨와 먹을 양식을 주시는 이가 너희 심을 것을 주사 풍성하게 하시고 너희 의의 열매를 더하게 하시리니"

이렇게 고린도후서 9장 6절로 10절은 엄청난 축복을 약속해 놓은 것입니다. 온전하게 믿으면 받아서 누리게 됩니다. 너희가 이제 이왕 상황이 이렇게 되었으니까 이제 저주가 사라지고 가시와 엉겅퀴가 사라졌으므로 심는 대로 거둘 수가 있다는 것입니다. 전에는 심어봤자 가시넝쿨에 휩싸여 가지고서 다 녹아버리고 말아요. 저주가 따르기 때문에 아무것도 되는 것이 없습니다. 그러나 이제 예수님께서 저주를 청산해 버렸기 때문에 하나님의 영광을 위해서 우리가 적게 심으면 적게 거두고, 많이 심으면 많이 거두고, 하나님의 우리를 향한 뜻은 모든 일에 항상 모든 일에 모든 것이 넉넉하여 모든 착한 일을 넘치게 하려 함이라. 이것이 하나님 뜻입니다. 우리 주님께서는 우리가 언제나 풍성하게 살기를 원하시고 계신 것입니다.

둘째, 포로 된 자에게 자유를. 예수님께서는 무엇이 예수님의 사명이라고 말했냐면 포로된 자에게는 자유를 주기 위해서 왔다는 것입니다. 무슨 포로입니까? 죄의 포로입니다. 세상 마귀의 포로입니다. 우리는 우리가 죄지어서 포로된 것이 아닙니다. 어머니 뱃속에서 잉태될 때에 죄인으로 잉태 되었습니다. 태어나자마자 죄의 포로가 된 것입니다. 아담과 하와 속에 60억 인구가 다 죄인으로 잉태되어 있었던 것입니다. 그러므로 우리는 태어날 때부터 죄인으로 태어나고 죄의 포로가 되고 죄의 삯은 사망으로 죄와 사망의 포로가 되어 태어난 것입니다.

그런데 예수님께서 오셔서 우리의 죄, 나의 죄, 우리의 사망, 나의 사망을 끌어안고 우리 대신 십자가에서 공개적으로 처형당했지 않습니까? 하나님의 아들이 벌거벗고 공개적으로 처형당하므로 주님께서 내가 다 이루었다. 청산해서 예수를 통해서 그 은혜를 인하여 믿음으로 말미암아 구원을 얻게 된 것입니다.

골로새서 1장 13절로 14절에 "그가 우리를 흑암의 권세에서 건져내사 그의 사랑의 아들의 나라로 옮기셨으니 그 아들 안에서 우리가 속량 곧 죄 사함을 얻었느니라" 주님께서 우리를 흑암의 권세에서 건져냈습니다. 우리는 모두 다 예수 그리스도로 말미암아 흑암의 권세에서 건져내 하나님의 아들의 나라로 옮긴 사람들인 것입니다. 예수님을 믿음으로 우리는 죄에서 해방을 얻고 사망에서 해방을 얻고 죄와 사망을 손에 쥐고 있는 마귀에서 자유와 해방을 얻게 된 것입니다. 죄에서 자유를 얻고 사망에서 자유를 얻고 마귀에서 자유를 얻고 해방된 우리들이 된 것입니다. 우리가 일정 36년의 압박에서 해방된 것처럼 공산주의의 침략에서 해방된 것처럼 우리는 예수 그리스도 안에서 영적으로 심적으로 해방을 얻게 된 것입니다.

로마서 8장 2절에 "이는 그리스도 예수 안에 있는 생명의 성령의 법이 죄와 사망의 법에서 너를 해방하였음이라" 갈라디아서 5장 1절에 "그리스도께서 우리를 자유롭게 하려고 자유를 주셨으니 그러므로 굳건하게 서서 다시는 종의 멍에를 메지 말라"

우리가 우리의 위치를 알았으면 다시는 종의 멍에를 메지 말아야 되는 것입니다. 마귀는 와서 우리를 죄와 질병, 저주와 절망의 포로로 잡으려고 하는 것입니다. 우리는 예수 그리스도를 주인으로 모시고 단호하게 마귀를 몰아내야 되는 것입니다. 그리고 해방과 자유를 마음속에 누려야 되는 것입니다. "마귀를 대적하라. 그리하면 저가 너를 피하리라"고 말씀한 것입니다. 성령의 권능으로 대적 안하면 안 피하지요. 대적하면 피하게 되는 것입니다.

종교개혁자 마틴 루터는 이런 말을 했습니다. "죄는 당신의 어깨 위에 있든지, 아니면 하나님의 어린 양인 그리스도의 어께 위에 있든지 둘 중의 한 곳에 있어야 된다." 우리의 죄를 어깨에 걸머지고 있던지 예수님의 어깨위에 걸머지우든지 두 곳 중에 한곳에 있어야지 공중에 떠있지 않다는 것입니다. 예수님 어깨 위에 맡기면 용서와 의를 얻고 지금 천국을 만끽하며 누리다가 영원한 천국 가는 사람이고 자신이 걸머지고 있으면 그 죄 짐으로 말미암아 이 세상에서 고통가운데 살다가 영원한 지옥에 떨어지는 것입니다. 그것은 선택에 달린 것입니다. 오늘날 얼마나 좋은 시대에 살고 있는지 예수님께서 우리의 죄와 불의, 추악과 저주를 다 짊어지고 십자가에서 청산해 버리셨으므로 예수님께 맡기면 다 맡겨지는 것입니다. 안 맡기면 안 맡겨지는 것입니다. 우리가 예수님의 십자가 대속의 은혜를 믿음으로 받아들일 때 우리는 마귀의 올무와 죄에서 자유와 해방을 얻게 되는 것입니다.

셋째, 눈 먼 자에게 다시 보게 함을. 예수님이 우리 가운데 오신 것은 눈먼 자에게 다시 보게 함을 전파하기 위해서 오셨습니다. 옛날에는 다 봤어요. 영안이 열려가지고서 하나님도 보고 천국도 보고 영적 세계를 다 보았는데 아담과 하와가 죄를 짓고 영이 죽으므로 눈이 어두워지고 영적인 눈이 까마귀가 되고 만 것입니다. 영이 죽은 인간은 영의 눈이 어두워져서 물질밖에 안 보이는 유물론자가 되고 하나님이 안보이니까 인본주의자가 되어서 인간 중심으로 서게 되고 천국과 지옥을 모르는 쾌락주의가 되고 만 것입니다. 시편 53편 1절에 "어리석은 자는 그의 마음에 이르기를 하나님이 없다 하도다. 그들은 부패하며 가증한 악을 행함이여 선을 행하는 자가 없도다"라고 말한 것입니다. 그런데 예수님이 오신 것은 우리로 하여금 중생하여 영안이 열리게 만들어 주는 것입니다. 니고데모에게 주님께서 말씀하기를 물과 성령으로 거듭나지 아니하면 하늘나라를 볼 수 없다고 말한 것처럼, 우리가 물은 회개를 말하고 회개하고 주 예수 그리스도의 십자가의 보혈의 은혜를 받아들이므로 영혼이 살아나면 영안이 열리게 되고 하늘나라를 깨닫게 되는 것입니다. 하늘나라를 깨닫게 되고 하나님의 임재하심을 깨닫게 되는 것입니다.

요한복음 3장 5절 말씀같이 "사람이 물과 성령으로 나지 아니하면 하나님의 나라에 들어갈 수 없느니라" 예수님을 주인으로 모시고 생명의 말씀과 성령으로 다시 태어나야 하나님의 나라를 볼 수가 있습니다. 하늘나라의 영적인 세계는 우리가 물질적으로 이것이다. 저것이다. 지적할 수가 없습니다. 그냥 아는 것입니다. 그냥 영적 세계에 거듭나게 되면 내가 거듭났다. 하나님이 와 계시다. 하나님의 천사들이 곁에 와 있다. 그렇게 내가 영적으로 깨달아 알게 되는 것입니다. 갈라디아서 4장 6절로 7절에 "너희가 아들이므로 하나님이 그 아들의 영을 우리 마음 가운데 보내사 아빠 아버지라 부르게 하셨느니라. 그러므로 네가 이 후로는 종이 아니요, 아들이니 아들이면 하나님으로 말미암아 유업을 받을 자니라"

예수를 믿고 하나님의 아들이 된 우리들이었기 때문에 아들의 영을 우리에게 보내셔서 성령의 깨닫게 하심에 따라 하나님을 향해서 아바 아버지라고 부르는 것입니다. 아버지가 성령으로 우리에게 지배하고 장악하시고 역사하시면 크나 큰 변화가 다가오는 것입니다. 성령이 지금 우리와 같이 계신 것입니다. 우리 안 성전에 주인으로 계신 것입니다. 우리가 성령으로 지배와 장악이 되어 성령의 감동에 따라 구하면 성령님이 이 기적을 베풀어 주시는 것입니다. 누구든지 예수님을 구주로 영접하여 중생하면 즉시 새 사람이 되고 눈이 밝아 변화될 수 있습니다. 고린도후서 4장 6절에 "어두운 데서 빛이 비치라 말씀하셨던 그 하나님께서 예수 그리스도의 얼굴에 있는 하나님의 영광을 아는 빛을 우리 마음에 비추셨느니라"고 말씀하고 있는 것입니다.

넷째, 눌린 자에게 자유를. 예수님이 우리 가운데 오시면 눌린 자를 자유롭게 한다고 하신 것입니다. 천국은 자유로운 곳이기 때문입니다. 눌린다. 누른다. 사람들이 누르면 밑에 깔리지요. 발로 짓밟히면 어떻게 되는 것입니까? 누르면 병이 됩니다. 심령을 누르면 마음에 병이 들고 육신을 억압하면 병이 드는데 그 누른다는 말을 고급적으로 말하면 스트레스라고 말합니다. 스트레스 걸렸다는 것도 우리 한국말로 말하면 눌림을 당했다. 가위 눌렸다. 마귀는 우리에게 다가와서 제일 처음에는 우리에게 따라다닙니다.

그 다음에는 따라다니다가 안 쫓아내면 붙어 다니는 것입니다. 붙어 다니다가 안 쫓아내면 그 다음에는 올라탑니다. 그 다음에는 올라타도 그대로 내버려 두면 억압합니다. 자유를 빼앗는 것입니다. 그리고 마귀는 자기가 원하는 대로 그 사람을 변화시키는 것입니다. 이 세상에 어떤 마귀가 있느냐고요? 도둑질하는 마귀, 거짓말하는 마귀, 음란한 마귀, 방탕한 마귀, 미워하는 마귀, 오해하는 마귀, 부정적인 것은 99.9%가 다 마귀인 것입니다. 부정적인 것은 마귀역사입니다. 마귀가 사람을 통하여 나타나는 것입니다.

긍정적이고 좋은 것은 100%가 주님께로부터 오는 것입니다. 믿음, 소망, 사랑, 의, 평강, 희락, 사랑과 희락과 화평과 오래 참음과 자비와 양선과 충성과 온유와 절제 모든 것이 다 주님께로부터 오는 것입니다. 그러므로 우리는 주님의 은혜로 선하게 변화될 수도 있고 마귀를 내버려두면 마귀는 당신을 따라다니면서 도둑질하고 죽이고 멸망시켜서 인격을 빼앗고 마귀처럼 만들어 놓고 마는 것입니다.

마귀에게 눌려 심신이 병들면 마음에 미움, 분노, 시기, 질투, 불의, 추악, 불안, 우울, 절망 이러한 심적인 병이 짓누르는 것입니다. 이는 성령께서 지배와 장악이 되어야 몰아낼 수가 있습니다. 우리의 주인이 예수님으로 바뀌어야 물러가는 것입니다. 물러갈 때 한동안 괴로운 현상이 일어날 수가 있습니다. 인내하고 견디어야 진정한 천국이 될 수가 있습니다. 자신의 옛 주인 마귀가 항복하고 물러가야 예수님 안에서 천국을 만끽하게 되는 것입니다.

우리가 가만히 있는데 마음속에 끝없이 미움이 생기고 분노가 생기고 시기, 질투, 불의, 추악, 불안, 우울, 절망이 생기면 그것 내버려 놓으면 안 됩니다. 예수님이 자신의 주인이 되고 성령의 지배와 장악이 된 상태에서 나사렛 예수 이름으로 명하노니 물러가라! 내 마음에서 떠나가라! 물러가라! 물러가라! 대결하고 마귀를 대적하라. 그리하면 저가 너를 피하리라. 반드시 피합니다. 내버려 놓으면 절대로 안 됩니다. 마귀가 항복하고 떠나가야 마음에 평안을 얻게 되는 것입니다. 모든 육체의 병도 종국적으로 보면 마귀가 눌러서 병이 되는 것입니다.

이사야 53장 4절로 5절에 "그는 실로 우리의 질고를 지고 우리의 슬픔을 당하였거늘 우리는 생각하기를 그는 징벌을 받아 하나님께 맞으며 고난을 당한다 하였노라. 그가 찔림은 우리의 허물 때문이요. 그가 상함은 우리의 죄악 때문이라 그가 징계를 받으므로 우리는 평화를 누리고 그가 채찍에 맞으므로 우리가 나음을 받았도다" 주님은 십자가에 못 박히기 전에 40에 하나 감한 39차례의 채찍을 맞아서 등이 갈기갈기 찢어졌습니다. 그럴 때마다 하나님께서 말씀하셨습니다. 한대, 두 대, 세대, 네대… 채찍을 때릴 때마다 이것은 우리의 병을 대신 짊어진 것으로 선언했습니다. 암이다. 관절염이다. 폐병이다. 위장병이다. 심장병이다. 예수님이 채찍에 맞을 때 다 청산된 것입니다.

저가 채찍에 맞음으로 나음을 입은 것입니다. 왜 나은 사람들이 병이 들어 있습니까? 왜 예수님이 채찍 맞은 것을 무효로 돌립니까? 하나님의 아들이 흘린 피를 무효로 돌리면 어떻게 하는 것입니까? 나는 낫지 않아도 괜찮다. 낫지 않아도 괜찮은 것이 아니라, 예수님의 피를 무효로 돌리면 안 되는 것입니다. 우리 예수 믿는 사람은 잠재적으로 이미 나은 사람들인 것입니다. 우리는 나았어요. 따라 말씀하세요. 저가 채찍에 맞음으로 나는 나음을 입었다. 나는 건강한 사람이다. 병하고 상관없다. 나는 건강한 사람이다. 할렐루야~ 나는 천국의 주인이신 예수님이 내 안에 주인으로 계신다.

베드로가 사도행전 10장 38절에 말하기를 "하나님이 나사렛 예수에게 성령과 능력을 기름 붓듯 하셨으매 그가 두루 다니시며 착한 일을 행하시고 마귀에게 눌린 모든 사람을 고치셨으니라." 지금 다 몸이 아픈 사람 마귀에게 눌려 있어요. 마귀에 눌려 가지고서 지금 몸도 못쓰고 다리도 절룩거리고 간을 누르면 간이 나빠질 것 아닙니까? 폐를 누르면 폐가 나빠지고, 심장을 누르면 심장이 나빠지고, 장을 누르면 장이 나빠지는 것입니다.

그러므로 마귀에게 눌린 모든 자를 고치신 예수님이 믿는 자에게 하나님의 권세와 능력을 주셨으므로 권세를 사용하여 이겨야 되는 것입니다. 성도들이 제게 와서 늘 하는 말이 무엇이냐면 목사님, 저는 자신이 없습니다. 목사님은 자신이 있으셔서 사탄아 물러가라고 담대하게 명령을 하시는데 저는 사탄 앞에 서면은 겁부터 먼저 납니다. 자신이 없습니다. 목사님 어떻게 할까요?

제가 이렇게 설명합니다. 특전사의 병사들이 얼마나 힘이 셉니까? 대단하지요. 그러나 국방부장관이 말하며 가라면 가고 오라면 옵니다. 국방부장관은 주먹은 없어도 권세가 있는 것입니다. 우리는 허리가 꼬부라지면 꼬부라질수록 권세가 더 있어요. 그러니까 두려워하지 마십시오. 주님이 우리에게 예수 이름으로 권세를 주셨습니다. 당신은 예수를 믿는 하나님의 자녀요, 예수님의 권세를 가지고 있습니다. 자기들이 아무리 능력이 커도 별볼일 없어요. 권세가 얼마나 강한지 압니까? 권세 있는 사람이 사용하는 믿음은 겨자씨만 한 것이 태산을 바다로 던진다고 했습니다. 그런 권세가 대단한 것입니다. 예수 이름의 권세를 담대하게 사용하기를 바랍니다. "예수이름으로 명하노니 더러운 귀신아 물러갈지어다" "예수이름으로 명하노니 우리 가정에 환란 풍파를 일으키는 귀신아 물러갈지어다" 권세를 사용해야 합니다. 권세를 사용해야 비정상적인 것들이 물러가는 것입니다. 권세는 예수를 믿는 모두가 가지고 있는 것입니다.

이와 같이 예수님을 이 땅에 천국을 만드시려고 오신 것입니다. 우리 예수를 믿고 성령으로 거듭난 크리스천들은 예수님이 자신의 주인으로 계십니다. 천국이신 예수님이 주인으로 계시니 지금 천국을 만끽하면서 누리는 것이 마땅한 것입니다. 죽어서 천국에 간다고 천국에 상급을 쌓기 위하여 신앙생활을 하려고 하지 말고 지금 천국을 만끽하며 누리려고 신앙생활을 하시기를 바랍니다. 지금 천국을 만끽하며 누리지 못하면 죽어서 천국도 보장할 수가 없는 것입니다. 지금 예수님께서 주인으로 계시면서 역사하시도록 신앙생활을 해야 마지막 날 천국이 보장되는 것입니다.

10장 천국을 만끽하는 길을 알려주신 예수님

(마 7:21)"나더러 주여! 주여! 하는 자마다 천국에 다 들어갈 것이 아니요. 다만 하늘에 계신 내 아버지의 뜻대로 행하는 자라야 들어가리라"

천국이라는 말은 예수님의 입에서 나와서 성경말씀에 기록된 말입니다. 그 사상과 내용도 전적으로 하나님의 것입니다. 성경이 말하는 천국은, 삼위 일체 하나님과 함께 평화와 행복으로 영원히 살게 된 영생하는 사람들을 위하여 영생할 수 있는 실제적인 나라를 하나님이 친히 건설하는 것을 가리킵니다. 어떻습니까? 이런 생명을 가지고 이런 천국을 지금 만끽하다가 영원한 천국에 가기를 원치 않습니까?

그러나 이러한 천국을 지금 만끽하며 누리다가 영원한 천국에 가기를 원하는 자들은 천국에 갈 수 있는 자격을 갖추지 않으면 안 됩니다. 그 자격이 어떤 것입니까? "나더러 주여! 주여! 하는 자마다 천국에 다 들어갈 것이 아니요. 다만 하늘에 계신 내 아버지의 뜻대로 행하는 자라야 들어가리라"(마 7:21). 이 말씀은 천국을 지금 만끽하며 누리다가 영원한 천국에 들어갈 수 있는 자격을 간단히 규정 지어 놓았습니다. 천국은 하나님의 뜻대로 행하는 자라야 지금 만끽하며 누리다가 들어갑니다. 그러므로 하나님의 뜻과 천국은 뗄 수 없는 관계에 있음을 알게 해 줍니다. 하나님의 뜻대로 하는 것이 무엇이냐는 것입니다.

하나님의 뜻대로 하는 것은 하나님께서 자신의 주인이므로 매사를 성령의 인도에 순종하는 것입니다. 성령께서 하라는 대로 성령께서 알려주시는 대로 하나님께서 기뻐하시는 일을 하는 것입니다. 그러면 "불법을 행하는 자들아 내게서 떠나가라 하리라 (마 7:23하)"고 하는 크리스천은 누구일까요? 자기가 주인 되어 자기 자신의 영광을 위하여 하나님의 권능을 사용하는 자를 말합니다. 쉽게 말해서 자기 마음대로 예수님을 믿고 행하는 자를 말합니다. 크리스천은 하나님의 뜻대로 행해야 지금 천국을 누릴 수가 있습니다. 반드시 성령님의 지배와 장악이 된 상태에서 성령의 인도를 받아야 합니다.

할머니 한 분이 여행을 하다가 숲을 지나게 되었습니다. 숲에서 두 개의 길을 만난 할머니는 하나님께 기도를 했습니다. "하나님께서 제 길을 인도해 주시리라 믿습니다. 제가 지팡이를 중앙에 놓고 쓰러뜨릴 때 지팡이가 왼쪽으로 쓰러지면 왼쪽으로 가겠고 오른쪽으로 쓰러지면 오른쪽으로 가겠습니다." 하지만 이미 할머니는 왼쪽으로 가겠다고 결정을 하고 있었습니다. 할머니가 지팡이를 쓰러뜨렸습니다. 그런데 지팡이가 오른쪽으로 넘어지는 것입니다. 할머니는 얼른 지팡이를 들어 올리면서 "하나님 실수하셨습니다. 다시 한 번 하겠습니다."하며 다시 지팡이를 세워서 쓰러뜨리는데 계속 오른쪽으로만 넘어집니다. 결국 그 할머니는 지팡이가 왼쪽으로 쓰러질 때까지 계속 넘어뜨려서 결국에는 왼쪽으로 걸어갔습니다. 그런데 할머니가 간 그 길은 얼마 걷지 않아서 길이 끊어지고 늪이 나왔습니다. 그래서 할머니는 실망하고 되돌아 올 수밖에 없었다고 합니다. 우리 마음에 이미 뜻을 정해놓고 난 다음 하나님의 뜻을 보여 달라고 하는 것은 헛된 일입니다. 이처럼 사람은 각기 자기 나름대로의 생각과 뜻을 가지고 세상을 살아갑니다. 그리고 자신의 생각과 뜻을 관철하며 마갑니다. 특별한 경우가 아니면 뜻을 굽히기를 싫어합니다. 그러나 그 어떤 사람도 모든 것을 자기 생각과 자기 뜻대로 행하면서 살 수는 없습니다. 왜냐하면 수시로 변하는 환경과 상황들이 자신의 뜻을 포기하기를 요구하는 경우가 많기 때문입니다. 성령의 인도를 받고 살아가다가 보면 결국은 하나님의 뜻을 따르게 되어 있습니다.

지금 천국을 만끽하며 누리기를 원하고 주님 앞에 올바로 서고자 하는 사람, 지도자로 일하고 싶은 사람은 주님께 지혜를 구하고, 그분께 여쭈어 보아야 합니다. 귀하는 어떻습니까? 하나님께 묻는 사람입니까? 아니면 내 지혜를 의지하고, 내 방법대로, 내 계획대로 살려는 사람입니까? 빨리 하나님의 뜻대로 사는 크리스천으로 바뀌어야 지금 천국을 만끽하며 누리다가 영원한 천국에 들어갈 수가 있습니다. 이는 크리스천이라면 최우선으로 해야 하는 일입니다.

첫째, 하나님 아버지의 뜻. 오늘 성경에는 예수님께서 지금 천국을 만끽하며 누리다가 영원한 천국에 들어갈 수 있는 조건에 대해서 말씀하십니다. 아마 이 책을 읽는 분들 중에 지금 천국을 만끽하며 누리다가 영원한 천국에 들어가기 싫은 사람은 하나도 없을 겁니다. 누구든지 천국을 희망합니다. 지금 천국을 만끽하며 누리다가 영원한 천국에 들어가기 위해서는 하나님 아버지의 뜻대로 살아야 합니다.

마태복음 7장 21절을 보십시오. "나더러 주여! 주여! 하는 자마다 천국에 다 들어갈 것이 아니요 다만 하늘에 계신 내 아버지의 뜻대로 행하는 자라야 들어가리라(마7:21절)" "하나님의 뜻"이란 무엇일까요? [뜻]이란 '의지(will)'를 말합니다. 헬라어로는 (테레마)라고 하는데 '하나님께서 원하시는 것'을 의미합니다. 하나님께서 원하시고, 소원하시고, 하고자 하시고, 기뻐하시는 것을 말합니다. 사람은 먼저 하나님의 뜻을 이해해야 합니다.

예수를 믿고 성령으로 거듭난 신앙의 사람은 무엇보다 먼저 "무엇이 주님의 뜻인지 아닌지?"를 아는 것이 가장 먼저여야 합니다. 사업해서 돈을 버는 것도, 인생의 어떤 설계를 하는 것도, 모든 것이 "주의 뜻이면" 하겠다는 생각이 먼저 앞서야 합니다. 성공하는 것이나 부자 되는 것이나 벼슬하는 것이 먼저가 아니라, 주의 뜻이 무엇인지를 먼저 알아야 합니다. 주의 뜻을 벗어나면 성공 같아도 실패요, 부자가 되도 불행이요, 주의 뜻 안에서 가난한 것만 못합니다. 주의 뜻을 거스를 때 가정에도 문제가 생기고 국가적으로도 문제가 생기고 교회에도 문제가 생깁니다.

하나님의 뜻은 만유인력의 법칙과 같이 세상을 살아가는 법칙인데 이 법칙을 거역할 때 문제가 생기고 고통과 불행이 찾아옵니다. 아무리 수지맞는 일 같아도, 아무리 기분 좋고 행복해 보여도 "주의 뜻"인가를 먼저 알아보고 주의 뜻이 아니면 용감히 포기하고 버릴 줄 알아야 합니다.

하나님의 뜻인 줄 알고도 불순종하면 더 큰 불행을 가져오고, 더 큰 고통의 매를 맞습니다. 한동안 연단의 세월로서 지옥 같은 삶을 살아갈 수가 있습니다. 주의 뜻을 벗어나서 성공한 것도, 부자 되는 것도 하나님 앞에 가증한 것이며 악한 것입니다. 그러므로 성공보다, 행복보다, 축복보다, 제일 먼저 주의 뜻을 알고 행하는 것이 중요합니다. 하나님은 그의 자녀들 한 사람, 한 사람에게 사랑의 좋은 계획을 다 가지고 계십니다. 그 뜻을 따라만 가면 진정한 행복과 진정한 축복을 누릴 수가 있습니다. 신앙의 사람은 하나님의 뜻을 알고 행하는 것을 최우선순위에 두어야 합니다.

둘째, 거룩함이 하나님 아버지의 뜻. 데살로니가전서 4장3절에는 이렇게 말하고 있습니다. "하나님의 뜻은 이것이니 너희의 거룩함이라 곧 음란을 버리고" 하나님께서 사람에게 요구하시는 것은 [거룩]입니다. 거룩은 "성스럽고 위대하다"라는 뜻입니다. 하나님은 우리가 거룩한 존재가 되기를 원하십니다. 거룩은 하나님의 속성입니다. 지금 천국을 만끽하며 누리다가 영원한 천국에 들어가기 위해서는 하나님의 속성인 거룩하게 되라는 것입니다. 거룩하게 되겠다고 거룩해지는 것이 아닙니다. 반드시 진리의 말씀과 성령으로 거듭나야 합니다. 성령으로 세례를 받고 성령의 지배와 장악이 된 상태에서 성령의 인도를 받아야 합니다. 출애굽한 이스라엘 백성에게 모세를 통해서 하나님께서 거룩하라고 명령하셨습니다. "너는 이스라엘 자손의 온 회중에게 고하여 이르라 너희는 거룩하라 나 여호와 너희 하나님이 거룩함이니라(레19:2)"

거룩은 여성의 생명인 정조와 같습니다. 여자의 생명은 정조입니다. 여자가 정조를 잃는 것은 생명 잃음과 마찬가지입니다. 이 시대는 남의 정조는 요구하면서도 자기는 지키지 않습니다. 고린도전서 6장 15절에 "너희 몸이 그리스도의 지체인 줄을 알지 못하느냐 내가 그리스도의 지체를 가지고 창기의 지체를 만들겠느냐 결코 그럴 수 없느니라."고 했고, 로마서 6장 13절에는 "너희 지체를 불의의 병기로 죄에게 드리지 말고 오직 너희 자신을 죽은 자 가운데서 다시 산 자 같이 하나님께 드리며 너의 지체를 의의 병기로 하나님께 드리라"고 했습니다. "여자의 생명은 정조"와 같이 크리스천의 정조는 "거룩"입니다.

만일 우리가 귀한 손님을 집으로 초대한다면 먼저 내 집을 깨끗하게 청소하지 않겠습니까? 집의 가치도 그 집에 누가 살고 있느냐에 달려 있습니다. 미국의 아브라함 링컨은 가난해서 통나무집에 살았습니다. 그러나 오늘날 미국 사람은 링컨의 그 보잘 것 없는 통나무집을 잘 보존하고 기념하고 있습니다. 그 이유가 무엇입니까? 아브라함 링컨 대통령이 살았던 집이기 때문입니다. 청와대가 유명한 것은 집이 좋아서가 아니라 그 안에 대통령이 살고 있기 때문입니다. 우리는 보잘 것 없는 존재입니다. 그러나 내 안에 성령 하나님이 살고 계시기 때문에 존귀합니다. 고린도전서 3장 17절에 "누구든지 하나님의 성전을 더럽히면 하나님이 그 사람을 멸하시리라. 하나님의 성전은 거룩하니 너희도 그러하니라." 성령의 지배와 장악된 가운데 진리의 말씀과 성령으로 자신 안에 성전을 정화해야 합니다. 성령의 역사로 자신 안에 숨어있는 제3의 영적존재들을 배출해야 합니다.

북유럽의 숲 속에 사는 흰 담비라는 짐승은 그 하얀 털로 명성이 나 있습니다. 옛날부터 귀족들은 담비의 하얀 모피 털을 즐겨 애용하였습니다. 흰 담비는 본능적으로 자기의 하얀 털을 더럽게 하지 않으려는 강한 의지를 가지고 있습니다. 흰 담비를 잡고자 하는 사냥꾼들은 먼저 그 짐승의 굴을 찾아 더러운 검정으로 굴 입구의 안팎을 온통 새까맣게 칠해 놓습니다. 수풀 속에서 사냥개들이 흰 담비를 찾아내면 그는 있는 힘을 다하여 자기 굴로 도망쳐 옵니다. 그런데 흰 담비는 굴 입구가 온통 검정으로 더러워진 것을 보고는 굴속으로 들어가지 않고 뒤로 돌아서서 그 쫓아온 사냥개들을 향하여 싸우는 자세를 취한다고 합니다. 그러면 이 때 사냥꾼들이 달려와 흰 담비를 잡는다고 합니다. 숲속의 작은 동물, 흰 담비는 자신의 깨끗한 털을 더럽히며 굴속에 들어가 살기보다는 깨끗하게 죽음의 길을 택한다고 합니다.

성도들은 그 더러운 정과 욕심을 십자가에 못 박은 사람들이며(갈5:24), 성령을 좇아 행함으로 그 육체의 소욕을 따라 살지 않는 사람들입니다(갈5:16). 하나님은 누구든지 예외 없이 성령의 전인 몸을 더럽히면 그 사람을 멸하십니다. 반대로 몸을 성별하여 하나님을 위하면, 하나님께서 반드시 그 몸을 돌보아 주시며 위해 주십니다(고전6:13). 요한일서 2장 17절에는 "이 세상이나 세상에 있는 것들을 사랑하지 말라. 이 세상도 가고 그 정욕도 가되 오직 하나님의 뜻을 행하는 이는 세세토록 있느니라.”
고 했습니다. 하나님의 뜻대로 사는 분들이 되시기를 바랍니다.
하나님의 뜻대로 살아가려면 성령의 지배와 장악과 인도를 받아
야 합니다. 자신은 예수를 믿을 때 죽고 이제 예수님이 주인 된
삶을 살아야 합니다.

그리고 무엇보다도 우리는 지금의 신앙의 상태와 거룩에 대해
만족하지 말아야 합니다. 자신이 하나님께서 원하시는 대로 거
룩하려면 아직도 멀었다고 생각하면서 거룩에 대한 배고픔을 가
져야 합니다. 우리는 현제의 거룩에 대해 불만족해야 합니다. 무
엇을 바라보았을 때 결코 참을 수 없는 그 어떤 것을 느끼는 감
정이 ‘거룩한 불만족’(Holy discontent)입니다. 더 이상 참을 수
없는 어떤 것을 보고 마음이 무너지며 거룩한 불만족을 느낄 때
목회자나 성도들 모두가 그것에 삶을 투자할 수 있습니다. 거룩
하기 위하여 성령의 지배와 장악과 인도를 받게 됩니다.

[거룩한 불만족]을 느끼는 사람이야 말로 과감하게 위험에 몸
을 던질 수 있습니다. 애굽에서 동족끼리 싸우는 모습을 보고 참
을 수 없는 거룩한 불만족을 느낀 모세는 출애굽을 하는 모험을
단행합니다. 골리앗 앞에서 모두가 피하는 상황 속에서 다윗은
거룩한 불만족을 느낍니다. 그래서 물맷돌을 들고 용사 골리앗
앞에 서는 모험을 시도한 것입니다. 거룩한 불만족을 지니며 성
전을 재건한 느헤미야나 인종차별에 온몸으로 저항한 마틴 루터
킹 목사 등 이 땅을 위해서 무엇인가를 했던 사람들은 한 결 같
이 거룩한 불만족을 지녔습니다.

귀하는 거룩한 불만족이 있습니까? 지금 세상을 바라보면서 견딜 수 없는 것, 마음을 무너져 내리게 하는 것이 무엇입니까? 혹 당신은 거룩한 불만족을 느끼면서도, 현실의 벽에 막혀 쥐었던 물맷돌을 슬그머니 내려놓지는 않습니까? 아예 거룩한 불만족을 느끼지 못할 정도로 마음이 무디어 지지는 않았습니까? 사실 거룩한 불만족을 느낀 사람들에게 선택권은 없습니다. 그 길로 나가는 것뿐입니다. 거룩한 불만족을 느끼고도 행동하지 못한다면 그 불만족은 감정의 사치일 뿐입니다.

우리는 이렇게 끝날 수는 없습니다. 죽음과 테러, 음란과 퇴폐, 에이즈, 가난, 무너지는 가정, 흔들리는 사회 등 어려운 세상에서 사람들은 끊임없이 교회에 묻고 있습니다. 기독교인으로서 우리는 답변해야 합니다. "우리는 결코 이렇게 끝나지 않습니다. 예수 그리스도 안에서 절대로 그냥 끝나지는 않습니다." 교회는 세상을 향해 소망을 선언해야 합니다. 교회는, 목회자는, 크리스천들은, 세상을 보며 거룩한 불만족을 가져야 합니다. 성령께서 깨닫게 하시는 진리의 말씀과 성령으로 변화되어 거룩하게 살아야 합니다. 그래야 지금 천국을 만끽하며 누리다가 영원한 천국에 들어갈 수가 있는 것입니다.

셋째, 구원은 세상을 위한 하나님의 뜻. 하나님의 피맺힌 뜻은 세상 구원입니다. 세상에 살고 있는 사람들을 죄와 사망에서 건져내는 것입니다. 하나님은 그 뜻을 위해 이 세상에 예수님을 보내셨습니다. "하나님이 세상을 이처럼 사랑하사 독생자(獨生子)를 주셨으니 이는 저를 믿는 자마다 멸망치 않고 영생을 얻게 하려 하심이니라(요3:16)"

어느 나이든 고래잡이 배 선장의 고백입니다. 그는 사람이라곤 찾아볼 수 없는 망망대해 한가운데서 항해 중이었습니다. 어느 날 남쪽에서 강한 역풍이 불어왔습니다. 배는 남쪽으로 계속 전진하려 했으나 역풍 때문에 오전 내내 계속 그 자리에 서 있을 뿐이었습니다. 선장은 걱정을 하며 뱃머리에 서 있었습니다. 그런데 갑자기 이런 생각이 떠올랐습니다. "이 파도에 대항하려고만 하는가? 북쪽으로 가도 고래는 얼마든지 많을 것이다. 바람을 따라 북쪽으로 가는 것을 생각해보자." 그는 곧 배를 돌려 북으로 향했습니다. 그런데 1시간 뒤 선두에서 이런 외침이 들려왔습니다. "앞에 보트들이 있다!" 즉시 그 보트들을 끌어 올렸을 때 거기엔 아사 직전의 승무원 14명이 타고 있었습니다. 그들은 계속 표류하면서 필사적으로 구조를 요청하고 있었던 것입니다.

선장은 말했습니다. "사실 저는 하나님께 언제나 저를 사람 돕는 일에 사용해 달라고 기도해 왔습니다. 그 날 강풍이 불었을 때 북쪽으로 가자는 생각을 하게 된 것은 틀림없는 성령의 역사라고 생각합니다. 그렇게 하여 결국 14명의 생명을 구할 수 있게 된 것입니다."

세상의 일들이 내가 원하는 방향으로 되지 않는다 하여도 믿음으로 사는 자는 긍정적인 생각을 가져야 합니다. 섭리에 순응할 마음의 자세를 항상 가져야 합니다. 그 때 우리는 나의 뜻이 아닌 하나님의 좋으신 뜻을 이루게 되는 것입니다. 세상의 모든 것은 하나님의 뜻대로 이루어집니다. 예수님께서 말씀하셨습니다. "이와 같이 이 소자 중에 하나라도 잃어지는 것은 하늘에 계신 너희 아버지의 뜻이 아니니라(마18:14)" 하나님은 우주를 다스리고 인간을 구원하기 위한 원대한 계획을 가지고 있습니다. 그러한 계획이 바로 하나님의 기쁘신 뜻입니다. 사람은 그 뜻에 순종해야 합니다. 한 가지 꼭 기억해야 할 것이 있습니다. 그것은 에베소서 1장 11절에 나오는 "모든 일을 그 마음의 원대로 역사하시는 자의 뜻을 따라 우리가 예정을 입어 그 안에서 기업이 되었으니" 이것은 하나님의 구속사와 연결이 되지만 또한 하나님께서 소원하는 것입니다.

예수님은 잃은 양 비유를 통해서 "죄인 하나가 회개하면 하늘에서는 회개할 것 없는 의인 아흔 아홉을 인하여 기뻐하는 것보다 더 기뻐하신다."고 말씀하셨습니다. 요한복음 6장 38-39에서는 "내가 하늘로서 내려온 것은 내 뜻을 행하려 함이 아니요 나를 보내신 이의 뜻을 행하려 함이니라. 나를 보내신 이의 뜻은 내게 주신 자 중에 내가 하나도 잃어버리지 아니하고 마지막 날에 다시 살리는 이것이니라"고 하셨습니다.

베드로후서 3장 9절에는 "주의 약속은 어떤 이들이 더디다고 생각하는 것 같이 더딘 것이 아니라 오직 주께서는 너희를 대하여 오래 참으사 아무도 멸망하지 아니하고 다 회개하기에 이르기를 원하시느니라."고 하였습니다. 그렇습니다! 하나님의 뜻은 세상 구원입니다. 그러기 위해서 독생자 예수 그리스도를 이 세상에 보내셨습니다.

신앙인이란 누구입니까? 하나님의 뜻을 찾아 그 뜻을 이루며 사는 사람입니다. 하나님을 모르는 사람은 그 분의 뜻에 관심도 없고 알 수도 없습니다. 그러나 예수 그리스도를 믿고 하나님을 만난 사람들은 그분의 뜻대로 사는 것만이 행복한 것을 너무도 잘 알고 있습니다. 진실한 신앙을 가진 사람은 하나님의 뜻대로 살지 않는 것을 생각할 수 없습니다. 하나님은 기관차를 고안하고 만든 엔지니어나 마찬가지이기 때문입니다. 기차는 그 기차를 고안한 엔지니어가 제일 잘 압니다. 우리를 창조하시고 한 생애를 주신 그분이 우리에 대해서 가장 잘 안다는 것은 당연한 일입니다. 그런데 기차가 철로 위로 가지 않고 탈선한다거나 그 기관이 본래 고안한대로 작동하지 않는다면 그 기차의 역할을 제대로 하지 못할 것은 뻔한 일입니다.

인간도 마찬가지입니다. 인간은 먼저 하나님을 알아야 하고, 그 다음에는 생각이나 감정이나 의지가 변하여 새롭게 되면 하나님의 뜻을 발견할 수 있습니다. 그러면 "하나님이 원하시고 기뻐하시고 온전한 뜻"을 분별할 수 있어서 하나님의 뜻을 이 땅에 이루어 드릴 수 있습니다. 하나님의 뜻대로 사는 사람은 세상 방법대로 사는 사람과 다른 것이 있습니다. 그것은 모든 삶의 중심에 하나님이 있습니다. 하나님 중심으로 사는가 아니면 사람중심으로 사느냐는 그가 하나님의 뜻대로 사는 사람인가 아닌가를 통해서 알 수 있습니다.

[하나님 중심]이라는 말은 하나님을 중심으로 산다는 것입니다. 하나님의 뜻을 좇고 그 뜻대로 산다는 것입니다. 하나님 중심대로 사는 사람은 하나님의 능력을 신뢰합니다. 하나님을 기

쁘시게 합니다. 언행과 맡은 일로 하나님을 기쁘시게 해드립니다. 하나님께 감사하며 삽니다.

요한일서 2장 15-16절에 "이 세상이나 세상에 있는 것들을 사랑치 말라 누구든지 세상을 사랑하면 아버지의 사랑이 그 속에 있지 아니하니 이는 세상에 있는 모든 것이 육신의 정욕과 안목의 정욕과 이생의 자랑이니 다 아버지께로 좇아 온 것이 아니요 세상으로 좇아 온 것이라"고 하였습니다.

예수 믿고 교회 다닌다고 천국을 만끽하다가 영원한 천국 가는 것 아니요, 학습 받고 세례 받았다고 천국을 만끽하다가 영원한 천국 가는 것 아니며, 교사직 맡아 남을 지도하고, 권능 얻어 전도하고, 병고치고, 능한 일을 해도 성령의 인도를 받지 않고 자기의 마음대로 자기 생각대로 자기 유익을 위하여 하는 자들에게 경고하십니다. "불법한 일을 하는 자들아, 내게서 떠나가라. 내가 너희를 도무지 알지 못한다"고 하십니다. 이것은 버림받은 것입니다. 얼마나 두려운 일입니까? 천국 가는 것은 오직 성령의 인도를 받아 아버지의 뜻대로 하는 자라야 된다고 했습니다. 아버지의 뜻대로 하려면 성령의 인도를 받아야 합니다. 성령께서 감동하시고 조명하는 대로 순종해야 합니다. 자신이 죽고 성령의 지배와 장악이 되어 성령의 인도에 순종해야 지금 천국을 만끽하며 누리다가 영원한 천국에 들어갈 수가 있습니다.

예수님은 마태복음 12장 48-50절에서 "누가 내 모친이며 내 동생들이냐 하시고 손을 내밀어 제자들을 가리켜 가라사대 나의 모친과 나의 동생들을 보라 누구든지 하늘에 계신 내 아버지의 뜻대로 하는 자가 내 형제요 자매요 모친이니라"고 하셨습니다. 예수님은 십자가를 지시기 전날 밤 겟세마네 언덕에서는 이렇게 기도하셨습니다. "내 뜻대로 마옵시고 아버지 뜻대로 하옵소서(마26:39)" 요한복음 6장 38~39절에는 "내가 하늘로 내려온 것은 내 뜻을 행하려 함이 아니요 나를 보내신 이의 뜻을 행하려 함이니라"고 하였습니다.

마태복음 7장 24-26절 말씀은 집 짓는 비유를 통해서 하나님의 뜻대로 사는 사람과 그렇지 않은 사람의 차이를 명확히 밝혀 주고 있습니다. 이것은 말씀에 순종하는 자와 순종치 않는 자의 차이와 같습니다. 순종하는 자는 마치 자기 집을 반석 위에 세워서 짓는 자와 같다고 말씀하십니다. 그리고 그 집은 절대로 어떤 악천후나 기상변화에도 무너지지 않을 것이라고 말씀하십니다. 그러나 순종치 않는 자는 모래 바닥 위에 집을 짓는 자와 같다고 말씀하십니다. 그리고 이 집은 비, 바람 그리고 창수 앞에 무너져 내리고 만다는 것입니다. [순종]은 우리의 내면의 고백인 믿음이 외형적으로 드러난 것이라고 할 수 있습니다. 예수님은 "나더러 주여! 주여! 하는 자마다 다 천국에 들어갈 것이 아니요, 하늘에 계신 내 아버지의 뜻대로 행하는 자가 들어갈 것이니라(마 7:21절)"고 말씀하셨습니다. 분명하게 하나님의 뜻대로 하는 것은 주인된 하나님께서 하라는 대로 순종하고 하나님께 영광을 돌리는 것입니다. 순수하게 성령의 지배와 장악된 가운데 성령의 지시하심을 따르는 것입니다. 자신이 없어지고 하나님께서 주인이 되시니 지금 천국을 만끽하며 누리는 것입니다.

11장 지옥을 천국으로 바꿔주시는 예수님

(눅 4:18-19)"주의 성령이 내게 임하셨으니 이는 가난
한 자에게 복음을 전하게 하시려고 내게 기름을 부으시
고 나를 보내사 포로 된 자에게 자유를, 눈 먼 자에게 다
시 보게 함을 전파하며 눌린 자를 자유롭게 하고, 주의
은혜의 해를 전파하게 하려 하심이라 하였더라."

진리 되신 예수님을 만나면 지옥을 향해가던 죄인이 천국으로
들어가게 됩니다. 사람은 누구를 만나느냐에 따라 인생이 달라
집니다. 그래서 저는 사람들에게 안수기도 할 때 사람을 잘 만나
는 복을 허락하여 달라고 기도합니다. 진리이신 예수를 만나, 주
인으로 영접하면 죄를 사함 받고 하나님의 자녀가 되어 하늘의
복을 받으면서 살아가는 것입니다. 만남은 크고 작은 변화를 가
져옵니다.

지나가다가 옷깃만 스쳐도 우연이 아니라고 하는데 서로 얼굴
과 얼굴을 마주대고 대화를 하는 것은 결코 우연이 아닙니다. 우
리는 부모를 만나서 인생을 알게 되고, 선생님을 만나서 지식을
알게 되고, 부부를 만나서 사랑과 공동체의 삶을 알게 되는 것입
니다. 그러나 우리는 그 무엇보다도 예수님을 만나서 문제와 심
령을 치유 받고 심령천국을 이루다가 천국 가는 천국 인으로 변
화되지 않을 수가 없습니다. 사울은 다메섹에서 예수 그리스도
를 만나고 변화되어 위대한 바울사도가 되었습니다. 일본의 성

자 가가와 도요히코는 열다섯 살 때 폐병으로 죽어가다가 예수님을 만난 후, 그의 삶이 완전히 바뀌어 고베의 빈민굴에서 전도활동을 하면서 예수님처럼 생활하고 예수님의 영광을 나타내는 전도자가 되었습니다.

만남은 크고 작은 변화를 우리에게 가져옵니다. 무엇보다도 우리의 삶 가운데 최고의 만남은 바로 예수님을 만나고 천국 인으로 변화되는 것입니다. 예수께서 진리의 말씀으로 일합니다. 사역합니다. 예수께서 아버지말씀 진리로 일하여 죽은 나사로 살렸고, 중풍병자에게 네 죄 사함을 받았느니라하시며 고쳤고, 물로 포도주 만들었고, 풍랑을 꾸지셨고, 소경을 고쳤고, 정신병자에게 더러운 귀신아 나오라 명하였고, 시험하는 자 사탄아 물러가라 명령하셨고, 말씀으로 일하여 표적이, 기적이, 이적이 일어났습니다. 이 예수 그리스도의 모든 삶을 우리가 면면히 만나고 한번만 만나는 것이 아니라 매일같이 마음속에서 그 그리스도의 삶을 관조하면서 만나봐야 되는 것입니다. 천국의 실체이신 예수님을 만나서 지옥이 천국으로 바뀐 사례들입니다.

첫째, 시각장애인 바디매오가 예수만나 천국을 찾았다. 마가복음10장46절로 52절에 보면 거지 바디매오의 이야기가 있습니다. 거지 바디매오는 여리고에서 태어나서 여리고에서 동냥을 하면서 살았었습니다. 태어날 때부터 그는 장님이고 그리고 거지였었습니다. 그리고 여리고의 입구에서 동냥을 했었습니다. 그런데 보통 여리고 입구에서 동냥을 하려면 정부의 허가 없이는 하지 못합니다. 동냥할 수 있는 정부의 특별한 허가를 받으면 동냥할 수 있는 자격을 주는 외투를 줍니다. 반드시 그 외투를 입고 앉아야 합법적으로 동냥을 할 수 있지 그렇지 않으면 쫓겨나는 것입니다. 그래서 그는 매일 같이 그 외투를 입고 여리고 입구에 앉아서 동냥을 했습니다. 하루하루 사는 것이 지옥이었습니다. 그런 과정에 그는 복음을 들었습니다. 오고 가는 사람들에게 주어들은 이야기를 보면 예수님께서 나타나셔서 팔레스타인 일대를 다니면서 복음을 증거하는데, 많은 사람의 귀신이 쫓겨나고 병든 자가 고침을 받고 귀신은 쫓겨나가고 장님은 보고 문둥이는 깨끗함을 얻고 죽은 자가 살아난다는 그 이야기를 들을 때마다 장님 거지 바디매오의 가슴은 울렁거렸었습니다.

"나도 그 예수님을 좀 만났으면 좋겠다. 나도 그 예수님께 한 번 나갔으면 얼마나 좋을까" 간절한 소원을 가지고 있었지만은 그는 장님이여 또 거지요 하루하루 동냥을 해 먹고 사는 처지에 움직일 수가 없었습니다. 그런데 하루 수많은 사람들이 자기 앞을 지나갑니다. 그리고 특별히 이 사람들이 동냥을 많이 합니다. 이상하다고 생각해서 지나가는 사람을 붙잡고 물었습니다. 오늘 도대체 어떤 일이 일어납니까? 무엇 때문에 많은 사람이 지나가며, 이렇게 사람들이 후하게 동냥을 줍니까? 물으니까 나사렛 예수께서 방금 너의 앞을 지나갔다고 말했습니다. 이 말에 바디매오는 기절할 정도로 놀랐습니다. 그는 동냥하는 그 주머니를 내어 던져버리고 일어나서 그는 고함 고함을 쳤습니다.

다윗의 자손 예수여! 나를 불쌍히 여기소서 사람들은 말했습니다. 이 사람아, 조용하라 시끄럽다 너 같은 거지 장님을 누가

돌봐주겠느냐? 잠잠하라. 그러나 그는 사람들이 말림에도 불구하고 더욱더욱 고함고함을 쳐서 나사렛 예수여 나를 불쌍히 여겨달라고 했었습니다. 그러자 예수님께서 가시던 발걸음을 멈추고 돌아보시면서 저를 내게로 오라 사람들이 말했습니다. 예수님께서 가시다가 멈추시고 너를 오라고 한다. 이 사람은 뛸 듯이 기뻐했습니다. 그는 일어나더니만 자기의 겉 외투를 벗어가지고서 이것을 둘둘 말아서 그냥 던져 버렸습니다.

원한에 사뭇친 그 외투였었습니다. 물론 그것이 없이는 동냥도 못하고 먹고살지도 못했겠지만은 그러나 그 외투를 입고 있을 때마다 모든 사람들은 장님 거지 버림받은 인생이라는 것을 알고 있었습니다. 그는 장님이요 거지요 버림받은 인생이란 표상인 그 겉옷을 둘둘 말아서 내어 던져 버렸습니다. 그러나 만일 예수께 갔다가 고침 받지 못한다면 그 겉옷을 누가 주워서 갈지 알 수 없었습니다. 그는 직장도 잃고 살아갈 길이 막연하게 될 것입니다.

그럼에도 불구하고 그는 예수께 나아갈 때 그는 거지의 외투를 벗어서 둘둘 말아서 그는 던져 버렸습니다. 그는 마음속에 생각했습니다. 내가 예수께 가므로 다시는 이 비극적인 운명을 누리지 않겠다, 나는 변화된 사람이 될 것이다. 나는 눈을 뜨게 될 것이고, 예수그리스도로 말미암아 새로운 사람이 될 것이다, 그리고 나의 인생은 새로 출발하고, 이 저주받은 여리고 성에 앉아서 동냥을 하지 아니할 것이다, 나는 떠나간다, 그래서 그는 이미 그리스도 앞에 나가기 전에 그 마음속에 완전히 새사람이 되었었습니다.

장님 거지 바디매오의 신세를 그 겉옷과 함께 둘둘 말아 던져 버리고 말은 것입니다. 저주받은 여리고에 앉아서 동냥하는 그 신세를 둘둘 말아 버리고 말았습니다. 그리고 예수께 나왔습니다. 그러자 예수께서 그에게 물었었습니다. 내가 네게 무엇 해주기를 원하느냐? 내가 보기를 원하나이다. 예수께서 말씀하시기를 네 믿음대로 될지어다, 그러자 그는 즉시로 눈을 뜨고 말은 것입니다. 그리고 성경은 말하기를 그는 예수님을 따라 여리고를 떠났다고 말했었습니다. 저주받은 여리고 슬픔의 여리고 고통과 괴로움과 수치와 곤욕의 여리고를 떠나서 새로운 삶을 출발하게 된 것입니다.

둘째, 열 두해 혈류 증을 앓던 여인이 예수만나 천국을 만끽했다. 마태복음 9장에 보면 이스라엘 나라에 열두해를 혈루병으로 앓은 한 여인이 있었습니다. 병이라는 것이 1, 2년도 지긋지긋한데 열두해를 피를 흘리면서 산다는 것은 정말 지긋지긋하고 고통스러울 것입니다. 오래 사는 것도 좋지만 건강하고 오래 살아야지 병들어서 오래 사는 것은 오히려 욕이 되고 고통스러운 것입니다. 이렇게 되니까 온가족 식구들이 이 여인을 고치겠다고 남편이나 자녀들이나 시집 식구들 할 것 없이 있는 힘을 다해서 그 당시에 있는 의학을 총동원했습니다.

약을 다 사다먹고 온갖 의원에게 온갖 고통을 다 당했으나 병은 낫지 아니하고 점점 더 병은 깊어지고 그리고 가산을 탕진해버렸습니다. 요사이도 속담에 무병 삼년에 못살 사람이 없다고 말했는데 뭐! 병으로 자꾸만 경비를 지출하니 가산 탕진했어요! 그리고 또 혈루병은 유대인의 전통에서는 부정한 병입니다. 혈루병 걸린 사람이 앉은 자리에 앉아도 부정하고 그 옷에 손을 대도 부정하기 때문에 그러한 부정한 몸으로 성전에 나가서 섬길 수 없습니다. 이러므로 문둥병 환자나 혈루병 환자는 일반 사람들에게서 분리해서 혼자 살아가야 돼요! 이 여인은 몸은 병들어서 쇠약할 대로 쇠약하고 고통스럽고 자기로 말미암아 온 가정이 다 가난하게 되고 재산을 탕진했으니 죄책이 마음에 한이 없습니다. 거기에다가 사랑하는 가족들이 다 분리되고 혼자서 외로운 나날을 지내면서 죽음의 날을 기다립니다. 그에게는 짙은 절망 밖에는 아무 것도 없었습니다.

그런 절망으로 짓눌리고 어둡고 캄캄한 이 여인에게 살겠다는 희망을 주고 꿈을 줄 수 있는 한 계기가 왔습니다. 어떤 사람이 예수 그리스도의 복음을 전해 주었습니다. 그가 와서 하는 말이 "나사렛 예수께서 일어나셔서 처처에 가는 곳마다 복음을 증거하여 죄인은 용서하고 귀신은 쫓아내고 병든 자는 고치고 죽은 자는 살리고 배고픈 자에게는 먹여주고 천국의 복음이 전파된다." 이 말에 눈앞에 번쩍했습니다.

나도 살아갈 수 있겠구나! 어둡고 캄캄한 그 가슴속에 섬광과 같은 희망의 빛이 비췄습니다. 그리고 또 다시 건강을 회복하고 가족들이 한 자리에 모여서 행복을 나누며 살아갈 수 있다는 꿈이 마음속에 뭉게구름처럼 피어올랐습니다. 그리스도의 복음이 이 여자의 가슴속에 꿈을 심어 주었습니다. 희망을 심어 주셨습니다. 그래서 그는 매일 같이 그리스도의 그 복음을 생각하고 그 꿈을 반추했습니다.

　마음속에 병이 낫고 다시 건강해지고 다시 사랑하는 남편 자녀들과 함께 같이 오손도손 살아갈 수 있는 그 꿈이 뭉게구름처럼 피어올랐습니다. 그는 꿈속에 살았습니다. 이젠 울음을 그쳤습니다. 이제는 탄식을 그쳤습니다. 이제는 절망을 그쳤습니다. 꿈이 그 여인을 점령해 버렸습니다. 꿈은 그에게 소망을 주었습니다. 그는 기쁨이 있었습니다.

　그리고 하루는 그 꿈이 전율해서 그는 마음속에 결단을 내렸습니다. 이제는 나는 믿겠다. 내가 예수 그리스도께서 우리 동에 오시면 뒤따라가서 그 옷자락에 손만 대어도 나을 것이다 나는 믿는다. 그는 마음에 결정을 내렸습니다. 나는 믿는다. 세상 사람은 무어라고 말해도 나는 그리스도의 옷자락에 손만 대면 나는 나을 것을 믿는다! 그 꿈과 믿음 속에 사는 어느날 갑자기 소문이 왔습니다. 예수께서 자기 동네를 지나간다는 소문이 왔습니다. 그는 일어났습니다. 오랫동안 혈루병으로 피를 흘렸기 때문에 어지러워 머리를 들 수가 없습니다. 현기증으로 천지가 빙빙 돕니다. 밝은 햇살에 나가니까 눈을 뜰 수가 없습니다. 그럼에도 불구하고 그는 그의 꿈과 믿음이 이루어질 날이 온 것을 알았습니다. 그때가 왔습니다. 그때를 놓칠 수가 없습니다. 그는 그의 꿈과 믿음을 실천해야만 합니다.

　수많은 군중들이 예수님을 에워싸고 있는데 군중들 사이로 들어가다가는 넘어지고 군중들에게 밀치고 그러나 다시 일어나고 다시 일어나서 그는 손을 내밀고 손을 내밀면서 예수님을 따라갑니다. 결사적으로 따라갑니다. 허둥지둥하면서 따라가다가 기어코 예수님의 옷자락에 손이 닿자마자 하나님의 놀라운 능력이 그 몸속에 임하고 말은 것입니다. 그의 모든 혈루 근원이 말랐습니다. 어지러움이 사라지고 몸에 냉기가 사라지고 다시 심장이 힘차게 피를 뿜어내고 온몸에 생기가 가득 차고 건강이 넘쳐나고 행복이 가득했습니다. 그의 꿈이 이루어졌습니다. 그의 믿음이 이루어졌습니다.

그러자 예수님이 가는 발걸음을 멈추시고 뒤를 돌아보시면서 누가 내 옷에 손을 대었다. 제자들이 웃었습니다. 주님! 무슨 말씀을 그런 말씀을 하십니까? 여기 지금 한두 사람이 아닙니다. 수백명이 주님을 밀치고 주님 옷에 손을 대었는데 누가 손을 대었다고 합니까? "아니야! 나의 능력이 내 몸에서 나갔다. 꿈을 가지고 믿음을 가지고 담대하게 그것을 실천한 어떤 사람이 내 능력을 요구했고, 내 능력이 나갔다." 그때 여인이 떨면서 나와서 말했습니다. '주님! 내가 주님! 옷자락에 손을 대어서 혈루병이 나았습니다.' 예수님이 그 여인을 보시고 여자여 안심하라! 네 믿음이 너를 구원하였으니 평안하게 가라고 말했습니다. 이 여인은 예수님을 만나 삶이 지옥에서 천국으로 바뀐 것입니다.

셋째, 사마리아 우물가의 여인이 예수만나 천국을 만끽했다.
저는 요한복음 4장에 나오는 소위 말하는 수가성 우물가의 여인입니다. 나는 소위 남편을 다섯이나 바꾼 여자지요. 결혼하고 한 번 잘못된 것이니 두 번째 다시 가정을 이루어 보았습니다. 그러나 그것도 잘못되어 또 가정이 파괴되고 그것이 세 번, 네 번, 다섯 번을 연속하고 나니, 그 다음에는 지칠 대로 지쳐버리고 말았습니다. 사는 것이 재미가 없었습니다. 이제는 앞날에 희망이 없었습니다. 여섯째는 될 대로 되라고 여섯째 남자와 육정에 끌려서 살고는 있었지만, 부끄럽고 창피하여 사람들의 얼굴을 마주치기가 싫어서 대낮에 사람 없을 때, 우물에 물 길러 왔다가 예수님을 만나게 되었습니다. 예수님은 나를 정죄하지 않았습니다. 나쁜 여자, 음란한 여자, 죄 많은 여자라고 말씀하지 않았었습니다. 예수님은 나에게 진실로 사는 의미가 무엇인지 보여주셨습니다. 예수께서 당신이 구세주인 것을 알게 해 주시자, 내가 예수님을 믿자 말자, 하나님의 임재하심을 내 속에 느꼈었습니다. 하나님이 나에게 임재하시는 것을 느끼자 말자, 내 속에는 말로 다할 수 없는 기쁨이 넘쳐났습니다.

마침 시편기자가 "하나님 앞에는 기쁨이 충만하고 그 우편에는 즐거움이 넘치나이다"라고 한 것처럼, 내 마음속에 생전 처음으로 그런 기쁨과 즐거움은 느꼈습니다. 평화가 강물같이 넘쳐났습니다. 저는 물동이를 그대로 내버려두고 그 길로 우리 동내 사람들이 사는 시내로 뛰어 내려가서 '와 보라 이 분이 구주가 아니냐'고 전도했고, 수많은 사람이 따라 나와서 내 말을 듣고, 예수를 믿고 똑같은 구원을 받았지요. 그 날 이후로 나의 생애는 달라져 버리고 말았습니다. 저는 천국인 예수님과 함께 살므로 내 마음속에 넘치는 이 기쁨과 이 평안을 세상 그 무엇과도 바꿀 수가 없습니다.

넷째, 문둥병자가 예수만나 천국을 만끽했다. 저는 마태복음 8장에 나오는 문둥이였습니다. 내가 문둥병이 걸리자 나는 가정에서 쫓겨났고 처자들을 볼 수 없게 되었습니다. 나는 사람이 드문 산이나 들에서 살았었습니다. 움막을 치고 살았고 토굴 속에 살았었습니다. 겨울에는 혹독히도 추웠고 여름에는 더웠었습니다. 벌레들에게 물렸고 온 몸은 고름주머니가 되었습니다. 사는 것이 고통이요, 지옥이요, 저주였었습니다. 나는 너무나 마음이 고통스럽고 괴로웠었습니다. 몸은 고통스럽고 괴롭고 마음은 가족이 그리워 견딜 수가 없어도 어디 가족을 만나 볼 수가 있나요. 우리 같은 문둥이는 성한 사람이 오면 '부정하다, 부정하다' 외쳐서 성한 사람이 곁에 오지 못하도록 해야 합니다. 만일 문둥병자인 제가 성한 사람 곁에 갔다가는 돌로 맞아 죽습니다. 저는 천벌을 받고 이 처절한 절망가운데 있을 때 하루는 예수님께서 무리들과 함께 산에서 내려오는 것을 보았었습니다. 저는 그때가 기회인줄 알았습니다. 이제 살든지 죽든지 생사결단을 내려야겠다고 생각했습니다.

이 모습 이 대로 살아서야 무엇을 하겠습니까? 그래서 담대하게 성한 사람 있는 곳으로 뛰어 들어갔었습니다. 성한 사람들이 기겁을 하고 놀라서 손에 돌을 들었지만 저는 예수님 앞에 무릎을 꿇었습니다. '주여! 원하시면 나를 깨끗하게 하실 수 있나이다' 나의 외마디 부르짖음이었었습니다. 그 때 예수님께서 나에게 손을 내미시고 고름이 질퍽한 내 머리 위에 손을 대시더니 "내가 원하노니 깨끗함을 받으라"고 하셨습니다. 예수님의 말씀이 선포되자 말자 하늘에서 불이 떨어지는 것 같았습니다. 내 온몸이 불타는 것 같더니 순식간에 문둥병은 사라지고 나는 이와 같이 새 사람이 되고 말았습니다. 순간 지옥에서 천국으로 바뀐 것입니다. 예수님으로 말미암아 문둥병자 이였던 제가 소망을 얻었지요. 그 어둡고 캄캄한 문둥병이라는 절망에서 저는 찬란한 소망을 얻었습니다. 자는 우리 집으로 돌아갔고 지금 부모를 모시고 처자와 함께 삽니다. 이 얼마나 소망 찬 일인 것입니까? 예수님으로 말미암아 얻은 이 소망은 아무도 빼앗을 수가 없습니다.

다섯째, 중풍병자가 예수만나 천국을 만끽했다. 마태복음 9장에 보면 가버나움에 절망적인 사람이 있었습니다. 그는 꽤 살림도 있고 명망도 있는 사람이었는데 중풍이 걸리고 말았습니다. 무슨 큰 죄를 지었는지 모르겠지만 그는 늘 마음속에 고민을 하고 억압을 당하고 살았는데 갑자기 하루는 고혈압으로 쓰러졌습니다. 그리고는 그만 말도 못하게 되고 몸을 움직이지 못하고 침상에 드러누워 산송장으로 죽어가고 있었습니다. 오늘날도 중풍은 어려운 병입니다. 하물며 2000년 전이야 중풍이면 그로서 끝난 것입니다. 모든 의원과 약이 아무 소용이 없었습니다. 그는 그 절망 중에 있을 때 예수님께서 가버나움에 들어왔다는 소식을 들었었습니다. 예수님께서 가버나움에 들어왔다는 소식을 듣자 이 사람의 마음은 희망으로 뛰기 시작했었습니다. 심장이 뛰었습니다.

이 기회를 놓치면 나에게는 영원히 기회가 없다고 생각했습니다. 그래서 중풍병자는 자기 동료 네 사람을 불렀었습니다. "제발 나를 들것에 싣고 예수님께 좀 데려다 달라. 예수님께 가기만 하면 나는 새사람이 된다. 나는 새로운 소망을 얻는다. 나는 살아난다. 종교를 얻으려고 가는 것은 아니다. 예수님께 가면 내 운명이 변화될 수 있다. 새 생명을 얻을 수 있다. 천국을 소유할 수가 있다." 친구들은 이 사람의 간청을 듣고 들것에 실어서 네 사람이 들고서 예수님이 계신 곳에 가니까 벌써 사람이 장사진을 치고 인산인해로 그 대문밖에 얼씬할 틈도 없이 사람들도 꽉 들어 찾습니다. 아무리 사정을 해도 사람들이 길을 비켜주지 않습니다. 그러자 이 환자는 친구들에게 말했습니다. 이 집주인을 만나게 해다오. 그리고 내가 이 집에 올라가서 지붕을 뚫고서 예수님께 달아 내리도록 해다오. 이 집의 지붕을 뚫으면 아마 집주인이 집값을 내라고 할 것이다.

후히 내가 집값을 지불하겠다. 필요하다면 이 집을 사버리겠다. 또 필요하다면 이런 집을 지어주겠다. 나는 기어코 예수님을 만나야 되겠다. 나는 이제 후퇴할 수가 없다. 그래서 집주인과 상의해서 허락을 받고, 그들은 사다리를 타고서 지붕에 올라가서 맷돌로 지붕을 깨뜨렸습니다. 온 집이 흔들리는 소리가 나고 먼지의 사태를 일으켰습니다. 그러나 지붕에 구멍을 뚫고 난 다음 이 사람을 줄에 달아서 예수님 앞에 내리니 성경은 말씀하시기를 예수님이 이 사람의 믿음을 보셨다고 말씀하셨습니다.

눈에 보이는 신앙을 가지고 나오면 주님은 그 눈에 보이는 신앙을 따라서 기적을 베풀어주시는 것입니다. 성경은 말씀하시기를 "네 믿음대로 될지어다"라고 말했는데 그 믿음이란 바로 눈에 보이는 믿음인 것입니다. 이 중풍병 환자는 예수님이 보시기에도 눈에 보이는 믿음을 가지고 있었습니다.

예수께서 이 사람을 보고 네 죄 사함을 받았다고 말하니까 거기에 앉아 있던 율법사나 서기관들이 속으로 불평을 말했습니다. "이 사람이 어찌 이렇게 말하는가 참람하도다 오직 하나님 한 분 외에는 누가 능히 죄를 사하겠느냐"고 말했습니다. 그러자 예수님이 그 생각을 아시고 곧장 말씀했습니다. "어찌하여 이것을 마음에 의논하느냐 중풍병자에게 네 죄 사함을 받았느니라 하는 말과 일어나 네 상을 가지고 걸어가라 하는 말이 어느 것이 쉽겠느냐 그러나 인자가 땅에서 죄를 사하는 권세가 있는 줄을 너희로 알게 하려 하노라 내가 네게 이르노니 일어나 네 상을 가지고 집으로 가라"고 하자, 이 사람은 즉시로 고침을 받고 침상에서 일어나서 저벅 저벅 걸어서 나가니까, 그렇게 안 비켜주던 길이 환하게 트여서 그는 뛰고 울며 감사하며 찬미하며 나아가게 된 것입니다. 이 사람이 들어올 때는 들것에 들려왔지만 그가 불 퇴진의 믿음으로 눈에 보이는 믿음을 갖자, 진리인 예수님에게 죄 사함을 받고 병 고침을 받고 나아갈 때는 자신의 발로 걸어서 나간 것입니다. 이렇게 행함이 있는 믿음으로 행동에 옮겨 예수님을 만나자, 그의 지옥이던 막힌 길이 환하게 트여지고 천국이 되고 말았던 것입니다. 예수님을 만나서 주인으로 모시면 지옥에서 천국으로 바뀌게 됩니다.

12장 성전에 대하여 바르게 알려주신 예수님

(요 2:13-25)"유대인의 유월절이 가까운지라 예수께서 예루살렘으로 올라가셨더니 (14) 성전 안에서 소와 양과 비둘기 파는 사람들과 돈 바꾸는 사람들이 앉아 있는 것을 보시고 (15) 노끈으로 채찍을 만드사 양이나 소를 다 성전에서 내쫓으시고 돈 바꾸는 사람들의 돈을 쏟으시며 상을 엎으시고 (16) 비둘기 파는 사람들에게 이르시되 이것을 여기서 가져가라 내 아버지의 집으로 장사하는 집을 만들지 말라 하시니 (17) 제자들이 성경 말씀에 주의 전을 사모하는 열심이 나를 삼키리라 한 것을 기억하더라 (18) 이에 유대인들이 대답하여 예수께 말하기를 네가 이런 일을 행하니 무슨 표적을 우리에게 보이겠느냐 (19) 예수께서 대답하여 이르시되 너희가 이 성전을 헐라 내가 사흘 동안에 일으키리라 (20) 유대인들이 이르되 이 성전은 사십육 년 동안에 지었거늘 네가 삼 일 동안에 일으키겠느냐 하더라 (21) 그러나 예수는 성전된 자기 육체를 가리켜 말씀하신 것이라 (22) 죽은 자 가운데서 살아나신 후에야 제자들이 이 말씀하신 것을 기억하고 성경과 예수께서 하신 말씀을 믿었더라 (23) 유월절에 예수께서 예루살렘에 계시니 많은 사람이 그의 행하시는 표적을 보고 그의 이름을 믿었으나 (24) 예수는 그의 몸을 그들에게 의탁하지 아니하셨으니 이는 친히 모든 사람을 아심이요 (25) 또 사람에 대하여 누구의 증언도 받으실 필요가 없었으니 이는 그가 친히 사람의 속에 있는 것을 아셨음이니라"

우리가 성령께서 깨닫게 하시는 말씀을 통하여 복음이 되신 예수님께 초점이 맞춰질 때 변화가 일어납니다. 오늘 말씀을 통하여 성전 되신 예수님을 영접하고 우리가 영광스럽고 강성해질 수 있기를 기도합니다. 크리스천들이 지금 천국을 만끽하지 못하는 것은 자신의 마음 안에 예수님이 주인 된 성전이 있다는 것을 인식하지 못하기 때문입니다. 하나님은 자신 안에 계시는데 보이는 성전에 관심을 집중하기 때문에 천국을 누리지 못하는 것입니다.

하나님은 손으로 지은 전에 계시지 않습니다(행17:24). 분명하게 교회는 건물이 아니고 사람이니 날마다 우리의 삶의 자리에 하나님과 동행함으로 우리 삶이 예배가 되고, 우리 삶의 자리가 교회가 되는 것입니다. 우리를 바꿔놓지 못하는 죽은 제물 죽은 제사는 이미 지나갔습니다. 우리는 예수 안에서 예수님과 함께 죽고, 예수님과 함께 부활함으로 우리의 몸이 주님의 몸 된 교회와 거룩한 성전이 되었습니다. 우리들이 가는 곳이 교회입니다. 가정이 교회이고 직장이 교회이고 일터가 교회입니다. 진짜 교회는 우리 안에 진리의 말씀과 성령으로 세우는 것입니다. 진짜 예배는 삶으로 드리는 예배입니다.

교회가 무엇이라고 생각하십니까? 쉽게 대답하실 것입니다. 교회는 주님의 몸입니다. 교회는 예수님을 주인으로 모신 성도들입니다. 그런데 정말로 주님의 몸이라고 생각하십니까? 하나님께서 이 땅에 세우신 기관이 둘이 있습니다. 하나는 가정이고 하나는 교회입니다. 그런데 이 둘은 다 하나님 나라를 '예표'합니다. 주님과 한 몸 되어 영원히 함께 사는 하나님 나라의 삶을 '예표'하는 것입니다. 그래서 어떤 목사님은 "가정은 작은 교회요, 교회는 큰 가정입니다"라고 말합니다. 맞는 말입니다. 둘 다 하나님 나라를 맛보고 누리며 그 나라를 소망하도록 만드신 것이기 때문입니다. 그래서 천국에는 가정도 교회도 없습니다.

오늘 한국교회는 교회가 사람이어야 하는데 그렇지 못하고 건물이 교회입니다. 그래서 교회를 '성전'이라고 하고, '제단'이라고 부르면서 크고 화려한 성전을 지어서 하나님 앞에 영광을 돌리자는 것이 구호입니다. 교회와 세상을 이분법적으로 구별해버렸습니다. 그래서 모든 것을 교회 안으로 끌어 모으는데 온 힘을 쏟습니다. 더 크고 더 화려한 건물을 짓는 것이 우상이 되고 목회 성공의 잣대가 되어버렸습니다. 그런데 세상 사람들은 우리를 개독이라고 조롱하고, 하나님의 이름과 영광을 땅에 떨어지고 짓밟히고 조롱당하고 있습니다. 하나님을 이야기하면 "하나님 좋아하고 있네!"라고 조롱합니다. 왜 그럴까요? 건물은 크고 화려한 데 하나님의 살아계신 역사가 나타나지 않습니다. 자기들하고 별로 다를 것이 없으니까요. 그래서 교회가 "모여라. 돈 내라. 집짓자."하는 곳으로 이해하며 조롱합니다.

하나님은 사람의 손으로 지은 건물에 계시지 않습니다(행 17:24). 인격이신 하나님이 물체와 교통할 수가 없기 때문입니다. 그래서 건물로 지어진 교회가 성전이 아니라, 자신 안에 성전에 하나님께서 주인으로 계시다는 의식을 가져야 합니다. 우리는 참 하나님과 자기의 하나님을 분명히 구별해야 하며 참 예수님과 거짓예수를 분별해나가야 합니다. 무엇이 성경적인 진리인지, 유사 진리인지 알아가야 하며, 무엇이 교회인지 무엇이 교회가 아닌지 분명히 알아야 합니다. 어떤 일이 하나님께 충성하는 일인지? 어떤 일이 인간에게 이용당하는 것인지? 알아야만 합니다. 우리는 거짓된 교회 개념에 세뇌 당한 채 묶여 있어서는 안 됩니다. 성경적인 교회 개념을 정확히 알게 될 때 비로소 걸어 다니는 성전의식을 가지고 천국을 만끽하며 하나님께 충성하고, 주의 뜻을 행하는 것이 무엇인지 분별할 수 있게 될 것입니다. 예수님께서 성전에 대하여 바르게 알려주십니다. 성전에 대하여 바르게 인식해야 지금 천국을 만끽하며 누릴 수가 있습니다. 성전의 개념이 잘못서면 천국의 개념이 흔들리게 됩니다. 천국은 지금 자신 안에 성전에 계시는 예수님을 통하여 나타나고 있습니다. 지금 천국을 만끽하며 누리다가 영원한 천국에 입성하시기를 바랍니다.

첫째, 예수님은 성전을 깨끗하게 하셨습니다. 요한복음 2장 13을 보십시오. "유대인의 유월절이 가까운지라 예수께서 예루살렘으로 올라가셨더니" 예수님은 유월절이 가까워서 예루살렘으로 올라가셨습니다. 유월절이 되면 이스라엘의 성인들은 예루살렘에 모여서 사랑의 공동체를 이루며 출애굽을 하게 하신 하나님을 기념합니다. 유월절에 이스라엘 백성들은 누룩없는 떡을 일주일간 먹으며 애굽에서 받던 고난을 생각합니다. 양을 잡아서 그 양고기를 먹으며 그 피는 문설주에 발라서 그들을 구원하기 위해서 양을 대신 희생시키신 하나님의 사랑을 생각합니다. 예수님이 이 유월절을 처음으로 맞이하셨습니다. 특히 예수님께 이 유월절은 새로운 의미가 있습니다. 예수님은 하나님이 보내신 유월절 어린 양으로 오셨기 때문입니다. 예수님은 인간을 죄와 사망의 애굽에서 구원하여 젖과 꿀이 흐르는 새 하늘과 새 땅으로 인도하시기 위해서 오셨습니다. 예수님은 이년 후 유월절 날에 유월절 어린 양이 되어 십자가에 못박혀 죽으실 것입니다. 예수님은 유월절을 맞이하여 이스라엘 백성에 대한 자신의 사랑이 더욱 넘치셨습니다. 그리고 하나님을 깊이 사랑하셨습니다.

요한복음 2장 14-15a절을 보십시오. "성전 안에서 소와 양과 비둘기파는 사람들과 돈 바꾸는 사람들의 앉은 것을 보시고 노끈으로 채찍을 만드사 양이나 소를 다 성전에서 내어 쫓으시고 돈 바꾸는 사람들의 돈을 쏟으시며 상을 엎으시고 비둘기파는 사람들에게 이르시되 이것을 여기서 가져가라" 예수님은 예루살렘에 올라가셔서 먼저 헤롯 궁으로 가지 않으셨습니다. 성전으로 가셨습니다. 예수님이 성전에 가셨을 때 성전 안에는 하나님께 제물을 드리기 위해서 소와 양과 비둘기를 팔고 있었습니다.

그리고 외국에서 오는 사람들을 위하여 돈을 바꾸고 있었습니다. 성전에서는 기도하는 소리, 말씀을 가르치는 소리는 들리지 않았습니다. 다만 장사꾼들이 손님을 끌기 위해서 외치는 소리. 돈 바꾸는 자들이 돈을 쏟는 소리만이 들려 왔습니다. 이들은 처음에 제사지내는 사람들의 편리를 위해서 성전에서 장사를 시작하였지만 본래의 목적은 사라지고 점점 자신의 유익을 추구하는

쪽으로 바뀌었습니다. 성전이 돈을 버는 시장 바닥처럼 되었습니다. 특히 성전의 장사꾼들은 성전에서 파는 제물로만 하나님께 제사를 드릴 수 있다는 것을 이용하여 폭리를 취하였습니다. 그리고 이익금의 얼마를 제사장들에게 상납하였습니다. 성전이 폭리를 취하여 다른 사람들의 돈을 빼앗는 강도의 굴혈처럼 되었습니다. 성전에 하나님은 안 계시고 돈만이 남게 되었습니다.

예수님을 이를 볼 때 분노가 일어났습니다. 예수님은 노끈으로 채찍을 만드셔서 양이나 소를 성전에서 내어 쫓으셨습니다. 사람들의 돈을 쏟으시며 상을 엎으셨습니다. 비둘기파는 자들에게는 이것을 가져가라고 하였습니다. 짐승을 내어 쫓고 돈을 엎으신 것은 이것을 다시 장사꾼들이 가져 갈 수 있기 때문입니다. 하지만 비둘기를 날리면 다시 잡기 어려우므로 이것은 가져가라고 하셨습니다. 예수님은 분노하셨지만 그러나 온유하게 분노하셨습니다. 예수님이 이렇게 분노하신 이유는 무엇입니까?

요한복음 2장 16b,17절을 보십시오. "내 아버지의 집으로 장사하는 집을 만들지 말라 하시니 제자들이 성경 말씀에 주의 전을 사모하는 열심이 나를 삼키리라 한 것을 기억하더라" 예수님은 아버지의 집을 장사하는 집을 만들지 말라고 하셨습니다. 하나님의 집은 하나님의 거하시는 집입니다. 하나님이 임재하여 말씀하시는 집이고 하나님의 음성을 듣는 집입니다. 그 집을 장사하는 집을 만들어서는 안 됩니다. 약자의 돈을 갈취하는 강도의 집을 만들어서는 안 됩니다.

예수님은 이 강도들을 쫓아내면 목숨이 위태로울 수도 있습니다. 강도들이 칼을 가지고 덤빌 수도 있습니다. 이 강도들은 당시의 막강한 권력을 가진 종교지도자들입니다. 이들과 싸우는 것은 위험한 일입니다. 이들은 예수님을 사형에 처할 수도 있습니다. 그래도 예수님은 목숨을 걸고 이들과 싸우셨습니다. 왜냐면 하나님을 사랑하였고 하나님의 집을 사랑하였기 때문입니다.

우리가 사랑하면 어떤 모습으로 나타납니까? 우리가 사랑하는 사람이 모욕을 받을 때 분노합니다. 사랑하는 사람의 집이나 재산을 강도가 빼앗아 가면 분노합니다. 우리는 아버지를 모욕하는 자가 있으면 물불을 가리지 않고 싸웁니다. 우리가 아버지의 집을 빼앗고 들어온 자가 있다면 목숨을 걸고 싸우게 됩니다. 사랑하는 사람을 빼앗아가는 데도 자신의 처지를 생각하고 분노하지 않는다면 진실한 사랑이 아닙니다. 예수님은 하나님을 사랑하셨기 때문에 하나님의 집을 빼앗은 자들에 대해서 분노하셨습니다. 예수님은 이들에게 분노하면 이 일이 빌미가 되어서 십자가에 죽으실 것을 아셨습니다. 그러나 예수님은 이 일을 하셨습니다. 이는 자신의 생명보다 하나님을 더욱 사랑하셨기 때문입니다.

둘째, 예수님은 자신이 성전이라는 것을 알게 하십니다. 요한복음 2장 18절을 보십시오. "이에 유대인들이 대답하여 예수께 말하기를 네가 이런 일을 행하니 무슨 표적을 우리에게 보이겠느뇨? 예수께서 대답하여 가라사대 너희가 이 성전을 헐라 내가 사흘 동안에 일으키리라" 유대인들은 예수님이 이런 일을 행하니 무슨 권세로 하는 가 의문을 가졌습니다. 예수님이 하나님을 아버지라고 하시니 예수님은 하나님의 아들이요. 메시야라는 말입니다. 예수님이 하나님이 약속한 메시야라면 메시야로서 표적을 보여 달라고 하였습니다. 예수님은 이들에게 성전을 헐면 사흘 만에 다시 세우겠다고 하셨습니다.

요한복음 2장 20-22절을 보십시오. "유대인들이 가로되 이 성전은 사십 육 년 동안에 지었거늘 네가 삼일 동안에 일으키겠느뇨 하더라. 그러나 예수는 성전 된 자기 육체를 가리켜 말씀하신 것이라 죽은 자 가운데서 살아나신 후에야 제자들이 이 말씀하신 것을 기억하고 성경과 및 예수의 하신 말씀을 믿었더라." 사람들은 의아했습니다. 예수님이 사십 육 년 동안 지은 집을 사흘 동안에 일으키겠다고 하니 믿을 수 없었습니다. 그러나 사실은 예수님께서는 자신의 육체를 말씀하신 것입니다. 예수님이 성전을 헐라고 하신 것은 예수님을 십자가에 못박아 죽이라는 것입니다. 그러면 예수님께서 사흘만에 다시 부활하여 성전이 되신다는 말씀입니다.

예수님이 성전이 되신다는 것은 무슨 의미가 있습니까? 성전이 하는 기능을 예수님이 대신 한다는 말씀입니다. 성전은 하나님이 임재하시는 곳입니다. 우리가 기도하고 말씀을 듣는 곳입니다. 죄사함을 받는 곳입니다. 하나님과 인간이 만나는 곳입니다. 우리가 하나님을 만나고 죄사함을 받으려면 예루살렘 성전으로 가야합니다. 그러나 이제 예수님이 성전이 되심으로 변화되었습니다. 예수님을 믿음으로 우리는 언제 어디서나 성전에서 누리던 특권을 다 누릴 수 있습니다. 우리는 예수님을 통하여 하나님께 나아갈 수 있습니다. 예수님이 자신 안에 성전에 계심으로 어디에서든지 자신 안 성전에 주인으로 계시는 예수님께 예수님의 이름으로 기도하면 하나님이 우리의 기도를 들으십니다. 요한복음 14장 14절에서 말씀하십니다. "내 이름으로 무엇이든지 내게 구하면 내가 시행하리라"

성전에서 제사를 드리고 죄사함을 받듯이 우리가 예수그리스도의 이름으로 죄사함을 받을 수 있습니다. 과거 성전에서는 매번 양이나 염소를 제사를 드려서 죄사함을 받았지만 이제는 예수님이 단 한 번에 십자가에서 피흘려 돌아가심으로 우리의 모든 죄를 영원히 사하여 주셨습니다. 제사장들이 성전에서 하나님의 음성을 듣듯이 우리는 예수님을 통하여 자신 안에 성전에 계시는 하나님께 음성을 들을 수 있습니다. 성전에서는 안식일법이나 금식법의 지배를 받지 않고 자유합니다. 우리는 성전 되신 예수님 안에서 참 자유를 누릴 수 있습니다.

예수님은 성전이 되십니다. 뿐만 아니라 예수님은 부활하여 우리의 몸에 들어오심으로 우리를 성전 삼으셨습니다. 고린도전서 3장 16절은 말씀하십니다. "너희가 하나님의 성전인 것과 하나님의 성령이 너희 안에 거하시는 것을 알지 못하느뇨" 이런 놀라운 일이 있습니까? 육체를 입은 추하고 더러운 우리의 몸에 하나님이 들어오셨습니다. 이것은 성육신의 크신 은혜입니다. 이로 인하여 하나님의 이름이 욕됨을 얻을 수도 있고 하나님의 권위가 떨어질 수도 있습니다. 그러나 하나님은 친히 우리의 몸을 성전 삼으셨습니다. 참으로 이는 큰 하나님의 은혜입니다. 우리 몸이 성전이 됨으로서 어떤 변화가 일어날까요? 첫째로 우리가 천국 인이 됩니다. 예수님이 천국의 주인이십니다. 천국의 주인인 예수님이 자신 안 성전에 주인으로 계시니 지금 천국을 만끽하며 누릴 수가 있습니다.

둘째로 우리 몸이 존귀한 몸이 됩니다. 우리 몸은 집입니다. 집에 누가 사느냐에 따라서 집의 가치는 달라집니다. 우리 몸에 강도가 살면 강도의 집이 됩니다. 집에 소가 살면 외양간이 됩니다. 그러나 집에 임금이 살면 궁전이 됩니다. 하나님이 살면 성전이 됩니다. 존귀하신 하나님이 사시기 때문에 우리 집은 무엇보다 존귀한 집이 됩니다. 하나님의 형상을 가진 심히 기쁜 존재가 됩니다. 그러나 하나님을 떠나면 하나님이 근심하시고 슬퍼하는 존재가 됩니다. 무가치하고 무의한 존재가 됩니다.

셋째로 하나님이 살면 망하지 않습니다. 당시 성전에는 하나님이 거하시지 않았습니다. 그래서 돌 하나도 돌 위에 남지 않고 다 황폐케 될 것이라고 말씀하셨습니다. 예수님은 성전이 황폐케 될 것을 아시고 눈물을 흘리셨습니다. 그리고 이는 AD70년에 디도 장군이 예루살렘에 침범하여 성전 밑에 보석이 숨겨졌다는 소문을 듣고 금을 찾으려고 돌을 뒤집는 바람에 그대로 성취되었습니다. 그러나 그 성전에 하나님을 모시고 하나님을 높였을 때 하나님의 영광이 나타났습니다. 솔로몬이 성전을 봉헌할 때 성전에는 빽빽한 구름이 임하고 하나님의 영광이 임하였습니다. 솔로몬 당시 이스라엘은 가정 번성한 강대국이 되었습니다.

우리 인간도 마찬가지입니다. 우리 몸에 하나님이 떠나고 돈이 거하고 정욕이 거하면 망하게 됩니다. 철저히 심판하십니다. 그러나 우리 마음속에 예수 그리스도가 거하고 하나님이 거하시면 번성하고 강성하고 왕성해집니다. 영광이 영원해집니다. 고린도후서 "우리가 다 수건을 벗은 얼굴로 거울을 보는 것 같이 주의 영광을 보매 저와 같은 형상으로 화하여 영광으로 영광에 이르니 곧 주의 영으로 말미암음이니라" 우리 안에 성령님이 거하시면 우리는 점점 영광스러운 몸으로 변화하게 될 것입니다.

넷째로 우리 몸으로 하나님께 영광을 돌려야합니다. 우리 몸은 성전이므로 거룩하게 해야 합니다. 성령의 지배와 장악이 되어 날마다 성전을 정화해야 합니다. 정욕과 폭력이 있어서는 안 됩니다. 성전 안에서 음란한 동영상을 본다면 어떻게 되겠습니까? 성전 안에서 술을 먹거나 성전 안에서 담배를 피워서는 안 됩니다. 마찬가지로 우리 몸을 거룩하게 해야 합니다. 성전 된 우리 몸을 생명의 말씀과 성령으로 자주 씻어서 깨끗하게 해야 합니다. 우리는 보고 듣는 것을 삼가야 합니다. 우리는 거룩한 말씀을 보고 은혜로운 찬양을 듣는데 힘을 써야 합니다. 깨끗하고 순결한 것을 생각해야 합니다.

셋째, 우리는 표적신앙을 가져서는 안 됩니다. 요한복음 2장 23-25절을 보십시오. "유월절에 예수께서 예루살렘에 계시니 많은 사람이 그 행하시는 표적을 보고 그 이름을 믿었으나 예수는 그 몸을 저희에게 의탁지 아니하셨으니 이는 친히 모든 사람을 아심이요, 또 친히 사람의 속에 있는 것을 아시므로 사람에 대하여 아무의 증거도 받으실 필요가 없음이니라" 많은 사람들이 예수님이 행하시는 표적을 보고 예수님을 믿었습니다. 그러나 예수님은 그 몸을 그들에게 맡기지 않으셨습니다. 이는 모든 사람을 아시고 그들의 속에 있는 것을 아시기 때문입니다. 그들이 얼마나 쉽게 변할 것인가 아셨기 때문입니다. 그들이 지금은 예수님을 믿고 찬양하지만 이들이 변하여 예수님을 십자가에 못 박을 것을 아셨기 때문입니다. 예수님은 표적신앙을 원치 않으십니다. 예수님이 원하시는 믿음은 무엇입니까?

첫째로 예수님은 십자가와 부활에 기초하여 믿기를 원하십니다. 예수님은 표적을 구하는 바리새인들에게 요나의 표적밖에는 보일 표적이 없다고 하셨습니다. 요나의 표적이란 요나가 삼일동안 물고기 뱃속에 들어갔다가 나왔듯이 예수님도 삼일동안 무덤에 묻혔다가 부활하신다는 것입니다. 십자가에 죽으시고 부활하신 예수님은 그리스도로서 필요 충분한 표적이 되십니다. 그 외에 다른 표적은 없습니다.

우리는 때로 살아가면서 일이 잘 풀리지 않을 때가 있습니다. 역풍이 불어올 때가 있습니다. 하나님이 나와 함께 하지 않는 것처럼 느껴질 때도 있습니다. 하나님이 함께 하시는 아무런 표적이 나타나지 않는 것처럼 보일 때도 있습니다. 모든 일이 부정적으로 흘러가는 것처럼 보일 때도 있습니다. 그러나 우리가 이런 때도 하나님을 절대적으로 신뢰할 수 있는 것은 우리를 위해서 죽으시고 부활하신 그리스도가 계시기 때문입니다. 우리는 예수님 안에서 하나님의 사랑을 절대적으로 신뢰할 수 있습니다. 우리는 예수님 안에서 하나님의 능력을 절대적으로 신뢰할 수 있습니다.

둘째로 예수님은 말씀에 기초하여 예수님을 믿기를 원하십니다. 요한복음 2장 22절에 보면 제자들은 하나님의 말씀을 기억하고 믿었다고 나옵니다. 우리는 말씀에 기초하여 하나님을 믿어야 합니다. 아브라함도 언약의 말씀에 기초하여 하나님을 믿었습니다. 하나님의 말씀은 불변의 말씀입니다. 예수님의 말씀에 기초할 때 우리의 믿음은 흔들리지 않습니다.

오늘 말씀을 통하여 우리가 반드시 잊지 말아야 할 가지는 무엇입니까? 바로 나의 몸이 성전이라는 것입니다. 우리가 성전에 돈이나 음란한 것으로 채우지 않고 예수 그리스도 한 분이 거하게 할 때 하나님을 우리를 점점 번성하고 강성하게 하실 줄을 믿습니다. 우리를 영광스럽게 하실 줄을 믿습니다. 우리를 가장 존귀한 존재로 삼으실 줄을 믿습니다.

자신 안 성전에 예수님께서 주인으로 계시면서 존귀한 자가 되도록 하시는 것입니다. 필자는 항상 이렇게 외칩니다. "나는 위대하고 특별한 사람이다." 왜냐하면 하나님께서 내 안에 주인으로 성전삼고 함께하고 계시기 때문입니다. 말한 대로 이루어집니다. 자신은 예수님을 믿을 때 죽었습니다. 이제 예수님이 주인이십니다. 예수님이 주인이시기 때문에 자신은 지금 천국의 삶을 살고 있는 것입니다. 걸어 다니는 성전으로 천국으로 사는 것입니다. 긍지와 자부심을 가지고 살아야 주인이신 예수님이 기뻐하십니다.

13장 종말에 대하여 바르게 알려주신 예수님

(마 24:3-24) "예수께서 감람 산 위에 앉으셨을 때에 제자들이 조용히 와서 이르되 우리에게 이르소서 어느 때에 이런 일이 있겠사오며 또 주의 임하심과 세상 끝에는 무슨 징조가 있사오리이까? (4) 예수께서 대답하여 이르시되 너희가 사람의 미혹을 받지 않도록 주의하라. (5) 많은 사람이 내 이름으로 와서 이르되 나는 그리스도라 하여 많은 사람을 미혹하리라. (6) 난리와 난리 소문을 듣겠으나 너희는 삼가 두려워하지 말라 이런 일이 있어야 하되 아직 끝은 아니니라. (7) 민족이 민족을, 나라가 나라를 대적하여 일어나겠고 곳곳에 기근과 지진이 있으리니 (8) 이 모든 것은 재난의 시작이니라. (9) 그 때에 사람들이 너희를 환난에 넘겨주겠으며 너희를 죽이리니 너희가 내 이름 때문에 모든 민족에게 미움을 받으리라. (10) 그 때에 많은 사람이 실족하게 되어 서로 잡아 주고 서로 미워하겠으며 (11) 거짓 선지자가 많이 일어나 많은 사람을 미혹하겠으며 (12) 불법이 성하므로 많은 사람의 사랑이 식어지리라 (13) 그러나 끝까지 견디는 자는 구원을 얻으리라. (14) 이 천국 복음이 모든 민족에게 증언되기 위하여 온 세상에 전파되리니 그제야 끝이 오리라. (15) 그러므로 너희가 선지자 다니엘이 말한바 멸망의 가증한 것이 거룩한 곳에 선 것을 보거든 (읽는 자

는 깨달을진저) (16) 그 때에 유대에 있는 자들은 산으로 도망할지어다. (17) 지붕 위에 있는 자는 집 안에 있는 물건을 가지러 내려가지 말며 (18) 밭에 있는 자는 겉옷을 가지러 뒤로 돌이키지 말지어다. (19) 그 날에는 아이 밴 자들과 젖 먹이는 자들에게 화가 있으리로다. (20) 너희가 도망하는 일이 겨울에나 안식일에 되지 않도록 기도하라. (21) 이는 그 때에 큰 환난이 있겠음이라 창세로부터 지금까지 이런 환난이 없었고 후에도 없으리라. (22) 그 날들을 감하지 아니하면 모든 육체가 구원을 얻지 못할 것이나 그러나 택하신 자들을 위하여 그 날들을 감하시리라. (23) 그 때에 사람이 너희에게 말하되 보라 그리스도가 여기 있다 혹은 저기 있다 하여도 믿지 말라. (24) 거짓 그리스도들과 거짓 선지자들이 일어나 큰 표적과 기사를 보여 할 수만 있으면 택하신 자들도 미혹하리라"

예수님은 종말에 대한 말씀을 이어가십니다. 복음서마다 약간의 차이는 있지만, 여기에서 소개되는 것은 종말의 때에 앞선 표징들입니다. 그것을 정리해 보면 다음과 같습니다. 전쟁의 소문과 전쟁, 지진, 기근, 박해, 황폐화, 거짓 그리스도와 예언자들의 출현 그리고 하늘의 표징입니다.

복음서의 이런 표현으로 인해 세계대전과 같은 큰 전쟁이 일어나거나 큰 지진이나 기근 등이 생길 때마다 사람들은 종말의 표징으로 생각하기도 했습니다. 마치 예수님의 말씀이 종말을 미리 알려주는 예언처럼 받아들여졌습니다. 하지만 종말 이전에 일어날 이런 표징들 외에 또 한 가지 염두에 둘 것은 종말에 대한 다른 표현입니다. "그러나 그 날과 시간은 아무도 모른다. 하늘의 천사들도 아들도 모르고 아버지만 아신다. 너희는 조심하고 깨어 지켜라. 그때가 언제 올지 너희가 모르기 때문이다." "이 천국 복음이 모든 민족에게 증언되기 위하여 온 세상에 전파되리니 그제야 끝이 오리라(마24:14)"

종말에 대한 예수님의 말씀은 그때가 언제인지 모른다는 것에 있으며 항상 깨어있으라, 복음이 온 세상에 전파되면 그제야 끝이 온다는 당부로 끝납니다. 예수님의 말씀에서 강조되는 것은 종말을 예견할 수 있다는 것이 아니라 늘 준비하고 있으라는 점입니다. 마태복음만이 전하는 열 처녀의 비유 역시 이러한 맥락과 함께합니다(마태 25:1-13). 신랑을 기다리는 처녀들의 비유는 종말의 날과 시간을 아는 것보다 준비하고 있는 자세가 더 중요함을 일깨워줍니다. "깨어 있어라. 너희가 그 날과 그 시간을 모르기 때문이다."

종말에 앞서 일어날 재앙들은 사람들에게 두려움을 느끼게 할 수 있습니다. 그래서 적지 않은 사람들이 종말을 예견하는 이들의 말에 관심을 갖고, 심지어 그들의 잘못된 가르침을 따르기도 합니다. 비록 성경에서 종말을 묘사할 때 두려움을 줄 수 있는 표현들을 사용하지만, 그 안에 담긴 가르침은 이러한 일들이 일어나더라도 동요하거나 두려워하지 말라는 것입니다. 종말은 올 것입니다. 하지만 그것이 신앙인들에게 두려운 것만은 분명 아닙니다. 우리의 믿음은 이 종말을 통해 새로운 세상에서 영원한 생명을 누릴 것을 기다리는 것이기 때문입니다. 우리에게 종말을 위해 필요한 자세는 깨어있는 것입니다. "내가 너희에게 하는 이 말은 모든 사람에게 하는 말이다. 깨어있어라."

하나님의 자녀로서 우리는 언제 종말이 임하는가에 신경을 쓰고 살 것이 아니라, 종말이 임하고 있음을 알고, 이 종말의 때에 우리가 살아야 할 바대로 제대로 잘 사는 데 더 힘을 기울여야 하는 것입니다. 예수님께 소망을 두고 믿음생활을 해야 합니다. 그래서 예수님께서는 종말의 때에 어떠한 일들이 벌어질지에 대하여 말씀해 주시면서 그러한 상황에서 하나님의 자녀들이 어떻게 해야 하는지에 대하여 주안점을 두고 말씀하셨습니다.

예수님의 종말에 대한 오늘 본문의 말씀은 1차적으로는 AD 70년에 예루살렘이 로마에 의하여 멸망할 것에 대한 예언이었습니다. 하지만 이것은 2차적으로는 종말의 때에 세상이 하나님의 심판을 받아 멸망할 것에 대한 예언이기도 합니다. 따라서 오늘 본문에서 예수님께서 가르쳐주시는 말씀은 지금 종말의 때를 살고 있는 우리에게 그대로 적용되는 말씀입니다.

첫째, 예수님께서는 종말의 때에는 미혹케 하는 자들이 많이 나타날 것이라고 말씀하셨습니다. 마태복음 24장 5절 말씀대로 종말의 때에는 사람들이 자칭 그리스도라 하며 미혹하는 일들이 많이 나타날 것입니다. 마태복음 24장 6절과 11절대로 난리와 난리 소문과 그에 대한 사람들의 두려움을 이용하여 사람들을 미혹하는 거짓 선지자들도 많이 나타날 것입니다.

마 24장 24절 말씀대로 거짓 그리스도들과 거짓 선지자들이 일어나 큰 표적과 기사를 보이어 할 수만 있으면 택하신 자들도 미혹하게 할 것입니다. 이에 대하여 예수님께서는 4절대로 사람의 미혹을 받지 않도록 주의하라고 당부하셨습니다. 마태복음 24장 23절에서도 "그 때에 사람이 너희에게 말하되 보라 그리스도가 여기 있다 혹 저기 있다 하여도 믿지 말라." 말씀하셨고, 마태복음 24장 26절에서 또 한 번 더 "사람들이 너희에게 말하되 보라 그리스도가 광야에 있다 하여도 나가지 말고 보라 골방에 있다 하여도 믿지 말라." 말씀하셨습니다.

종말의 때에 사람의 미혹을 받게 되는 요인은 예수님의 제자들도 그러했듯이 종말이 언제 임할지를 알고 싶어 하고, 그래서 종말에 나타나는 징조를 알고 싶어 하는 데 있습니다. 예수님의 제자들도 조용히 예수님께 다가와서 비밀스런 대답을 듣기 원했던 것처럼 하나님께서 숨겨 놓으신 비밀을 알고 싶어 하는 지나친 호기심이 미혹에 넘어가게 만드는 요인이 되는 것입니다.

그래서 살후 2장 1-3절(상)에서 사도 바울도 "형제들아 우리가 너희에게 구하는 것은 우리 주 예수 그리스도의 강림하심과 우리가 그 앞에 모임에 관하여 혹 영으로나, 혹 말로나, 혹 우리에게서 받았다 하는 편지로나 주의 날이 이르렀다고 쉬 동심하거나 두려워하거나 하지 아니할 그것이라. 누가 아무렇게 하여도 너희가 미혹하지 말라." 권면하였습니다.

오늘날 종말의 때에 우리는 예수님의 경고를 받아 들여 거짓 선지자들과 거짓 그리스도들의 미혹을 받지 않도록 주의해야만 합니다. 하나님께서 우리에게 주신 유일한 말씀이신 성경에 근거하여 올바르게 판단하고 성경에서 벗어난 가르침에 유혹 받아 넘어가지 않도록 주의해야만 합니다. 사람의 말을 듣고 당황하지 말고 자신 안 성전에 주인으로 계시는 하나님께 집중하라는 것입니다.

둘째, 예수님께서는 종말의 때에는 각종 재난이 일어나게 될 것이라고 말씀하셨습니다. 마24장 6-8절대로 종말의 때에는 난리가 일어나고 난리 소문이 들리며, 민족이 민족을, 나라가 나라를 대적하여 일어나는 전쟁이 곳곳에서 일어나며, 처처에 기근과 지진이 있는 등 각종 재난이 있게 될 것입니다. 이에 대하여 예수님께서는 마태복음 24장 6절대로 삼가 두려워 말라고 당부하셨습니다. 자신 안에 계신 예수님만 바라보며 소망을 가지라는 것입니다. 어차피 이 세상은 심판 받아 없어질 것입니다. 따라서 종말이 가까울수록 더욱 흔들려서 무너지게 되는 것은 당연한 일인 것입니다. 즉, 마태복음 24장 6절대로 이런 일이 있어야 하는 것입니다.

하지만 마태복음 24장 6절대로 끝은 아직 아닙니다. 때가 되기 전에는 종말이 임하지 않을 것입니다. 다만 마태복음 24장 8절대로 재난이 시작된 것일 뿐입니다. 종말의 때가 될 때까지 재난은 더욱 심해질 것입니다. 마지막에는 벧후 3장 10절 말씀대로 마침내 하늘이 큰 소리로 떠나가고 체질이 뜨거운 불에 풀어지게 될 것입니다. 우리는 이 세상에 속한 자가 아니라 저 하늘나라에 속한 자입니다. 따라서 흔들려서 무너지고 말 이 세상에 마음을 둘 것이 아닙니다. 이 세상에 임하는 재난으로 인하여 두려움에 떨 것이 아닙니다. 오히려 그럴수록 자신 안에 주인으로 계시는 예수님께 집중하면서 저 하늘나라를 바라보고 하늘나라의 소망 가운데 살아가기를 힘써야 할 것입니다. 예수님만 바라보고 요지부동하지 않는 믿음이 되어야 합니다.

셋째, 예수님께서는 종말의 때에는 하나님의 자녀들에 대한 대대적인 핍박이 있을 것이라고 말씀하셨습니다. 마태복음 24장 9절대로 종말의 때에는 사람들이 하나님의 자녀들을 환난에 넘겨줄 것이며, 하나님의 자녀들을 죽일 것입니다. 하나님의 자녀들은 하나님의 이름을 위하여 모든 민족에게 미움을 받을 것입니다. 예수님께서도 우리를 구원하시기 위하여 십자가에 못박혀 죽으셨습니다. 그러므로 우리 또한 고난을 받는 것은 당연한 일입니다. 요일 3장 12-13에서는 가인이 아벨을 죽인 것을 예로 들면서 세상이 하나님의 자녀들을 미워하는 것을 이상히 여기지 말라고 말씀하셨습니다. 벧전 4장 12-14에서는 "사랑하는 자들아 너희를 시련하려고 오는 불 시험을 이상한 일 당하는 것같이 이상히 여기지 말고 오직 너희가 그리스도의 고난에 참예하는 것으로 즐거워하라. 이는 그의 영광을 나타내실 때에 너희로 즐거워하고 기뻐하게 하려함이라. 너희가 그리스도의 이름으로 욕을 받으면 복 있는 자로다. 영광의 영 곧 하나님의 영이 너희 위에 계심이라." 말씀하셨습니다. 그러므로 이 세상에서 당하는 환난과 핍박에 굴하지 않고 신앙을 더욱 굳게 지키며 흔들림 없이 하나님의 길을 더욱 힘차게 달려 나가야 할 것입니다.

넷째, 예수님께서는 종말의 때에는 배교하는 일들이 많을 것이라고 말씀하셨습니다. 마태복음 24장 10절대로 종말의 때에는 많은 사람이 시험에 빠져 믿음에서 떨어져나가 배교하게 될 것입니다. 그래서 교제를 나누었던 형제자매들을 서로 잡아 주고 서로 미워하는 일들이 일어나게 될 것입니다.

씨 뿌리는 비유에서도 나타나 있듯이 돌밭에 뿌려진 씨나 가시떨기에 뿌려진 씨는 끝까지 견디어 열매를 맺을 수가 없습니다. 고난을 당하고 유혹을 받게 되면 결국 믿음에서 떨어져나가 배교하게 되는 것입니다. 이는 하나님의 섭리에 의한 것이기도 하다. 쭉정이를 골라내고 알곡만 모으기 위하여 곡식을 키질하듯이 고난과 유혹 속에서 가짜 믿음을 가진 자들을 골라내고 진짜 믿음을 가진 하나님의 자녀들을 모으시기 위한 과정입니다. 따라서 고난과 유혹에도 흔들리지 않아야 합니다. 어떠한 상황에서도 믿음을 지켜야 합니다.

다섯째, 예수님께서는 종말의 때에는 불법이 성행할 것이라고 말씀하셨습니다. 마태복음 24장 12절대로 종말의 때에는 불법이 성하므로 많은 사람의 사랑이 식어질 것입니다. 불법이 성하는 것 자체가 종말이 다가오고 있다는 증거가 된다. 왜냐하면 이 세상은 하나님께 죄를 범하여 하나님으로부터 멀어진 죄악 된 세상이기 때문에 점점 더 죄악이 심해질 수밖에 없고 그 정도가 최고조에 달하여 하나님께서 도저히 참아, 보실 수 없게 되었을 때 마지막 심판이 임하게 되기 때문입니다.

따라서 종말의 때에는 이 세상에 불법, 즉 죄악이 점점 더 성행하게 될 것입니다. 불법이 성하게 된 결과는 사랑이 식어지는 것입니다. 하나님의 계명은 하나님을 사랑하고, 이웃을 사랑하는 것인데, 이 사랑이 식어지는 것입니다. 종말의 때에는 많은 사람들이 하나님을 사랑하지 않게 될 뿐만 아니라 서로 간에도 사랑하지 않게 되는 것입니다.

종합하면 종말의 때에는 미혹과 각종 재난과 핍박과 배교와 불법이 점점 더 심해지게 될 것입니다. 이러한 종말의 상황은 하나님의 자녀들에게 있어서 믿음을 지키기에 조건이 더욱 악화됨을 의미합니다. 그런데 예수님께서는 마태복음 24장 13절대로 "그러나 끝까지 견디는 자는 구원을 얻으리라." 말씀하셨습니다. 악조건 하에서도 종말이 임하는 그 날까지 믿음을 굳게 지켜 견뎌내야 한다는 말씀입니다. 그러면 구원을 얻게 될 것이라는 말씀입니다.

우리가 할 일은 종말의 때가 언제인지는 오직 하나님께 다 맡기고 하나님만 굳게 붙들고 의지하며 믿음을 더욱 굳게 지키는 것입니다. 그럼 하나님께서 지켜주실 것입니다. 알곡은 계속되는 키질에도 끝까지 남아 있게 될 것입니다. 하나님께서는 알곡 한 알도 놓치는 일이 없으시기 때문입니다. 요 6장 38-39절에서 예수님께서는 "내가 하늘로서 내려온 것은 내 뜻을 행하려 함이 아니요 나를 보내신 이의 뜻을 행하려 함이니라. 나를 보내신 이의 뜻은 내게 주신 자 중에 내가 하나도 잃어버리지 아니하고 마지막 날에 다시 살리는 이것이니라." 말씀하셨습니다.

벧전 1장 5-7절대로 우리는 말세에 나타내기로 예비하신 구원을 얻기 위하여 믿음으로 말미암아 하나님의 능력으로 보호하심을 입었습니다. 그러므로 우리가 이제 여러 가지 시험을 인하여 잠간 근심하게 되지 않을 수 없으나 오히려 크게 기뻐할 수 있습니다. 우리 믿음의 시련이 불로 연단하여도 없어질 금보다 더 귀하여 예수 그리스도의 나타나실 때에 칭찬과 영광과 존귀를 얻게 되기 때문입니다.

그러므로 종말의 때에 마지막에 우리가 받게 될 칭찬과 영광과 존귀를 바라보고 소망 가운데 인내함으로 믿음을 굳게 지키고 끝까지 견뎌야 할 것입니다. 덧붙여 마태복음 24장 14절에서 예수님께서는 "이 천국 복음이 모든 민족에게 증거 되기 위하여 온 세상에 전파되리니 그제야 끝이 오리라." 말씀하셨습니다.

이 말씀은 앞 구절들을 행1장 7절과 연관 지으면 행 1장 8절과 연관되는 말씀이라고 할 수 있습니다. 종말의 때에 어떠한 미혹과 각종 재난과 핍박과 배교와 불법이 성행한다 할지라도, 그래서 악조건이 된다 할지라도 하나님의 자녀는 오로지 성령의 권능으로 땅 끝까지 이르러 모든 민족에게 복음이 증거 되도록 복음 전도자의 사명을 다 하는 데만 힘써야 한다는 말씀입니다.

이것이 바로 종말의 때에 하나님의 자녀들이 살아가야 하는 방식입니다. 사단의 방해에도 불구하고 복음은 땅 끝까지 전파될 것입니다. 하나님의 택하신 백성들은 구원을 받을 것입니다. 하나님께서는 택하신 백성이라면 하나도 잃어버리지 않으실 것입니다. 우리는 이 세상에서, 이 종말의 때에, 이 악조건 하에서도 우리에게 맡겨진 복음 전도의 사명을 다 하기 위하여 힘써야 합니다.

복음 전도, 이것을 위하여 우리는 종말의 때에 깨어 근신하여 믿음을 지켜야 합니다. 미혹에 넘어가지 말아야 하고, 각종 재난에도 두려워하지 말아야 하고, 핍박에도 굴하지 말아야 하고, 배교하지 말아야 하고, 불법에 빠져서는 안 됩니다. 성령의 지배와 장악된 가운데 성령의 인도를 받으며 복음을 들고 세상 끝 날까지 전하는 일에 힘써야 합니다. 그렇게 하여 하나님께서 계획하신 대로 하나님의 택하신 백성들이 모두 구원을 받게 된 후에, 하나님의 뜻이 이루어진 후에 비로소 그때에야 종말이 임하게 될 것입니다.

마태복음 24장 19절에 "그 날에는 아이 밴 자들과 젖 먹이는 자들에게 화가 있으리로다" 하셨습니다. 아이 밴 자들은 누구를 말할 까요? 필자가 성령으로 깨달은 바는 내면이 성령으로 정화되지 않아서 육체에 속한 그리스도인을 말한다고 생각합니다. 즉 예수님으로 하나가 되지 못하여 세상신이 여전하게 영향을 끼치는 자들을 말한다고 생각합니다. 이들은 보이지 않는 하나님의 역사를 보지 못하고, 환란이나 기근이나 지진 등 눈에 보이는 환경을 보고 놀라기 때문에 화가 있다고 말씀하시는 것입니다.

젖 먹이는 자들이란 누구를 말할 까요? 먼저 말씀을 전하는 목회자입니다. 성령으로 깨달은 성령께서 알려주는 말씀을 전하지 못하고 머리로 지식으로 율법으로 전하는 목사들을 말합니다. 그리고 젖을 받아먹으며 신앙 생활하는 크리스천을 말하는 것입니다. 그러므로 성경을 성령으로 깊이 깨닫게 해야 하는 이유가 여기에 있는 것입니다. 하나님은 히브리서 5장 12-14절에 "때가 오래 되었으므로 너희가 마땅히 선생이 되었을 터인데 너희가 다시 하나님의 말씀의 초보에 대하여 누구에게 가르침을 받아야 할 처지이니 단단한 음식은 못 먹고 젖이나 먹어야 할 자가 되었도다. 이는 젖을 먹는 자마다 어린 아이니 의의 말씀을 경험하지 못한 자요 단단한 음식은 장성한 자의 것이니 그들은 지각을 사용함으로 연단을 받아 선악을 분별하는 자들이니라." 하신 말씀을 성령으로 깨달아야 할 것입니다.

그러므로 다시 말하지만 우리는 종말의 때를 살면서 종말이 언제인지에 대해서는 신경 쓸 필요 없이 이 세상에서 힘들고 어렵더라도 하나님의 은혜 안에서 끝까지 견디며 우리의 생명이 주어지는 그 순간까지 한 영혼이라도 더 구원을 받아 하나님의 뜻이 이루어지도록 힘을 다하여 복음을 전하는 데 힘쓰면 그것으로 족한 것입니다.

여기 주목해야 할 말씀이 있습니다. 요한 계시록 9장 4절에 "그들에게 이르시되 땅의 풀이나 푸른 것이나 각종 수목은 해하지 말고 오직 이마에 하나님의 인침을 받지 아니한 사람들만 해하라 하시더라." 하셨습니다. 이는 성령으로 세례를 받지 않아 지금 천국을 누리지 못하는 자들을 말합니다. 성도는 반드시 성령으로 세례를 받고 지금 천국을 누려야 마지막 때 영원한 천국이 보장되는 것입니다.

마지막 때를 대비하는 그리스도인의 신앙의 대상은 무엇일까요? 잘 지어진 교회건물일까요? 하나님인가요? 예수님인가요? 목사님인가요? 신천지와 같은 집단일까요? 지금 교회를 다니는 사람들이 교회를 믿는 것일까요? 아니면 거룩하신 살아계신 삼위일체 하나님을 믿는 것일까요? 예수님을 믿는 것일까요? 자신들이 신앙의 대상과 목적이 무엇인지를 분명하게 알지 못하고 신앙생활을 하는 것은 참으로 무가치하고, 의미 없는 일입니다. 마귀가 교인들을 미혹하고 넘어뜨려 지옥에 끌고 가는 방법 중의 하나는 마음중심에 예수 아닌 것을 두고 만들어 영적인 무게 중심을 잃게 만드는 것입니다. 신앙의 대상과 목적은 예수 중심이 되어야 합니다. 예수를 믿는 신앙의 결과는 천국이고 부활 영생이어야 합니다. 천국지옥도 예수보다 앞서서는 안 됩니다. 그것들을 앞세우다가 예수 놓치고 지옥에 떨어지는 것입니다. 심지어 천국도 예수님을 앞세워야 들어가는 것이지, 천국의 좋은 것만 바라보다가 예수가 뒷전으로 밀려나면 안 되는 것입니다. 예수님 안에서 천국을 누리다가 영원한 천국에 입성하는 것입니다. 우리는 끝까지 오직 예수만 높이고 앞세우고 붙잡고 가야 천국에 입성할 수 있는 것입니다. 예수보다 앞서는 것이 있어서는 천국에 들어갈 수가 없는 것입니다.

그런데도 교회를 출석하는 다수의 사람들이 하나님을 아는 지식이 없이 자신들이 출석하는 교회 자체를 믿는 이상한 신앙들을 가지고 있습니다. 기독교 신앙은 예수 그리스도를 믿는 신앙입니다. 예수 그리스도를 이름만 부르는 신앙이 아닌 예수 그리스도가 주인이 되고 구주가 되어야 합니다. 성령의 인도를 받으면서 진리를 깨닫고 성령으로 기도해야 합니다. 그런데 그 예수 그리스도는 가짜가 아닌 성경에서 말씀하시는 예수 그리스도입니다. 또한 바른 신앙이란 성경에 근거한 신앙입니다. 신비체험, 프로그램, 활동적인 사역, CCM, 은사가 아닙니다. 성경에 근거하지 않는 신앙은 미신이나, 일반적인 종교심일 뿐입니다.

진정한 신앙은 어떤 유형의 보이는 교회가 중요한 것이 하니라, 자신이 신앙이 진정한 참된 그리스도를 믿는 신앙을 가져야 합니다. 성령의 지배와 인도를 받으면서 지금 천국을 만끽하며 누리는 신앙이 되어야 합니다. 유형교회는 신자들의 참된 신앙으로 세워지는 것이지, 교회와 신자들의 신앙과 별개로 세워지는 것이 아닙니다. 신자들의 믿음이 그릇되면 교회도 그릇된 것입니다. 성경의 진리를 성령으로 깨달아 알지 못하고 무지한 신앙으로는 어떤 교회를 다닌다 해도 별 의미가 없는 것입니다. 특히 자신들의 교회를 바르게 알지 못하는 사람이 어떻게 자신들의 신앙이 옳고 그른지를 알겠습니까?

그 교회가 성경을 올바르게 설교하지 않고, 성경적 교회를 추구하지 않는데 그런 교회를 다니면서 충성하는 사람이 이상한 사람 아닐까요? 한국교회 신자들은 자신들이 그렇게 열심히 출석하는 교회가 어떤 교회인지도 모르고 다니는 분들이 있습니다. 교회만 다니면 죽어서 천국을 갈 수 있다는 막연한 생각을 가지고 신앙생활을 하는 것입니다. 자신들의 다니는 직장, 학교, 모임은 어떤 곳인지 분명하게 하는 사람들이 정작 영혼의 양식을 얻는 교회는 어떤 교회인지도 모르고 다닌다는 사실은 정말 어이없는 일이 아닙니까? 그것 보다 더 웃기는 일이 어디 있겠습니까?

3부 지금 천국을 만끽하지 못하는 원인

14장 진리와 비 진리를 구별하지 못해서

(요 1:14)"말씀이 육신이 되어 우리 가운데 거하시매 우리가 그의 영광을 보니 아버지의 독생자의 영광이요 은혜와 진리가 충만하더라."

담임목사가 아무리 성령으로 깨달아 진리를 전해도 받아들이는 성도가 성령의 임재가운데 아멘으로 화답하고 받아들이지 않으면 진리로서 역사할 수가 없습니다. 성도들이 진리를 깨닫고 따라가지 못하는 것은 말씀을 전하는 담임목사에게 문제가 있을 수가 있습니다. 그러나 진리의 말씀을 성령으로 깨달아 받아들이는 성도에게도 문제가 있을 수가 있는 것입니다. 그래서 목회자나 성도가 자아가 강하여 진리를 받아들이지 않으면 성령님이 직접 개입하시는 것입니다. 마치 사도행전 10장에 나오는 베드로와 같은 경우입니다. 베드로가 비 진리인 율법의 자아를 깨뜨리지 못하고 여전하게 율법을 가지고 판단하는 것입니다. 그러니까, 성령님이 직접 개입하여 베드로의 율법에 찌든 자아를 부수십니다.

사도행전 10장 9절을 보십시오. "이튿날 저희가 행하여 성에 가까이 갔을 그 때에 베드로가 기도하려고 지붕에 올라가니 시간은 제6시더라." 베드로는 지붕에 올라가서 기도를 하였습니다. 유대인의 지붕은 편평하고 조용해서 기도하기 좋다고 합니다. 베드로가 지붕에 올라가서 기도할 때에 하늘에서 큰 그릇이 내려왔습니다. 큰 보자기 같고 네 귀를 매어 땅에 드리웠습니다. 그 안에 무엇이 있었습니까?

12절을 보면 "그 안에는 땅에 있는 각색 네 발 가진 짐승과 기는 것과 공중에 나는 것들이 있는데"하였습니다. 그 거대한 보자기 안에 소 말 늑대 돼지 개 여우같은 각색 네발가진 짐승이 있었습니다. 짐승이 요리가 되어 있는 것이 아니라 생생히 살아있었습니다. 또 한 기는 것들, 뱀, 개구리, 악어, 도룡뇽, 지렁이 같은 것들이 있었습니다. 공중에 나는 것들은 독수리와 학 참새 꿩 비둘기 같은 것들이었습니다. 베드로가 이것을 보고 놀라서 멍해 있으니 주께서 "베드로야 일어나 잡아먹으라"하셨습니다. 베드로는 즉각 거부했습니다. "또 두 번째 소리가 있으되 하나님께서 깨끗하게 하신 것을 네가 속되다 하지 말라 하더라. 이런 일이 세 번 있은 후 그 그릇이 곧 하늘로 올려져 가니라"(행 10:15-16)"

이런 일이 세 번이나 반복되었습니다. 베드로는 정말 잊을 수가 없었습니다. 하나님께서 베드로의 율법적인 자아를 부수어 진리를 따라가도록 하시는 것입니다. 그런데 그때에 고넬료가 보낸 사람들이 그 집에 도착하여 문을 두드리며 베드로를 찾았던 것입니다. 성령께서 베드로에게 "베드로가 그 환상에 대하여 생각할 때에 성령께서 그에게 말씀하시되 두 사람이 너를 찾으니, 일어나 내려가 의심하지 말고 함께 가라 내가 그들을 보내었느니라. 하시니"(행 10:19-20). 이방사람에게 성령으로 세례를 받아 진리 속으로 인도하기 위하여 베드로에게 성령으로 직접 개입을 하신 것입니다. 성령님의 직접적인 역사를 체험하게 하여 베드로의 사고를 바꾸어 진리를 따라가는 사도가 되게 하십니다. 성령님께서 직접 꼭꼭 집어서 알려주시고 이방인이 고넬료에게 성령의 세례를 받게 하십니다.

진리는 생명입니다. 성령으로 깨닫는 것입니다. 성령의 역사가 있기 때문에 진리이고 진리를 받아들이면 변화되는 것입니다. 하나님은 현장에 상황을 만들어 놓고 시험을 하십니다. 사도행전 3장에 나오는 "나면서 못 걷게 된 이를 사람들이 메고 오니 이는 성전에 들어가는 사람들에게 구걸하기 위하여 날마다 미문이라는 성전 문에 두는 자라"(행 3:2). 이 사건도 마찬가지입니다. 하나님께서 현장에다가 상황을 만들어놓고 성령께서 베드로에게 감동하게 하십니다. 베드로가 성령의 감동에 순종합니다. "베드로가 이르되 은과 금은 내게 없거니와 내게 있는 이것을 네게 주노니 나사렛 예수 그리스도의 이름으로 일어나 걸으라 하고, 오른손을 잡아 일으키니 발과 발목이 곧 힘을 얻고, 뛰어 서서 걸으며 그들과 함께 성전으로 들어가면서 걷기도 하고 뛰기도 하며 하나님을 찬송하니"(행 3:6-8). 베드로가 성령의 감동에 순종하니 살아계신 하나님의 역사로 나면서부터 걷지 못하던 사람이 걷는 기적이 일어나는 것입니다. 베드로가 하나님께서 함께 하시는 것을 체험하게 하십니다.

그런데 베드로가 성령의 감동에 순종하지 않았으면 하나님께서 베드로와 함께 할 수가 없습니다. 나아가 베드로는 성령의 이끌림으로 진리 속으로 들어가지 못했을 것입니다. 하나님께서는 이렇게 현장에 상황을 만들어 놓고 시험을 하십니다. 진리를 아는 가 모르는 가 시험지 가지고 시험보시지 않습니다. 바울도 마찬가지입니다. "루스드라에 발을 쓰지 못하는 한 사람이 앉아 있는데 나면서 걷지 못하게 되어 걸어 본 적이 없는 자라. 바울이 말하는 것을 듣거늘 바울이 주목하여 구원 받을 만한 믿음이 그에게 있는 것을 보고, 큰 소리로 이르되 네 발로 바로 일어서라 하니 그 사람이 일어나 걷는지라"(행 14:8-10). 바울이 분명하게 "바울이 주목하여 구원 받을 만한 믿음이 그에게 있는 것을 보고, 큰 소리로 이르되 네 발로 바로 일어서라" 성령의 감동에 순종하자 "나면서 걷지 못하게 되어 걸어 본 적이 없는 자"가 일어나 걷게 된 것입니다.

하나님은 성령의 이끌림을 받으면서 진리 속으로 들어가게 하기 위하여 직접개입을 하십니다. 하나님은 절대로 목회자를 통하여 성도들을 진리 따라가는 성도되게 하시지 않습니다. 직접 일대일로 역사하시면서 진리 속으로 들어가게 하십니다. "너희는 주께 받은바 기름 부음이 너희 안에 거하나니 아무도 너희를 가르칠 필요가 없고 오직 그의 기름 부음이 모든 것을 너희에게 가르치며 또 참되고 거짓이 없으니 너희를 가르치신 그대로 주 안에 거하라"(요일 2:27). 성령님이 직접 가르친다고 말씀하십니다. "그러나 진리의 성령이 오시면 그가 너희를 모든 진리 가운데로 인도하시리니 그가 스스로 말하지 않고 오직 들은 것을 말하며 장래 일을 너희에게 알리시리라"(요 16:13). 그렇기 때문에 어떤 목회자가 성도들을 성도되게 한다고 말하든지, 자신만이 진리를 깨달아 전한다고 하면서 특별한 사람인 것과 같이 행세한다면 경계의 대상입니다. 정말로 조심해야 하는 목회자입니다. 하나님의 자리에 앉아있는 사람이기 때문입니다. 분명하게 "모세가 그에게 이르되 네가 나를 두고 시기하느냐 여호와께서 그의 영을 그의 모든 백성에게 주사 다 선지자가 되게 하시기를 원하노라"(민 11:29). 이것이 하나님의 뜻입니다. 그렇기 때문에 성도들은 성령의 개별적인 인도를 받아야 합니다. 개별적인 인도를 받기 위하여 성령으로 세례를 받고, 성령으로 충만하기 위하여 성령으로 기도하여 성령의 인도를 받아야 합니다. 분명하게 하나님은 성령으로 세례를 받은 성도를 개별적으로 인도하십니다. 하나님은 영이시기 때문에 성도들이 육체가 되었을 때 성령의 음성을 들을 수가 없기 때문입니다.

성경은 이렇게 말합니다. "오직 하나님이 성령으로 이것을 우리에게 보이셨으니 성령은 모든 것 곧 하나님의 깊은 것까지도 통달하시느니라. 사람의 일을 사람의 속에 있는 영외에 누가 알리요. 이와 같이 하나님의 일도 하나님의 영외에는 아무도 알지 못하느니라. 우리가 세상의 영을 받지 아니하고 오직 하나님으로부터 온 영을 받았으니 이는 우리로 하여금 하나님께서 우리에게 은혜로 주신 것들을 알게 하려 하심이라. 우리가 이것을 말하거니와 사람의 지혜가 가르친 말로 아니하고 오직 성령께서 가르치신 것으로 하니 영적인 일은 영적인 것으로 분별하느니라"(고전 2:10-13). 성령으로 깨달아 알고 성령의 음성에 순종해야 일대일 관계가 열릴 수가 있습니다. 하나님은 성령으로 세례를 받은 성도들과 교통하십니다. "만일 너희 속에 하나님의 영이 거하시면 너희가 육신에 있지 아니하고 영에 있나니 누구든지 그리스도의 영이 없으면 그리스도의 사람이 아니라"(롬 8:9). 모든 성도들이 성령으로 세례를 받아 성령의 지배와 장악이 되어 성령의 인도를 받으면 성령께서 성도 개개인을 진리 속으로 친히 인도하시는 것입니다. 살아계신 하나님께서 자신을 통하여 역사하신다는 것을 체험하게 하십니다. 그래서 진리이신 예수님을 따라가서 영생하는 성도가 되게 하십니다. "예수를 죽은 자 가운데서 살리신 이의 영이 너희 안에 거하시면 그리스도 예수를 죽은 자 가운데서 살리신 이가 너희 안에 거하시는 그의 영으로 말미암아 너희 죽을 몸도 살리시리라"(롬 8:11). 진리를 성령으로 깨닫고 보면 예수를 믿고 성도가 되었다는 것은 위대하고 특별한 축복을 받은 것입니다. 모두 성령으로 진리 안으로 이끌림을 받으시기를 바랍니다.

첫째, 진리를 믿음으로 받지 않는 것. 아무리 담임목사가 진리를 열정적으로 전해도 받아들이는 성도가 아멘으로 화답을 하지 않으면 진리가 되지 못합니다. 알아듣고 받아 들여야 진리가 생명과 권능으로 역사하여 변화가 되는 것입니다. 분명하게 하나님께서 말씀하셨습니다. "이러므로 우리가 하나님께 끊임없이 감사함은 너희가 우리에게 들은 바 하나님의 말씀을 받을 때에 사람의 말로 받지 아니하고 하나님의 말씀으로 받음이니 진실로 그러하도다. 이 말씀이 또한 너희 믿는 자 가운데에서 역사하느니라."(살전 2:13). 받아들이는 성도의 믿음이 중요합니다. 담임목사가 성령으로 깨달아 성령으로 전해도 받아들이는 편에서 준비가 되지 않았거나 다른 세상 생각에 빠져있으면 진리로 역사할 수가 없는 것입니다. 그렇기 때문에 받아들이는 성도의 마음자세가 굉장히 중요합니다.

우리 충만한 교회는 주일날도 성령의 강력한 역사가 일어납니다. 그래서 처음 우리 교회에 나오신 분들도 성령세례를 받습니다. 성령의 지배와 장악이 되어 영육의 질병과 상처가 치유됩니다. 어찌 주일날 이런 역사가 일어납니까? 모두 성령의 역사를 사모하고 예배에 참여하기 때문입니다. 필자역시 성령의 역사에 관심을 가지고 말씀을 전하고 기도하기 때문입니다. 마찬가지로 진리도 사모하고 받아들여야 진리로서 역사가 일어나는 것입니다. 아무리 성령으로 깨달은 깊은 진리라도 집중하여 들으면서 받아들이지 않으면 진리로서 역사할 수가 없습니다.

둘째, 진리란 무슨 뜻인가? 진리란 예수 그리스도를 통과하여 성령으로 깨달은 진리를 말합니다. 비진리란 사람의 지식으로 전달받은 율법을 말하는 것입니다. 하나님은 "율법은 모세로 말미암아 주어진 것이요, 은혜와 진리는 예수 그리스도로 말미암아 온 것이라(요 1:17)" 말씀하십니다.

참 진리는 예수 그리스도의 보혈을 통과한 복음의 말씀이요,

비 진리는 사람의 이론이며 율법을 말하는 것으로 생명이 없는 것입니다. 참 진리는 예수 그리스도요, 비 진리는 율법으로 마귀가 역사하며 사망의 독이 가득한 것입니다. 진리는 성령으로 깨닫는 것입니다. "우리가 이것을 말하거니와 사람의 지혜가 가르친 말로 아니하고 오직 성령께서 가르치신 것으로 하니 영적인 일은 영적인 것으로 분별하느니라."(고전 2:13). 성령이 역사하시는 교회시대인 지금은 성령으로 진리를 깨닫고 전할 수가 있습니다. 또한 진리는 성령이십니다. "그러나 진리의 성령이 오시면 그가 너희를 모든 진리 가운데로 인도하시리니 그가 스스로 말하지 않고 오직 들은 것을 말하며 장래 일을 너희에게 알리시리라"(요 16:13). 성령님이 진리 가운데로 인도하시며 깨닫고 따라가게 하시는 것입니다.

그래서 성령이 역사하시는 교회시대인 지금은 모든 목회자는 성령으로 깨달은 말씀을 성령의 말하게 하심을 따라서 전해야 합니다. 목회자는 아주 중요합니다. 증거 하는 목자의 말이 진리인가 비 진리인가에 따라, 그 소속이 하나님의 목자와 사람의 목자로 구분될 수도 있기 때문입니다. 그런데 바르게 알아야 할 것은 성령께서 일대일로 역사하시면서 진리 속으로 인도하십니다. 그래서 성도에게 감동하여 진리를 깨닫고 따라가도록 역사하기도 하십니다.

일반적인 성도들이 겉으로 볼 때는 이 두 부류는 같은 하나님의 목자로 보입니다. 그러나 사람의 목자는 양(羊)의 옷 곧 선민인 하나님의 목자의 옷을 입고 행세를 하나, 그 속에는 노략질하는 마귀의 신이 있어 마귀의 조종을 받아 역사할 수가 있습니다. 성령의 지배와 장악이 되지 않고 인간적인 지식으로 진리의 말씀을 증거하기 때문입니다.

그 예로 초림 예수님 때에 유대교의 제사장과 장로들과 그 소속 교인들을 지적할 수 있습니다. 겉으로는 하나님의 목자요, 일꾼인 것 같고 선민 같았으나, 그 속에는 사단이 있어 핍박하고 살인하고 방해해 온 것을 잘 알 것입니다. 이 두 부류를 구분할 수 있는 것은 오직 성령에 의해서입니다. 성령으로 전하는 말씀을 비추어 볼 때 그 행위가 드러나기 때문입니다. 그래서 예수님은 "회개하라(마 4:17)."고 하셨으며, "진실로 진실로 네게 이르노니 사람이 물과 성령으로 나지 아니하면 하나님의 나라에 들어갈 수 없느니라(요 3:5)" 말씀하셨습니다. 성령으로 다시 나지 않으면 사단의 나라요 족속에 불과한 것입니다. 그리고 사도 바울은 "기록한바 의인은 없나니 하나도 없다(시 14:2-3, 롬 3:10)."고 하였습니다. 그런데 알아야 할 것은 성령으로 세례를 받고 성령의 지배와 장악이 되어 성령의 인도를 받는 성도는 성령께서 감동하여 진리가 증거 되는 교회로 이동하도록 하실 수도 있습니다.

오늘날 성경을 떠나서는 진리도 성령의 역사도 있을 수 없습니다. 말씀 안에서 진리도 있고 성령의 역사도 있습니다. 성경말씀이 기준이 되는 것입니다. 믿는 것도 막연하게, 담임목회자가 말해서 믿음 것이 아니고, 성경에 기록되어 있기 때문에 믿는 것입니다. 법은 땅의 법이 있고, 하늘의 법이 있습니다. 땅의 법은 육법전서요, 하늘의 법은 성경 66권입니다. 세상에서 세상 법에 흠이 없다 해서, 하늘의 법(성경)에서도 죄가 없는 것은 아닙니다. 말씀으로 분별해야 합니다. 목회자는 성령으로 깨달은 진리를 전하여 성도들의 영을 깨워야 합니다.

예수님은 현장중심의 믿음생활을 하기 원하십니다. 예수님께서 공생애 기간 동안 제자들을 현장에 데리고 다니면서 현장 중심의 훈련을 하셨습니다. 하나님은 이스라엘 백성들을 시험하실 때 백지를 나누어주고 시험을 치지 않으셨습니다. 분명하게 성령이 역사하시는 교회시대인 지금도 성령께서 광야에 데리고 가서 현장중심의 믿음을 시험하실 것입니다.

그렇다면 성령으로 진리를 깨달아 알고 살아가는 성도들과 사람이 지식으로 전하는 비 진리를 진리로 알고 살아가는 세계 모든 성도들을 데리고 광야로 가서서 현장에서 믿음의 시험을 친다면 결과가 어떻게 나올까요? 성령으로 진리를 깨달아 알고 살아가는 성도들은 여호수아와 갈렙과 같이 가나안에 들어가는 점수를 받을 것입니다. 그러나 사람의 지식으로 전달하는 비 진리를 진리로 알고 나름대로 열심 있게 믿음 생활하는 성도들과 목회자는 나오된 열지파 사람들과 같은 처지가 될 확률이 높습니다. 왜 그럴까요? 성령으로 진리를 깨달아 알고 살아가는 성도들은 성령님이 해답을 알려주시기 때문에 시험에 합격합니다. 그러나 사람의 지식으로 전달하는 비 진리를 진리로 알고 나름대로 열심 있게 믿음 생활하는 성도들과 목회자는 자신의 머리로 지식으로 현장에서 시험을 치니 정답을 알도리가 없을 것입니다. 사람이 하나님의 뜻을 알 수가 없기 때문입니다.

그래서 하나님은 고린도전서 2장 10-14절에서 "오직 하나님이 성령으로 이것을 우리에게 보이셨으니 성령은 모든 것 곧 하나님의 깊은 것까지도 통달하시느니라. 사람의 일을 사람의 속에 있는 영외에 누가 알리요, 이와 같이 하나님의 일도 하나님의 영외에는 아무도 알지 못하느니라. 우리가 이것을 말하거니와 사람의 지혜가 가르친 말로 아니하고 오직 성령께서 가르치신 것으로 하니 영적인 일은 영적인 것으로 분별하느니라. 육에 속한 사람은 하나님의 성령의 일들을 받지 아니하나니 이는 그것들이 그에게는 어리석게 보임이요, 또 그는 그것들을 알 수도 없나니 그러한 일은 영적으로 분별되기 때문이라." 말씀하시는 것입니다. 우리 크리스천들은 하나님께서 영이시고 살아계신 분이기 때문에 시험을 하실 때 머리로 안 것을 기록하나 시험하시는 것이 아닙니다.

성령으로 깨달아 안 것으로 시험을 통과할 수 있는 시험을 치십니다. 예수님도 세례요한에게 물세례를 받으신 후에 성령이 임하시고 성령의 이끌림으로 광야에 가셔서 현장에서 시험을 통과하셨습니다. 진리는 예수님이십니다. 진리를 알고 자유를 누릴 크리스천은 예수님의 공생애 기간의 행적은 따라가야 진리로 자유 함을 누릴 수가 있는 것입니다. 하나님은 이론의 하나님이 아닙니다. 하나님은 영이시고 살아계신 초자연적인 하나님이십니다.

이렇게 지식적으로 믿음생활을 하니, 예수님께서 약속(예언)

하시고 그 약속을 이루셨다 할지라도 어찌 그들이 깨달아 알고 믿겠습니까? "육에 속한 사람은 하나님의 성령의 일들을 받지 아니하나니 이는 그것들이 그에게는 어리석게 보임이요, 또 그는 그것들을 알 수도 없나니 그러한 일은 영적으로 분별되기 때문이라(고전 2:14)" 허황된 것과 사람의 계명만 가르치고 배웠으니, 어찌 그들이 약속의 말씀을 알겠습니까? 진리를 말하면 '진리가 무엇인가?' 할 것입니다. 진리는 예수 그리스도이십니다. 살아계신 하나님이십니다. "영생은 곧 유일하신 참 하나님과 그가 보내신 자 예수 그리스도를 아는 것이니이다"(요 17:3).

필자가 목사안수를 믿고 얼마 되지 않아서 노회의 임원으로부터 전화를 받았습니다. 저에게 대인관계를 끊고 사느냐 입니다. 그래서 이제야 목회를 시작했으니 교회가 성장해야 되지 않습니까? 그래서 노회 목사님들 만날 수 있는 시간적 여유가 없습니다. 그랬습니다. 그 목사님이 필자에게 친구가 있습니까? 예 있습니다. 누구입니까? 예수님이십니다. 아니 예수님이 친구라니요. 목사님! 이단 아닙니까? 아니 왜 이단입니까? 성경에 그렇게 기록이 되었습니다. "내가 내 친구 너희에게 말하노니 몸을 죽이고 그 후에는 능히 더 못하는 자들을 두려워하지 말라(눅 12:4)"

이러하기에 성도는 먼저 성령으로 세례를 받고 성령으로 거듭나야 참 하나님을(요 17:3) 알고, 진리도 알 것이며, 약속한 예언이 육신이 되어 온 실상도 알게 될 것입니다. 세상에서는 지금 많은 목자들이 말씀을 성령으로 전하지 않고 머리에서 나온 지식으로 증거를 하고 있고, 머리에서 나온 지식으로 주석(註釋)을 만들어 성도들에게 먹이고 있으니 안타깝기 그지없습니다. 지식으로 성경을 전하는 목회자는 하나님이 자녀인 성도들과 상관이 없는 사람의 목자인 것을 성경에서 알고, 성령으로 진리를 깨달아 알아야 할 것이며 성령의 인도로 참(진리)을 찾아 바른 신앙인이 되어 거듭나는 자가 되어야 합니다.

예수님은 우리를 죄에서 구원하시기 위해, 대신 십자가를 져주시고 피를 흘려주셨습니다. 그리고 성령을 보내 주셨습니다. 성령께서 성도들의 마음 안에 있는 성전에 주인으로 계시면서 지금 성령을 진리를 깨닫게 하십니다. "그러나 진리의 성령이 오시면 그가 너희를 모든 진리 가운데로 인도하시리니 그가 스스로 말하지 않고 오직 들은 것을 말하며 장래 일을 너희에게 알리시리라"(요 16:13). 성령의 이끌림을 받아야 진리를 깨달을 수가 있습니다. 모두가 성령으로 진리를 깨달을 때 밝히 알고 대처할 수가 있습니다. 모두가 마음 안에 성전이 지어지고 성령의 인도를 받으면 영원한 천국에 들어가는 것입니다. 문제는 성령의 지배와 장악이 되어 성령의 인도를 받느냐, 그렇지 못하느냐의 차이입니다. 예수님은 분명하게 지금 이 땅에 하나님의 나라를 건설하려고 사람의 몸을 입고 오셨습니다. 이제 예수를 믿고 성령으로 거듭난 성도들이 해야 할 일입니다.

셋째, 아무리 듣고 배워도 변화되지 않는 것. 성령으로 깨달아 전하는 말씀에는 성령의 역사가 일어나서 심령이 변하게 되어있습니다. 예수님께서는 크리스천들이 온전하게 변화되기를 바라십니다. 예수님께서 제자들을 데리고 가이사랴 빌립보 지방으로 가시는 중에 제자들에게 질문하셨습니다. "너희들은 나를 누구라 하느냐(막 8:29a)" 베드로는 "주는 그리스도시니이다(막 8:28b)"라고 대답합니다. 베드로의 고백을 들은 예수님은 십자가에서의 죽으심과 부활에 대해 말씀해 주셨습니다. 예수님께서는 제자들에게 바른 신앙의 자세를 가르쳐 주어야겠다고 생각하셔서 엿새 후에 베드로와 야고보와 요한만을 데리고 산으로 올라가 영광스러운 모습을 보여주셨습니다(막9:2-8). 예수님께서 변화되신 것처럼 제자들도 변화된 삶을 살아가기를 바라셨습니다. 그렇다면 예수님께서는 어떤 변화를 원하셨을까요?

첫 번째로 외적인 변화를 원하셨습니다. 왜 예수님께서는 제자들을 데리고 산에 오르셔서 외적으로 변화된 모습을 제일 먼저 보여주셨을까요? 그것은 당신을 보고 있는 제자들도 주님처럼 외적인 모습이 변화되기를 원하셨습니다. 또한 언제나 가까이 하셨던 세 명의 제자가 변화됨으로써 나머지 제자들도 함께 변화되기를 기대하셨습니다. 세상이 변화되기를 바라기보다 내가 먼저 변화되기를 바라시는 예수님의 뜻을 깨달아야 합니다. 또한 주님이 원하시는 외적인 변화는 마음의 변화로부터 만들어지는 변화를 뜻합니다. 예수님의 은혜로 말미암아 우리 내면이 변화되면 우리의 외적인 모습도 변하게 됩니다.

두 번째로 예수님은 언어의 변화를 원하셨습니다. 베드로는 예수님을 따라서 산에 올라가기 전에는 부정적인 생각과 부정적인 언어를 사용하는 사람이었습니다. 예수님께서 자신의 십자가의 죽음과 부활에 대해 말씀하셨을 때도 베드로는 조금도 망설임 없이 예수님을 붙들고 항변하였습니다. 예수님은 베드로의 항변을 듣고 "사탄아 내 뒤로 물러가라(막 9:33)"며 심하게 책망하셨습니다. 예수님은 하나님의 뜻을 헤아리지 못하는 베드로의 언어가 바뀌기를 원하셨습니다. 산에 올라 영광스러운 모습으로 변화되신 예수님께서는 엘리야와 모세와 함께 대화하는 모습을 보여주셨습니다. 예수님과 함께하는 삶을 살아가길 원한다면 먼저 언어가 바뀌어야 합니다.

세 번째로 자세의 변화를 원하셨습니다. 예수님께서 영광스러운 모습으로 변화되는 놀라운 광경을 목격한 것에 그치지 않고 더 놀라운 일들을 경험하게 됩니다. 구름이 와서 그들을 덮고 구름 속에서 소리가 들려왔습니다. "이는 내 사랑하는 아들이니 너희는 그의 말을 들으라(막9:7절)" 말씀을 듣는다는 것은 말씀을 듣는 것으로 끝나는 것이 아니라 삶의 자세까지도 바뀌는 것을 말합니다. 예수님은 크리스천들이 내적인 변화에 의하여 외적인 변화를 원하시고, 언어가 바뀌며, 삶의 자세까지 바뀌기를 원하십니다.

15장 막연한 열정으로 믿음 생활함으로

(히 11:4-6)"믿음으로 아벨은 가인보다 더 나은 제사를 하나님께 드림으로 의로운 자라 하시는 증거를 얻었으니 하나님이 그 예물에 대하여 증언하심이라 그가 죽었으나 그 믿음으로써 지금도 말하느니라. 믿음으로 에녹은 죽음을 보지 않고 옮겨졌으니 하나님이 그를 옮기심으로 다시 보이지 아니하였느니라. 그는 옮겨지기 전에 하나님을 기쁘시게 하는 자라 하는 증거를 받았느니라. 믿음이 없이는 하나님을 기쁘시게 하지 못하나니 하나님께 나아가는 자는 반드시 그가 계신 것과 또한 그가 자기를 찾는 자들에게 상주시는 이심을 믿어야 할지니라."

신앙의 목적을 확실하게 해야 합니다. 막연한 열정으로 신앙 생활을 하지 말라는 것입니다. 신앙의 목적은 예수님이십니다. 예수님을 떠나서는 천국도 없습니다. 지금 마귀가 교인들을 미혹하고 넘어뜨려 지옥에 끌고 가는 방법 중의 하나는 마음중심에 예수 아닌 것을 두고 만들어 영적인 무게중심을 잃게 만드는 것입니다. 예를 들어, 자녀사랑, 능력 있고 인품 좋은 목사님, 교회자랑, 취미생활, 물질, 여러 가지 세상 쾌락과 재미들… 심지어 천국지옥도 예수보다 앞서서는 안 됩니다. 그것들을 앞세우다가 예수 놓치고 지옥에 떨어지는 것입니다. 심지어 천국도 예수님을 앞세워야 들어가는 것이지 천국의 좋은 것만 바라보다가 예수가 뒷전으로 밀려나면 안 되는 것입니다.

우리는 끝까지 오직예수만 높이고 앞세우고 붙잡고 가야 천국에 입성할 수 있는 것입니다. 예수보다 앞서는 것이 있어서는 천국에 들어갈 수가 없는 것입니다. 많은 주의 종들이 처음에는 예수위해 죽겠다는 각오로 사역을 시작합니다. 그러다가 교회가 커지면서 물질이 들어오고, 교인들로 인해 자신이 높임을 받으면서 예수가 뒷전으로 물러나고 자신이 예수의 자리에 앉는 것입니다. 이렇게 마귀는 야금야금 잠식해 들어와서 우리는 죽이는 것입니다. 그래서 바울의 고백과 같이 날마다 자신을 죽이고 정과 욕심을 십자가에 못 박지 아니하면 마귀의 궤계에 빠지고 마는 것입니다.

그러므로 항상 첫사랑, 초심을 잃지 말아야 하는 것입니다. 개척교회 시절, 초신자 때 은혜 받고 성령 충만 받고 예수만 바라보던 그 때, 아무것도 가진 것이 없어 오직 예수님께 부르짖던 그 처음 사랑을 항상 마음에 간직하면서 교만하고 나태해질 때마다, 그 때로 돌아가야 하는 것입니다. 그래야 성령으로 시작하였다가 육체로 끝마치지 않는 것입니다.

마귀는 처음부터 우리를 타락시키고 미혹시키지 않습니다. 우화에 나오는 낙타처럼 처음에는 머리만 집어넣고 그 다음에 몸통, 그 다음 온 몸을 집어넣고 자신이 주인 행세를 하는 것입니다. 그러므로 예수님을 마음중심에서 빼앗는 것이 있다면 처음부터 잘라내야 하는 것입니다.

지옥도 아무리 무서운 곳이라고 해도 예수님의 십자가, 보혈,

은혜를 붙잡고 회개하는 자에게는 무력해 질 수 밖에 없습니다. 지옥은 죄인에게는 가혹한 곳이지만, 예수님 붙잡고 날마다 성령의 임재가운데 회개하는 자에게는 상관없는 곳이 되고 마는 것입니다. 예수님 안에서 회개라는 은혜의 통로가 있는데 이 쉽고도 심오한 진리를 놓쳐 버리니 지옥에 떨어지는 것입니다.

예수 안에 모든 것이 다 들어 있기에 예수만 마음중심에 간직하면 모든 것이 다 따라오는 것입니다. 천국도 영광도 부활도 축복도 은혜도 성령 충만도, 권능, 은사, 능력, 사랑도 예수님으로부터 나오는 것입니다. 그래서 예수님 한분만 구하고 찾고 두드리면 모든 문이 열리는 것입니다. 예수님의 손안에 우주만물과 천국과 지옥의 열쇠가 쥐어져 있는 것입니다. 그래서 천국에서도 예수! 예수! 지옥에서도 예수! 예수! 하는 것입니다. 예수님이 하늘과 땅의 모든 권세를 가지신 대단한 분이시기 때문입니다.

이것을 안다면 루시퍼와 그의 졸개들을 무서워할 필요가 없는 것입니다. 루시퍼는 허풍쟁이요 거짓말쟁이입니다. 천국에서 타락해서 쫓겨난 피조물주제에 자신이 왕이라고 예수님의 일을 막겠다고 큰소리치는 것입니다. 예수 이름으로 명령하면 혼비백산 도망갈 수밖에 없는 존재라는 것입니다.

골로새서 2장 19절 말씀처럼 "머리를 붙들지 아니하는지라 온 몸이 머리로 말미암아 마디와 힘줄로 공급함을 얻고 연합하여 하나님이 자라게 하심으로 자라느니라." 온 몸이 머리의 조정을 받는 것처럼, 하늘과 땅, 땅 아래, 우주만물이 예수님의 명령하에 움직이는 것입니다. 참새 한 마리도 하나님의 허락 없이는 떨어지지 않는 법입니다.

욥기를 봐도 하나님의 허락 하에 사단이 욥의 가정을 건드리는 것이지 제 맘대로 부수고 죽이고 빼앗지 못한다는 것을 알아야 합니다. 오늘부터 예수만 구하고 찾고 두드리고, 오직 예수만 마음중심에 두기로 작정하시길 바랍니다. 그 자가 진정 승리자요 영생의 축복을 얻을 자요, 이 땅에서도 사단의 권세를 박살내고 승리할 수 있는 자입니다.

분명하게 목표는 예수님이어야 합니다. 믿음생활의 결과가 천국이고 부활영생이어야 합니다. 천국은 죽어서 가는 것이 아니고 지금 만끽하며 누려야 합니다. 예수님이 주인으로 계시면 죽음이 두렵지 않습니다. 신앙을 가지고 있는 사람들도 죽음에 대한 두려움은 신앙이 없는 사람들과 거의 같다고 합니다. 왜냐하면 죽어서 천국을 간다고 믿고 믿음생활을 하기 때문에 혹시 천국에 들어가지 못하면 어찌하나 하면서 두려워한다는 것입니다. 그런데 지금 천국을 만끽하며 누리는 성도들은 죽음 앞에 두려움이 없습니다. 지금 예수님을 주인으로 모시고 천국을 만끽하며 살고 있기 때문입니다. 목적을 바르게 해야 평안을 누리는 것입니다.

인생은 분명한 목적이 있어야 합니다. 목적이 분명하면 그 목적이 우리의 삶을 끌고 갑니다. 목표는 마차와 같이 끄는 힘이 있습니다. 목표가 분명하면 반드시 이루어지게 됩니다. 분명한 목적이 있게 되면 모든 삶에 노력과 에너지가 목적으로 쏠리게 됩니다. 목적이 있는 삶은 방황하지 않으며, 힘이 있습니다. 목적이 있는 삶이라야 의미가 있고, 보람이 있고, 성취감이 있습니다.

천국이 신앙의 목적이 되면 안 된다는 것입니다. 오늘날 우리가 흔히 듣는 기독교의 복음은 '예수 천당, 불신 지옥'으로 요약됩니다. 천국가기 위하여 신앙생활을 하다가 보면 예수님이 천국에 가려서 정작 천국에 갈 수가 없게 된다는 것입니다. 천국의 주인은 예수님이십니다. 예수님에게 목적을 두고, 믿음 생활을 해야 천국에 들어가는 것입니다. 이제 한국 사람이라면 교회에서 전하는 메시지의 중심이 이런 것이라는 것을 모르는 사람들이 없습니다. 그러나 이렇게 익숙한 메시지가 과연 성경이 가르치는 복음의 핵심인지 생각해 볼 필요가 있습니다. 물론 성경이 예수 믿는 자에게 '천국'을 약속하고 있는 것은 사실입니다. 예수님을 목적으로 신앙생활을 하다가 보니까, 천국도 누리게 되는 것입니다. 그러나 천국이 신앙의 결과라고 가르치고 있는 부분은 눈 씻고 찾아도 발견할 수 없습니다. 교계에서 이단라고 낙인이 찍힌 곳에서 선동하기를 신앙의 목적은 천국이고 영생이라고 가르치고 있습니다. 잘못된 것입니다. 천국이 신앙의 목적이 아니라, 예수님이 신앙의 목적이 되어야 합니다. 천국과 부활은 신앙의 결과입니다.

이 글을 읽는 분들 가운데 상당수의 사람들은 매우 큰 충격을 받을지도 모르겠습니다. 성경은 천국이 신앙의 결과이지 목적이라고 말하지 않는다는 말입니다. 왜 필자는 천국을 목적으로 여기느냐, 결과로 여기느냐는 따지는 것인지 이해하시겠습니까? 말장난을 하기 위한 것이 아닙니다. 신앙의 목적으로서 천국과 신앙의 결과로서 천국은 완전히 다른 종교를 낳게 되기 때문입니다. 천국이 신앙의 목적이 되면 목적론적 윤리체계가 자리를 잡게 됩니다. 다시 말해서 기독교적 구원관이 아니라 철학적 구원관이 된다는 것입니다.

목적론적 윤리가 무엇인가요? 행복이라는 최종 목적을 달성하는 것은 무엇이든지 선(善)이 된다는 논리 구조입니다. 이런 논리 구조는 자동적으로 목적이 수단을 정당화 합니다. 다시 말해서 행복이라는 목적을 달성하기 위해서는 수단과 방법을 가리지 않는다는 것입니다. 지금 한국교회에서는 자신의 목적으로 달성하기 위하여 수단과 방법을 가리지 않는 분들이 있습니다. 예수고 뭐고 관심 없고 목적만 이루면 된다는 식의 논리를 펴는 사람들이 있습니다. 이런 논리 구조로 말미암아 18세기 프랑스 혁명이 일어났습니다. 자기의 행복을 추구해야 한다는 정당성 때문에 수많은 사람들이 잔인하게 죽어야 했고, 그 파장은 전 세계에 피의 혁명이라는 붉은 쓰나미를 일으켰습니다. 자기 행복을 위해서 남을 죽이거나 피해를 입히는 것은 목적론적 윤리주의자들에겐 결코 죄가 되지 않습니다.

왜냐하면 자기 행복이 곧 최고의 선이 되기 때문입니다. 이것은 정말로 끔찍한 일이 아닐 수 없습니다. 그런데 이런 목적론적 윤리가 종교 안에 들어오는 방식이 바로 천국을 신앙의 목적으로 삼는 것입니다. 종교의 역사를 보면 천국을 신앙의 목적으로 삼게 될 때 18세기 피의 혁명과 동일한 현상을 동반했습니다. 어떤 종교든지 천국이라는 행복(최고의 선)을 추구할 수만 있다면 수단과 방법을 가리지 않게 됐다는 것입니다.

　그 대표적인 예를 몇 가지 들어보겠습니다. 첫 번째로 중세 로마 가톨릭입니다. 중세 로마 가톨릭은 천국이라는 '상품'을 어느 종교보다 잘 활용한 대표적인 종교입니다. 지금도 다르지 않습니다. 그들은 천국이라는 상품을 통해서 십자군 전쟁을 일으켰습니다. 이 전쟁은 남자와 어린 아이를 불문하고 전쟁에 동원하는데 최고의 수단이 됐습니다. 왜냐하면 가톨릭은 이 전쟁 참여하는 자들은 예외 없이 '모든 죄가 용서 받을 것'이라고 했기 때문입니다.

　이 말이 무슨 뜻인가요? 십자군에 참여한 사람은 연옥이라는 지옥(간이지옥)을 거치지 않고 천국에 입성할 수 있다는 것입니다. 이런 식으로 천국을 상품화 한 사기극의 극치가 바로 그 유명한 '면죄부'였습니다. 면죄부는 이 땅에서 불법과 죄악과 방탕한 삶을 살았던 사람들에게 최고의 상품으로 추대를 받았습니다. 특히 당시 신부들 가운데 상당수의 사람들이 정부(情婦)를 두고 있었는데, 면죄부는 최고의 상품이 될 수밖에 없었습니다.

　이제 두 번째로 천국을 목적으로 여김으로써 엄청난 부작용을 일으키고 있는 또 하나의 종교를 소개하겠습니다. 그것은 바로 이슬람교입니다. 우리가 너무도 잘 아는 이슬람의 자살 테러는 천국이 상품이 된 대표적인 또 다른 사례입니다. 이슬람의 자살 테러는 자신이 천국에 가기 위해서 모든 수단과 방법을 정당화 하는 극치를 잘 보여줍니다.

　이 모습은 어쩌면 중세 가톨릭의 십자군 전쟁과도 그 맥락을 같이 한다고 해도 과언이 아닙니다. 이 사실을 이해하려면 이슬람의 구원관을 알아야 합니다. 이슬람에서 천국은 7단계로 나눠집니다. 부끄러운 구원은 가장 밑바닥 천국에서 영생하고, 가장 숭고한 구원은 최고층인 7단계의 천국에서 영생합니다. 꾸란에 의하면 이 최고층의 천국에 들어간 남자들은 최고의 미녀 72인과 영원토록 최고의 음식을 먹으며 성적인 쾌락을 즐기며 산다고 합니다(꾸란 56:35).

그러면 무슬림이 천국에 들어가려면 어떻게 해야 할까요? 그것은 알라의 명령을 철저히 복종하는 것입니다. 그들은 천국에 들어가기 위해서 자기 가족들 가운데 꾸란의 명령을 어긴 사람에게 대하여 명예 살인도 주저하지 않을 정도로 철저한 복종을 합니다. 그러나 문제는 이렇게 복종을 한다고 해도 천국에 간다고 장담할 수 없습니다.

이 땅에서 아무리 선행을 하고 알라의 뜻에 복종을 했다고 하더라도 알라의 마음에 든다고 아무도 장담할 수 없기 때문입니다. 그렇다고 해서 최고층의 천국에 갈 수 있는 확실한 길이 전혀 없는 것은 아닙니다. 꾸란3:158, 169을 보면 무슬림이 최고의 천국에 들어갈 수 있는 확실한 길을 제시하고 있습니다. 그것은 바로 지하드(聖戰)에서 순교하는 것입니다. 이 교리 때문에 많은 무슬림들이 자기 몸에 폭탄을 두르고 자살 테러를 감행합니다. 참으로 무지하고 안타까운 현실입니다.

그런데 문제는 오늘날의 기독교입니다. 오늘날의 기독교는 이렇게 천국을 상품화 하는데 다른 어떤 종교 못지않게 열을 올리고 있습니다. 천국이 목적이 된 교인들은 무모해지고, 몰상식해지며, 과격해집니다. 이런 신자들에게 거룩함을 기대하기는 힘듭니다. 오늘날의 기독교인들은 천국(영원한 행복)이라는 목적을 달성하기 위해서 수단과 방법을 가리지 않습니다. 거액의 헌금과 광적인 헌신, 종교적 테러도 불사합니다. 이런 모습은 부메랑이 되어 나타나고 있습니다.

즉 교회 안에 가만히 침투한 이단이 기성 교회보다 더 확실하게 천국에 갈 수 있는 길을 제시한다면 그 즉시 개종해 버린다는 것입니다. 특히 오늘날 타 종교와의 통합운동이 활발하게 진행되는 원인도 바로 여기에 있습니다. 어떻게 믿든지 천국에 가기만 하면 그만이라는 목적론적 종교관이 기독교 안에서 그대로 나타난 것입니다.

그렇다면 성경은 기독교 신앙의 목적을 어디에 두어야 한다고 가르칩니까? 그것은 하나님의 영광을 위해서 사는 것입니다. 소교리문답 제1문이 정확하게 지적하고 있는 것처럼 "사람의 제일 되는 목적은 하나님을 영화롭게 하고 영원토록 그를 즐거워하는 것"입니다. 신앙의 목적이 여기에 초점이 맞춰질 때 사람들은 자동적으로 사람들은 다음과 같은 질문을 던지게 됩니다. "하나님을 영화롭게 하려면 어떻게 해야 합니까?" 이 질문은 사실 웨스트민스터 소교리문답 2문에 해당하는 질문입니다. 이 두 번째 질문에 대한 대답으로 소교리 문답은 다음과 같이 말해줍니다. "신구약 성경에 기록된 하나님의 말씀은 사람이 어떻게 하나님을 영화롭게 하고, 영원토록 그를 즐거워 할 것인지를 지시하는 유일한 규칙입니다."

그렇다. 신앙의 목적이 하나님을 영화롭게 하는 것이라고 했을 때, 그 신앙은 자연스럽게 성경(진리)에 대한 관심으로 이동되는 것입니다. 신앙의 목적이 성경적으로 규정될 때 기독교는 비로소 다른 타종교와 구분된 모습을 보이게 됩니다. 그리고 세상 사람들에게 존경과 소망의 대상이 됩니다.

오늘날 이 시대의 기독교가 가장 시급하게 개혁해야 할 부분은 바로 이것입니다. 즉 신앙의 목적이 천국이 아니라, 예수님이 목적이 되어 하나님을 영화롭게 하는 것이라는 사고부터 회복되어야 한다는 것입니다. 이 부분을 회복하지 않으면 어떤 개혁도 실효를 거두지 못하게 될 것입니다. 분명하게 천국은 신앙생활의 결과입니다. 우리가 신앙의 목적이 천국이 아니라, 예수님이 목적이 되어 하나님을 영화롭게 하기 위해서 이렇게 살아야 합니다.

첫째, 성령으로 거듭난 영적으로 살아야 합니다. "육신에 있는 자들은 하나님을 기쁘시게 할 수 없느니라(롬8:8)" 반대로 말씀드리면 "육신에 있지 아니하는 자 즉 영적으로 사는 자가 하나님을 기쁘시게 한다."라는 말씀입니다. 그러니까 살리는 것은 영이니 육은 무익하므로 하늘 백성은 오직 유익한 삶을 위해서만 살아야 합니다. 영적인 삶과 육적인 삶이 확실하게 구분이 되어야 합니다. 말에나 행동에서나, 어디서나, 누구 앞에서나, 사람이 있으나 사람이 없으나, 영적인 삶만이 하나님이 기뻐하십니다. 영적으로 살면 하나님께서 자신의 주인으로 계심으로 지금 천국을 누릴 수가 있는 것입니다.

그럼 영적인 삶은 어떻게 압니까? 열매를 보면 알 수 있습니다. "거짓 선지자들을 삼가라 양의 옷을 입고 너희에게 나아오나 속에는 노략질하는 이리라. 그들의 열매로 그들을 알지니 가시나무에서 포도를, 또는 엉겅퀴에서 무화과를 따겠느냐(마7:15-16)" 그리고 말을 하는 것을 보면 압니다. "무릇 더러운 말은 너희 입 밖에도 내지 말고 오직 덕을 세우는 데 소용되는 대로 선한 말을 하여 듣는 자들에게 은혜를 끼치게 하라(엡4:29)" 성령으로 거듭나 예수님을 주인으로 모시고 천국을 만끽하면서 누리고 사는 사람은 언행심사가 곱습니다. 이런 말씀도 있습니다. "이 사람들은 분열을 일으키는 자며 육에 속한 자며 성령이 없는 자니라(유1:19)" 분열을 일으키는 자는 육에 속했기 때문에 주를 기쁘시게 못 합니다.

아무튼 육에 속한 자들은 하나님을 기쁘시게 할 수 없습니다. 그런데 왜 예수님은 이 열매를 비유하시면서 거짓 선지자를 언급하셨습니까? 양들이 주의 종을 분별합니까? 못 합니까? 분별하지 않고 따릅니다. 그래서 평신도를 양이라고 합니다. 양은 앞에 가는 양만 보고 따라가기 때문입니다. 교인들은 목회자를 철저하게 하나님의 종으로 믿고 따릅니다. 설령 양의 옷을 입고 속은 노략질하는 이리라고 해도 양은 그저 따릅니다. 그런데 딱 한 가지 양들이 아는 것이 있습니다. 그것은 바로 음성입니다. "자기 양을 다 내놓은 후에 앞서 가면 양들이 그의 음성을 아는 고로 따라오되 타인의 음성은 알지 못하는 고로 타인을 따르지 아니하고 도리어 도망하느니라(요10:4-5)"

이 말씀은 잘 들어야 합니다. 이런 논리가 성립됩니다. 육에 속한 목사라고 본다면 분명 양에 탈을 쓴 이리입니다. 그렇기에 양들이 무조건 따라가면 즉 말씀의 분별없이 그저 물질의 축복만 바라보며 따라 간다면 따라 가는 자들은 양이 아니겠죠? 영에 속한 목사의 음성은 양이 알아듣고 따라갑니다. 매우 중요한 말씀입니다. 하나님을 기쁘시게 하는 삶을 최고로 여기는 자들은 분별력이 있습니다. 그래서 말씀 듣다가고 "이건 아닌데~" 충분히 생각하게 됩니다. "주를 기쁘시게 할 것이 무엇인가 시험하여 보라(엡5:10)" 그저 모든 거 멍~하니 되는대로 사는 것이 아니라 시험도 하고 분별력을 가져 하늘 백성이 되도록 살아야 합니다. 암튼 영적으로 살아야 하나님이 기뻐하십니다.

둘째, 천국 복음을 전파하며 살아야 합니다. 자신이 지금 예수님을 주인으로 모시고 천국을 만끽하면서 천국을 자랑해야 합니다. 반드시 자신이 천국을 체험해야 합니다. 천국(天國)은 하늘 天 나라 國이니 하늘나라를 말합니다. 성경에서 말하는 하늘은 하나님이 계신 곳이 하늘이라 하셨으니, 하나님과 예수님이 계시는 곳이 하늘이고 하나님의 나라인 것입니다. 예수님께서 자신 안 성전에 주인으로 계시니 자신이 천국입니다. 예수님이 말씀이 육신이 되셨으니 예수님 자신이 하늘나라입니다. 예수님은 자신을 천국이라 하셨습니다. 오늘날 기독교인들은 추상적으로 천국은 죽어야만 가는 곳으로 알고 있지만, 천국은 어디로 가는 것이 아니라, 하나님은 자신 안에 성전에 주인으로 계시니 자신이 천국입니다. 그러니까 하나님은 예수를 믿고 물과 성령으로 거듭난 성도의 마음 안에 성전삼고 주인으로 계시니 자신 안에 하늘나라 천국이 이뤄진 것입니다. 지금 천국을 만끽하며 누려야 하나님을 기쁘시게 하는 것입니다. 천국을 누리면서 천국을 전도해야 합니다.

하늘나라 시민권이 있는 사람들이 이 땅에 사는 동안 다른 것은 못해도 복음 전파만큼은 꼭 해야 합니다. 복음 전파라 함은? 씨를 뿌리는 것과 같습니다. 우리는 뿌리기만 하면 하나님은 자라게 하신다고 말씀하고 있습니다. 우리가 복음을 전파해야 하는 가장 중요한 이유는 주님께서 명하셨기 때문입니다. 주님께서는 우리 성도들에게 온 천하에 다니며 만민에게 복음을 전파하라고 하셨습니다(막16:15).

셋째, 하나님을 기쁘시게 해야 합니다. 자녀의 삶의 목적이 무엇입니까? 그것은 하나님을 기쁘시게 하는 것입니다. 웨스터 민스터 신앙고백서에 "사람이 사는 목적은 하나님을 영화롭게 하며 영원히 그를 즐거워하는 것이다."라고 하였습니다. 사도바울은 고전10:31절에서 "그런즉 너희가 먹든지 마시든지 무엇을 하든지 다 하나님의 영광을 하라."고 고린도교회에 가르쳤습니다. 하나님을 기쁘시게 하는 삶을 살기위해서는 먼저 하나님을 사랑하는 마음이 있어야 합니다. 세상에 어떤 것보다도 하나님을 제일로 사랑하는 마음이 있어야 합니다. 우상이란 무엇입니까? 하나님보다 더 사랑하는 것은 우상입니다. 허무한 것입니다. 영원하지 못한 것입니다. 다윗시대에 찬양대장 이었던 아삽은 "땅에서는 주밖에 나의 사모 할 자가 없나이다."(시73:25). 고백 하였습니다.

하나님은 창조주이시고, 만물의 주권자가 되십니다. 독생자 예수그리스도를 세상에 보내 주셔서 우리를 죄와 저주와 사망의 속박에서 풀어 구원하여 주셨습니다. 하나님만이 선하시고, 참 사랑이시고, 진리가 되시고, 영원하시고, 생사화복을 주장하시고, 만복의 근원이 되십니다. 우리가 하나님에 대하여 아무리 잘 안다고 하더라도 하나님께서 우리 마음에 하나님을 사랑하는 마음을 주셔야 합니다. 우리 마음에 주님을 사랑하는 마음으로 불이 붙게 해달라고 기도 하셔야 합니다. 하나님을 사랑하는 마음이 불이 붙을 때 힘이 있고, 기쁨이 있고, 평안이 있고, 행복합니다. 하나님을 사랑하는 마음으로 충만하게 되면 예배가 살아납니다. 기도가 살아납니다. 찬양이 살아납니다. 전도가 살아납니다. 봉사가 살아납니다. 천국을 만끽하며 누리게 됩니다. 모든 것이 살아납니다.

하나님은 영과 진리로 예배하는 자들을 기뻐하십니다. 예배는 인간이 하나님께 대한 최고의 행위입니다. 예배를 소중히 여기는 자는 하나님을 기쁘시게 하는 자들입니다. 예배는 온몸과 마음과 뜻과 전 의지를 다하여 하나님께 드리는 것입니다. 그렇기 때문에 예배는 최상(最上)의 것을 하나님께 드리는 것입니다. 최상의 것을 드리는 자는 하나님을 지극히 사랑하는 자요, 신앙이 좋은 사람입니다. 기독교가 타락하면 예배가 타락합니다. 예배를 소중히 여기지 않습니다. 예배를 적당히 드립니다. 예배에 대한 진심이 없으면 하나님이 기뻐하지 않습니다.

히브리서 11장 4절 말씀에 "믿음으로 아벨은 가인보다 더 나은 제사를 하나님께 드림으로 의로운 자라 하시는 증거를 얻었으니…" 하나님은 가인의 제사를 받지 아니하시고 아벨의 제사를 받으셨습니다. 우리가 하나님 앞에 예배를 드려도 어떤 사람의 예배를 받으시고 어떤 사람의 예배는 받지 않으심을 알아야 합니다. 하나님이 받으시도록 예배를 드려야 복을 받습니다.

하나님은 예배를 가장 소중히 여기십니다. 예배를 잘 드리는 자는 영적으로 깨어있는 자입니다. "오직 선을 행함과 서로 나눠주기를 잊지 말라 이 같은 제사는 하나님이 기뻐하시느니라."(히 13:16). 하나님께서는 자기에게 신령과 진정으로 예배하는 자들을 찾으신다고 하셨습니다(요4:23). 예배는 믿음이 없이는 드릴 수 없습니다. 하나님에 대한 절대적인 신뢰가 뒷받침 될 때 참 예배가 가능합니다.

하나님을 기쁘시게 하는 목적을 가지고 하나님을 기쁘시게 하는 삶을 살아야 합니다. 하나님을 기쁘시게 하는 자는 하나님을 사랑하는 자입니다. 하나님과 동행하는 자입니다. 정직한 삶을 사는 자입니다. 하나님을 기쁘시게 하는 삶이 하나님의 자녀의 본분이며 금세와 내세에 큰 복을 받게 됩니다. 하나님을 기쁘시게 하면 모든 관계가 회복됩니다.

16장 무속신앙의 잔재를 끊어내지 못해서

(레 20:6)"접신한 자와 박수무당을 음란하게 따르는 자
에게는 내가 진노하여 그를 그의 백성 중에서 끊으리니"

예수를 믿고 성령으로 거듭난 크리스천이 진리를 따라가기 못
하고 지금 천국을 만끽하며 누리지 못하는 것은 교회에 무속신
앙의 잔재가 남아있기 때문입니다. 무속신앙 뒤에 역사하는 영
들이 성도들을 진리 속으로 들어가지 못하게 방행하는 것입니
다. 샤머니즘에서 출발한 무속은 원시종교의 한 형태 또는 그 단
계로서 엑스터시와 같은 이상심리 상태에서 초자연적 존재 와
직접 접촉·교섭하여, 이 과정 중에 점복, 예언, 치병, 제의, 귀신
의 인도 등을 행하는 주술적이며, 종교적 직능자인 샤먼을 중심
으로 하는 종교현상을 말합니다. 신에게 잘되게 해달라고 빌어
서 복을 받는 것입니다. 한국의 무속신앙은 서민층의 종교의식
이 집약된 것으로, 외래종교가 들어오기 전의 아득한 상고시대
로부터 한민족의 주류를 형성하고 있었고 민간신앙으로서 한민
족의 정신 속에 뿌리 깊게 자리 잡고 일상생활을 통하여 생리화
한 살아있는 종교의 형태로 전승되어 왔고, 예언, 악귀 퇴치, 의
료 행위 등 우리들의 일상생활 전반에서 형성하고 있습니다.

무속신앙은 원시적 종교의 형태를 벗어나지는 못했지만 종
교로서의 모든 요소를 구비하고 있기 때문에 오늘날에도 살아
있는 종교로서 민간 측에 뿌리 깊이 파고들어 폭넓은 기반을

갖고 있다고 할 수 있습니다. 또한 무속은 기독교, 불교, 유교 등 외래종교가 들어오기 훨씬 이전부터 한민족의 원초적 신앙 기반이었습니다. 이 신앙 기반은 소위 고등종교라고 일컫는 외래종교들의 풍부한 교리들을 한국적인 기복 신앙으로 토속화시키는 데에서 큰 영향을 끼쳐왔습니다. 물론 일부 사람들에 의해 미신으로 치부당하면서도 신관 자체가 이루 말할 수 없이 훼손당하기도 하였지만 그래도 아직은 민중의 마음속 깊은 곳에 원초적 신앙으로 자리 잡고 있는 종합 종교예술 문화라고 할 수 있습니다. 무속은 현실세계 밖의 상황에 비중을 두고, 현실세계와 영적세계 양자의 상황을 모두 믿는 입체적인 사고를 가지고 있습니다.

무속신앙과 기복신의 예를 든다면 ○ 영육의 불치병으로 고통당하는 가족이 있는 경우 불치병이 치유 되에 해달라고 신에게 비는 행위를 무속신앙이라 할 수 있습니다. ○ 수험생 자녀를 둔 부모가 원하는 학교에 들어가게 해 달라고 신에게 기원하는 것입니다. ○ 남편이나 자녀의 승진, 합격, 사업이 잘되어 돈을 많이 벌어 행복을 누리도록 기원합니다. ○ 아이가 없는 이는 아이를 갖게 해 달라는 기원 등등 소원을 신에게 비는 행위를 무속신앙이라 할 수 있습니다. 그런데 성경과 불경에는 기복 신앙을 하면 안 되는 것으로 되어 있기 때문에 기복 신앙은 절대 금물인 것이 원칙입니다. 그러나 교인이나 불자에게 "기복"을 못하게 하면 교회나 절에 다닐 사람이 얼마나 되겠습니까? 즉 현세에는 복을 빌기 위하여 교회, 절, 성당을 가는 이유이고, 내세에서 영원한 천국이나 극락왕생을 외치는 행위도 말만 다르지 일종의 소원을 비는 행위라 할 수 있습니다.

그렇기 때문에 일반적인 세상 사람들의 지식으로는 현세의 기독교, 불교, 전통신앙인 토속신앙(무속신앙)은 근간에 있어서는 비슷하다고 할 수 있습니다. 그러나 기독교는 분명하게 다릅니다. 기독교는 예수님을 믿는 순간 죄인인 옛 사람은 죽고 새사람으로 태어나서 예수님의 인생을 사는 것입니다. 현재 불교에서 행해지는 몇 가지 무속적인 성격의 행사를 보면, 삼재 풀이, 삼재 부적, 칠석 불공 등 이러한 예들은 불교에서도 토속신앙을 병행한다고 볼 수 있는 것입니다. 다음은 크리스천들에게 무속신앙과 기복신앙이 영향을 미치고 있는 일들입니다.

첫째, 카리스마 있는 사람에게 소망을 둔다. 무속신앙의 잔재 중에 가장 나쁜 것이 카리스마 있는 사람을 의지하는 것입니다. 하나님은 뒷전이고 카리스마 있는 사람에게 무엇이나 얻으려고 하는 것입니다. 얼마 전에 지방에서 올라오신 목사님이 필자에게 어떻게 하느냐고 물어보는 것입니다. 그래서 자신 안에 주인으로 계시는 하나님께 물어보라고 말해주었습니다. 필자가 이분이 문의하는 대로 알려준다면 이분은 계속 사람을 통하여 하나님의 뜻을 알아내려고 할 것입니다. 그렇게 되면 이분은 자신 안에 계신 하나님과 관계를 열수가 없고 지속적으로 카리스마 있는 사람을 의지하는 목사가 될 소지가 다분한 것입니다. 이것이 무속의 영들의 장난입니다. 사소한 것이지만 이런 것을 통하여 무속의 영들이 장난을 치는 것입니다.

필자가 지난 18년간 성령치유 사역하면서 성도들과 상담을 하면서 득문한 바로는 많은 수의 성도들과 목회자가 신령하다는 사람을 의지하다가 사기를 당했다고 후회하는 성도와 목회자를 만났습니다. 대학을 나오고 지성인이라는 성도가 신령하다는 자신의 신상에 어려움이 있으면 찾아간 신령한 목사가 있었다는 것입니다. 이 목회자는 목회도 하지 않았고 군소신학을 나와 목사안수를 받은 여 목회자인데 점쟁이가 점을 치는 형식으로 자신의 문제를 해결하라고 알려주었다는 것입니다. 여기에 속아서 20년을 찾아다녔는데 돈을 요구하고 빌려달라고 해서 빌려주었는데 돌려주지도 않고 모두 계신하니 1억 8,000만원을 **빼앗겼**다는 것입니다. 그러다가 필자의 교회에 나와서 진리의 말씀을 들으면서 깨달으니 자신이 무속신앙의 영향으로 사람을 통하여 장래를 알고 문제를 해결하려는 잘못된 신앙 이였다고 후회하는 것을 보았습니다. 이런 경우가 허다합니다. 모두 무속신앙의 잔재를 끊어내지 못한 연고입니다. 무속신앙의 잔재를 끊어내지 않는 한 지금 천국을 만끽할 수가 없습니다. 자신 안에 주인으로 계시는 예수님과 관계가 열리지 않기 때문입니다. 자동적으로 지금 천국을 만끽하지 못하고 지옥같은 삶을 사는 것입니다.

하나님은 사람을 의지하는 성도를 기뻐하시지 않습니다. 이유는 하나님을 찾지 않기 때문입니다. "여호와께서 이와 같이 말씀하시니라 무릇 사람을 믿으며 육신으로 그의 힘을 삼고 마음이 여호와에게서 떠난 그 사람은 저주를 받을 것이라"(렘 17:5).

이는 영적으로 보면 이해가 가는 것입니다. 하나님의 자녀가 사람을 의지하며 살아가려고 한다면 하나님의 자녀로서 자격이 없는 것입니다. 하나님과 관계가 없는 성도입니다. 자신은 예수를 믿어 하나님께서 주인이라고 생각할지는 몰라도 자기 생각일 뿐입니다. 예수님은 "이르시되 미혹을 받지 않도록 주의하라 많은 사람이 내 이름으로 와서 이르되 내가 그라 하며 때가 가까이 왔다 하겠으나 그들을 따르지 말라"(눅 21:8). 하셨고, "예수께서 이르시되 너희가 사람의 미혹을 받지 않도록 주의하라. 많은 사람이 내 이름으로 와서 이르되 내가 그라 하여 많은 사람을 미혹하리라"(막13:5-6). 보이지 않지만 자신의 주인이신 하나님께만 소망을 두라는 말씀입니다.

그래서 하나님은 무당을 죽이라고 말씀하시는 것입니다. "남자나 여자가 접신하거나 박수무당이 되거든 반드시 죽일지니 곧 돌로 그를 치라 그들의 피가 자기들에게로 돌아가리라"(레 20:27). 또한 박수무당을 따르는 자는 백성 중에서 끊으리라고 하십니다. "접신한 자와 박수무당을 음란하게 따르는 자에게는 내가 진노하여 그를 그의 백성 중에서 끊으리니"(레 20:6). 말씀하십니다. 그런데 무속의 신앙의 영향이 깊숙하게 심겨있어서 무속을 끊지 못하는 크리스천이 있습니다. 심지어는 집사가 되고, 권사가 되고, 장로가 되어도 환경의 문제가 영적인 문제가 생기면 무당을 찾아간다는 것입니다. 어떤 여 집사는 시내를 걸어가다가 빨간 깃발만 보면 들어가 보고 싶은 충동이 생긴다는 것입니다. 이는 여 집사의 무의식에 심겨진 무당의 영이 여 집사를 충동하여 무당집으로 안내하는 것입니다. 무슨 일을 만나든지 당황하지 말고 자신 안에 주인으로 계시는 하나님께 하문하는 습관을 들여야 합니다.

둘째, 변화보다 복 받기 위하여 믿음 생활한다. 무속적 기복신앙의 특징은 무엇보다도 현세 기복적이라고 할 수 있을 것입니다. 복 받기 위하여 예수를 믿는 것입니다. 천국가기 위해서 예수님을 믿는 것입니다. 천국을 목적으로 신앙생활을 하는 것입니다. 이것은 신앙의 목적이 잘못된 것입니다. 분명하게 자신 안에 주인으로 계시는 예수님을 목적으로 신앙생활을 해야 합니다. 예수님을 목적으로 신앙생활을 하다가 보니 결과가 천국이요, 영생이요, 부활이요, 축복이 따라오는 것입니다. 신앙생활의 목적을 바르게 해야 합니다. 이렇게 무속신앙이 예수님을 믿고 신앙 생활하는 목적을 바르게 하지 못하도록 방해한다는 것입니다.

현세 기복적인 것은 비단 무속신앙의 특징일 뿐 아니라, 생존의 본능과 같이 모든 인간의 본능에 속한 것이기도 합니다. 이 땅에서 복을 받아 무병장수(無病長壽)하고 부귀영화(富貴榮華)를 누리며 사는 은 모든 사람들의 바람입니다. 문제는 초자연적인 기독교 신앙조차도 현세적 복의 수단으로 전락하게 될 때 우리는 그것을 현세 기복적 신앙이라고 말할 수 있습니다. 무속신앙의 모티브는 철저하게 현세에서의 복, 그것도 자신이나 자신의 혈족의 평안과 안녕을 위한 개인적, 이기적 복을 추구합니다. 그래서 인류의 평화를 위해 무당을 불러 굿을 하는 사람이 없으며, 아무런 혈연관계가 없는 이웃을 위해 용 바위 밑에 촛불을 켜는 사람이 없습니다.

이러한 현세 기복적 무속신앙은 한국의 그리스도인들에게 많은 영향을 미쳤습니다. 전인축복은 무속적 성향이 강한 한국인들에게 폭발적 인기를 끌었습니다. 그러나 예수를 믿으면 영생도 얻지만 병도 낫고 자식도 잘되고 사업도 성공한다고 선전하면 간사한 인간의 마음은 금방 영생은 잊어버리거나 액세서리가 되고 현세적 복에만 집중하게 됩니다. 무당을 찾아가 치성을 드리듯 새벽기도와 감사헌금을 드립니다. 입시철이 되면 자식의 합격을 위한 모정이 새벽기도회를 가득 채우고, 군대 승진 시즌이 되면 부인들의 정성이 감사헌금 바구니에 넘치는 것은 한국교회에서 볼 수 있는 전형적인 현세 기복적 관행입니다. 그리고 이때를 대목 삼는 기도원들과 교회들도 있습니다. 물론 그런 일이 닥쳤을 때 감사헌금을 하고 새벽기도를 하는 사람들도 나름대로 변명이 없는 것은 아닙니다.

일류대학에 합격시켜주시면, 혹은 승진시켜주시면 하나님의 일을 하겠노라고 다짐합니다. 그러나 평소에 그렇지 못하던 사람이 그런 "이벤트"를 통해 갑자기 믿음이 좋아질 수가 없는 것입니다. 그러니 그런 "이벤트"가 끝나고 다시 일상으로 돌아가면 대부분의 사람들은 언제 기도했느냐는 듯 모든 것은 원대복귀 합니다. 믿음이 자라지를 않는다는 것입니다. 자신 안의 성전에 주인으로 계시는 성령님을 무시하니 성령으로 진리를 깨닫지 못해서 일어나는 현상입니다.

화장실 가기 전에 안달하던 사람이 화장실을 다녀온 후에는 느긋해지는 것과 같습니다. 예수 믿지 않는 사람들이 볼 때는 팔 공산 갓 바위에 가서 100일 기도하는 것이나 교회에 가서 40일 새벽기도 하는 것은 기도하는 날수만 다를 뿐 근본취지에 있어서 별 차이가 없습니다. 요즘 교회에 유행하는 일천번제(一千番祭)라는 것도 현세 기복적 정신으로 이루어진다면 절에 가서 일천배(一千拜) 하는 것과 별 차이가 없습니다. 모두 자기의 현세적 이익을 위한 것이기 때문입니다. 분명하게 전인축복은 성령으로 전인격이 지배와 장악이 되어 하나님의 말씀에 온전하게 순종하는 성도에게 주어지는 것입니다.

정말 하나님께서 인정해주시는 믿음의 성장을 위해서라면 세상에서 모든 사람들이 부러워하는 성공보다는 차라리 모든 사람들이 피하고 싶어 하는 고난이 훨씬 더 유익합니다. 비록 우리의 믿음이 부족해서 그런 기도를 드리지는 못하지만 정말 믿음의 성장을 위해서라면 합격보다는 불합격이, 사업의 성공보다는 파산이, 무병장수보다는 불치의 병고가 훨씬 더 유익합니다. 미적지근하게 신앙생활을 하던 사람도 암 진단을 받고 투병을 해 본 후에는 어떤 제자훈련을 받은 것보다도, 어떤 신비한 체험을 한 것보다도, 어떤 부흥회에 참석한 것보다도, 신학교를 열 개 졸업한 것보다도 더 신앙이 자라게 됩니다.

문제는 이런 무속적이고 기복적인 신앙의 배후에 귀신이 있다는 것입니다. 이 귀신들이 예수를 믿으면서도 무속적이고 기복적인 신앙의 형태를 추종하게 한다는 것입니다. 그리하여 진리이신 성령님을 따르지 못하도록 은밀하게 방해 한다는 것입니다. 성공을 통한 신앙의 성장도 없는 것은 아니겠지만 극히 희귀합니다. 라오디게아 교회처럼 "나는 부자라 부요하여 부족한 것이 없다"(계3:17) 하는 사람들의 신앙이 자라는 것은 "약대가 바늘귀로 들어가는 것"보다 어려운 일입니다(눅18:25). 물론 때때로 사업의 성공을 간증하는 훌륭한 믿음의 사람들이 있지만 그들의 얘기도 자세히 들어보면 대부분 성공할 때보다는 어려움을 겪을 때 믿음이 자랐음을 볼 수 있습니다. 필자도 교회를 개척하고 어려울 때 성령으로 기도를 많이 했고 하나님의 음성도 듣고 영성이 깊어졌습니다. 반대로 일류학교에 합격함으로, 장성으로 승진함으로, 이번 거래만 성사되면 주의 일에 전심하겠노라는 맹세는 대부분 거짓말입니다. 시간이 지나면 언제 그랬느냐는 식으로 망각하게 됩니다. 분명하게 예수를 믿고 성령으로 거듭나 하나님께서 주인 된 성전으로 살면 전인적인 복을 받게 됩니다. 하나님의 말씀에 온전하게 순종하는 사람에게 전인적인 복을 허락하시고 하나님의 나라를 전파하게 하십니다.

셋째, 자신 안에 성전은 관심이 없다. 새벽기도에서 울고불고 하는 것을 보면 세상이 뒤집어질 것 같은 데 교회 문을 나서기가 무섭게 언제 그랬느냐는 듯 그 기도와는 무관하게 살아가는 것입니다. 주일에 성경책을 끼고 교회에 나올 때는 거룩한 것 같은데 월요일부터 시작되는 주중에는 도무지 예수 믿는 것 같지 않게 사는 것도 이원론입니다. 종교적인 분위기와 장소를 벗어나면 전혀 다른 모습으로 살아가는 이원론은 다분히 무속적 뿌리를 갖고 있습니다. 무속신앙이 신이 있다고 믿는 장소에 가서 비는 것으로 고착되었기 때문입니다. 선왕 당이나, 신을 모시는 무당집이나 고목나무 등을 찾아가서 빌었기 때문입니다. 신이 있다고 하는 장소에서는 손이 발이 되도록 빌고 돌아서면 언제 그랬느냐는 듯이 다른 사람으로 살아갑니다. 이렇게 이론적인 무속신앙의 영향이 교회에 들어와 교회 안에서는 성도인데 교회 문만 나서면 세상 사람과 똑같이 살아갑니다.

무속신앙의 뿌리에 귀신이 역사함으로 기도를 하려면 교회나 기도원에 가서해야 기도가 된다는 의식으로 고착되었습니다. 자연스럽게 자신안의 성전에 계시는 하나님께 관심이 없게 됩니다. 나아가 자신 안에 주인으로 계시는 성령님과 관계없는 신앙생활을 하게 됩니다.

이원론의 무속적 뿌리를 찾는 것은 그리 어려운 일이 아닙니다. 간단하게 말하면 무속신들은 모두 국소화(局所化) 되어있고(localized), 전지전능하지 않기 때문입니다. 종교적 의식의 현장을 떠나면 무속신은 아무런 영향력을 행사하지 못합니다. 예를 들어 산신령은 산에만 살기 때문에 산 바깥에 있는 사람들에게는 아무런 영향력을 발휘하지 못합니다. 물귀신 역시 물을 떠난 사람에게는 아무런 영향력을 행사할 수 없습니다. 그래서 일부 성도들이 "부엌에만 들어가면 짜증이 난다." "화장실에서 가위눌림을 당했다." 그런 일을 겪은 후부터 마음이 불안하고 기도가 안 된다고 말을 하는 것입니다. 이는 자신의 무의식에 상처가 있기 때문에 발생하는 현상입니다.

사람들이 그곳, 그 분위기, 그 "현장"에 있을 때는 영향력을 행사할 수 있을지 몰라도 그 "현장"을 떠나면 무속신은 아무런 영향력을 행사하지 못합니다. 다만 그곳에 다시 오도록 충동만을 할 뿐입니다. 그러니 무속신을 섬기는 사람들에게 종교적 의식의 현장 바깥은 감찰하는 신이 없는 곳이며, 따라서 신이 없는 것처럼 살아가게 됩니다. 일단 신의 면전(面前)을 떠나면 그 장소에 매여 있는 신은 사람들에게 아무런 제재를 할 수 없기 때문입니다. 그래서 습관적으로 자기들이 힘을 쓸 수 있는 장소를 찾게 하는 것입니다. 예배당 안에서만 성도가 된다는 것입니다. 예배당 중심의 신앙인이 된다는 것입니다. 하나님께서 주인으로 계시는 성전은 자신 안에 있습니다(고전3:16). 자신은 어디를 가나 하나님과 함께 함으로 항상 하나님을 찾는 성도가 되어야 합니다.

넷째, 밖으로 보이는 행위와 지식적인 믿음생활을 한다. 이러한 무속신앙이 우리들에게 미친 영향을 추리하는 것은 별로 어렵지 않습니다. 하나님을 국소 화된, 다시 말해 장소에 매여 있는 신이라고 생각하며 그 장소를 떠나서는 아무런 영향력을 행사할 수 없는 신이라고 생각하게 됩니다. 기도할 때는 "전지전능(全知全能)하시고 무소부재(無所不在)하시며 영원불변(永遠不變)하신 하나님"이라고 말하지만, 삶의 현장에서는 "교회당 건물 안에만 계시며 사람들이 교회 바깥에서는 무엇을 하는지 도무지 모르시는 하나님"인 것처럼 살아가는 것입니다. 그러니 교회에 와서는 진실한 신자인 것과 같은데 직업의 현장이나 사회 생활에서는 전혀 하나님이 없는 것처럼 사는 것입니다. 자신 안에 성전이 있는 것조차 인식하지 못하고 믿음생활을 합니다. 자신 안에 성전삼고 주인으로 계시는 하나님은 안중에도 없다는 것입니다. 적당하게 분위기가 잡히면 울고불고 금방이라도 성자가 될 것과 같은데 그 분위기를 떠나면 언제 그랬느냐는 듯 말짱한 "제정신"입니다. 손들고 노래 부르는 것이 유행이 된 요즘은 손을 든 채 복음성가를 부르는 모습을 보면 천국에 있는 것 같은데 그 곳을 떠나면 전혀 그렇지가 않습니다.

사실 이원론적 신앙은 비단 한국인들만의 문제는 아닙니다. 서구 교인들도 대부분 우리들과 비슷한 이원론적 삶 때문에 고민하고 있습니다. 저들의 종교적 심성의 뿌리에도 우리들과 비슷한 "무속신앙"의 특성이 있기 때문입니다.

기독교 신앙이 전래되기 전까지는 서구인들도 온갖 잡신들, 국소 화된 신들을 섬겼기 때문입니다. 서구인들의 전통신앙을 가장 잘 볼 수 있는 곳이 바로 그리스, 로마 신화입니다. 그곳에 등장하는 신들은 한국의 무속신들과 크게 다르지 않습니다. 다만 한국의 무속신들은 대부분 장소에 매어 있는데 비해 저들의 신들은 장소만이 아니라, 기능에 매여 있는 신들도 있다는 점이 다를 뿐입니다. 고대 서구인들은 숲에 가면 요정들이, 바다에 가면 포세이돈이 있다고 믿었으며, 사랑은 에로스라는 신이, 술은 박카스라는 신이 주관한다고 믿었습니다. 이러한 신관이 1500여 년의 오랜 기독교적 전통으로 인해 많이 약화되었으며 이로 인해 서구인들의 이원론적 행습의 정도는 우리들보다 좀 덜할 뿐입니다. 이원론적 삶은 타락한 인간의 보편적 현상이라고 할 수 있습니다.

다섯째, 무속신앙의 잔재를 끊어내야 한다. "예수 믿고 복 받읍시다"라는 말을 흔히 듣는데, 이 말은 오해의 소지가 많습니다. 필자는 이렇게 말하라고 합니다. "예수 믿고 지금 천국 누립시다." 분명하게 예수님을 믿으면 지금 천국을 만끽하며 누리게 되는 것입니다. "예수 믿고 복 받읍시다"라는 말은 기독교가 물질적인 축복을 제공하는 샤머니즘적 종교로 인식되기 쉽습니다. 성경이 말하는 내용은 하나님의 일에 있습니다. 예수님의 십자가를 통하여 하나님의 일이 공개되어지는 것입니다.

살아계신 하나님을 나타내시게 하기 위하여 예수를 믿게 하고, 죄가 용서되어 구원 받은 것이 하나님의 영광, 그리스도의 이름을 위한 일임을 만방에 선포하기 위해서입니다. 하나님은 "그런즉 너희는 먼저 그의 나라와 그의 의를 구하라 그리하면 이 모든 것을 너희에게 더하시리라"(마 6:33). 하셨으니 자신 안에 성전이 견고하여 지면 살아계신 하나님을 나타내시기 위하여 전인적인 복을 허락하시는 것입니다. 그러나 하나님과 나 사이에 올바른 관계가 형성되어 세상에서 복 받고 하나님의 영광을 드러내며 사는 것만이 아니라, 하나님과 예수님의 관계를 통하여 진리로 가득한 하나님의 나라의 실체를 보여 주시려는 것입니다.

그러나 예수 잘 믿어 복 받는다는 이 구호는 예수를 믿는 것이 물질적인 축복과 정비례한다는 믿음을 심어 주는 것입니다. 예수를 잘 믿으며 잘 살고 내 영혼이 매사에 잘된다는 의미가 된다는 것입니다. 지금 천국을 만끽하며 살아가게 됩니다. 당연하게 물질적인 복도 따라오게 됩니다.

그런데 이런 현세적인 복만을 추구한다면 결국 이런 신앙은 무속신앙에서 비롯된 현세 중심적 기복 사상이라고 볼 수 있습니다. 이런 종류의 축복을 강조하는 신앙은 예수를 자신을 위한 신으로 믿었기 때문에 그 안에 진리로 인한 영생은 없습니다. 질병을 통해 보여 주시고자 하는 하나님의 의가 없습니다. 하나님의 섭리, 가난, 질병, 죄 등을 통해서 역사하시는 하나님의 일을 볼 수 없습니다. 그리스도의 의를 드러내시고자 하는 하나님의 진정한 뜻을 알지 못하는 우매한 짓인 것입니다.

어떤 교회들은 성령의 역사와 샤머니즘적 형태와 차이점을 찾아보기 힘들 정도로 성령의 역사를 주술적으로 사용하는 현상들을 볼 수 있습니다. 성령께서는 그리스도를 증거 하는 진리의 영입니다. 성령의 사역은 오직 진리 되신 그리스도를 증거 하는 일만 하십니다. 죄에 대하여, 의에 대하여, 심판에 대하여 세상을 책망합니다. 그러나 성령의 카리스마를 강조하는 교회에서는 주로 성령은 병을 고치며, 신비한 은사를 제공하는 영험한 신쯤으로 이해한다는 것이 잘못된 것입니다. 그 신내림을 받은 무당의 역할이 병든 자를 고치는 주된 임무와 마찬가지로 성령의 역사를 병 고치는 일, 신비적인 체험에만 제한시킵니다.

그러나 성령은 그러한 우리의 일과 상관이 없습니다. 오직 예수 그리스도의 일에만 상관하십니다. 성령은 우리에게 오셔서 예수 그리스도의 진리의 말씀을 믿지 못하는 우리의 죄를 책망하십니다. 하나님의 의가 되신 예수 그리스도말씀을 증거 하십니다. 그리고 성령의 일을 오해하여 교회 안에서 푸닥거리를 하는 세상에 대하여 이미 심판을 받았다고 선언하십니다. 진리의 영이신 성령은 오직 진리의 말씀만이 증거 되게 하기 위해서 일하십니다. 진리를 따라가게 되면 자연스럽게 영혼이 잘되고 범사가 잘되어 하나님의 살아계심을 증명하게 되는 것입니다. 성령하나님을 병고치고 문제해결하고 축복받게 하는 도구로 생각하지 말라는 것입니다. 성령께서 자신의 전인격을 지배하고 장악하시니 세상신이 떠나면서 자연스럽게 병이 고쳐지고 환란과 풍파를 일으키던 귀신이 떠나기 때문에 전인적인 축복을 받는 것입니다. 그래서 현세 복을 받으려고 하기 전에 성령님이 지배하고 장악당하기 위하여 관심을 가져야 합니다.

문제는 무속신앙을 통해 들어온 귀신이 떠나가는데 시간이 걸립니다. 자신이 무속신앙을 추구할 때 자신의 무의식에 무속의 영과 기복신앙을 추구하게 하는 영들이 침입했다는 것입니다. 이들이 진리 속으로 들어가는 것을 방해하니, 관심을 가지고 성령의 지배와 장악이 되려고 노력해야 할 것입니다. 자신 안에 하나님께서 주인으로 거하시는 성전이 되는 일에 관심을 집중해야 합니다. 자신이나 조상이 무속신앙을 접했다면 고통을 당하기 진에 무속의 영들을 축사해야 할 것입니다. 성령으로 지배와 장악이 되고 성령의 인도를 받아야 합니다. 그래야 지금 천국을 만끽하며 살아갈 수가 있습니다.

　그런데 무속적인 신앙의 잔재가 쉽게 끊어지지 않습니다. 말과 행동이 바뀌지 않기 때문입니다. 옛 날에 하던 대로 불쑥불쑥 말이 나오고 행동이 나오기 때문입니다. 대표기도를 하는 것을 보면 지금 천국을 만끽하며 누린다는 말이 쉽게 나오지 않고, 죽어서 천국 간다는 말이 먼저 나옵니다. 필자가 주중(화수목)에 성령치유 집회할 때 예수님 잘 믿고 성령으로 지배와 장악되어 지금 천국을 만끽하며 누려야 한다고 말하면 나이 드신 분들이 저를 뚫어지게 쳐다봅니다. 자신들이 믿고 생각하고 말하던 것하고 다르기 때문입니다. 어느날은 필자가 왜 지금 천국을 만끽하며 누려야 하는 지를 설명합니다. 혹시 이단이 아닌가 오해하실 수가 있기 때문입니다. 지금 한국교회 일부 크리스천들은 하나같이 "천국가려고 예수를 믿는다. 예수 믿으면 천국 간다."라고 알고 말하고 믿고 있습니다. 늘 그렇게 말하고 행동했기 때문입니다. 필자도 고쳐지는데 상당한 기간이 걸린 것 같습니다. 이렇기 말하고 행동하기 때문에 자신에게 역사하던 무속의 영들이 쉽사리 떠나가지 않는 것입니다. 그러니 근본이 바뀌지 않고 다람쥐가 채바퀴 도는 형색이 되는 것입니다. 말이 바뀌어야 지금 천국을 만끽하며 누리려고 관심을 갖게 될 것입니다. 빨리 알아차리고 고쳐야 지금 천국을 만끽하며 누릴 수가 있을 것입니다.

17장 보이는 사람을 의지하는 신앙으로

(마 24:4-5)"예수께서 대답하여 이르시되 너희가 사람의 미혹을 받지 않도록 주의하라. 많은 사람이 내 이름으로 와서 이르되 나는 그리스도라 하여 많은 사람을 미혹하리라."

사람을 의지하는 성도는 지금 천국을 누리지 못합니다. 하나님의 말씀보다 사람의 말을 우선으로 하는 사람을 멸시하기 때문입니다. 창세기 3장 17절로 19절에 그것이 기록되어 있는 것입니다. "아담에게 이르시되 네가 네 아내의 말을 듣고 내가 네게 먹지 말라 한 나무의 열매를 먹었은즉 땅은 너로 말미암아 저주를 받고 너는 네 평생에 수고하여야 그 소산을 먹으리라" 그래서 아담은 에덴에서 쫓겨난 것입니다. 하나님은 이렇게 강조하십니다. "여호와께서 이와 같이 말씀하시니라 무릇 사람을 믿으며 육신으로 그의 힘을 삼고 마음이 여호와에게서 떠난 그 사람은 저주를 받을 것이라"(렘 17:5). 지금 천국을 만끽하며 누리려면 자신 안에 주인된 하나님과 관계를 친밀하게 해야 합니다.

크리스천들이 하나님은 영이시라 보이지 않으니, 카리스마 있는 목회자에게 소망을 두고 믿음 생활하는 경우가 너무나 많습니다. 예수님도 하나님의 자녀들이 보이는 사람에게 소망을 두지 않고, 보이지 않는 하나님께로 의식을 돌리도록 하십니다. 보이지 않는 하나님이 주인이시기 때문입니다. 크리스천들이 하나님께서 보이지 않는 고로 보이는 사람을 하나님보다 더 의지하려는 성향이 강하기 때문입니다. 옛 사람이 죽고 성령으로 거듭나지 못했기 때문입니다. 예수를 믿고 성령으로 거듭났다고 입심 좋게 말하지만 여전하게 옛 사람이 주인노릇을 하고 있기 때문입니다. 이렇게 옛 사람이 여전하게 주인 노릇을 하고 있으니 예수를 20년을 믿어도 변화되지 못하는 것입니다. 깨닫고 보면 세상에서 목회자들의 미혹처럼 무서운 것은 없습니다. 왜냐하면 사기꾼들에게 미혹 당하는 경우에는 금전의 손해만 보면 됩니다. 목회자에게 미혹을 당하면 영혼을 사냥당할 수도 있습니다. 필자가 그동안 성령치유 사역을 하면서 체험한 바로는 목회자나 성도들이나 할 것 없이 카리스마 있는 사람의 미혹을 받고 고통을 당했다는 것입니다.

본문 말씀은 제자들 모두는 사전에 서로 의논하고 감람산에 이르러 은밀하게 묻는 것입니다. 마가복음의 병행구절(막 13:1-4)에서는 제자들 중의 실세인 베드로와 야고보와 요한과 안드레가 종용히 묻습니다. 베드로와 안드레는 친 형제이며 야고보와 요한 역시 친 형제입니다. 그들은 다른 제자들보다 예수를 가장 먼저 만난 사람들입니다. 그러나 누가복음의 병행구절(눅 21:5-7)에서는 특정인이 아닌 어떤 사람이 묻는 것으로 기록되어 있습니다. 이러한 제자들의 우문(愚問)에 대한 예수님의 첫 대답이 "너희가 사람의 미혹을 받지 않도록 주의하라"는 것입니다. 실상인즉 "너희 마음 안의 돌 성전이 돌 위에 돌 하나도 남지 않고 무너지는 그 때가 이르면 사람의 미혹을 받지 않도록 주의하라"는 말씀입니다. 쉽게 설명하면 육신의 눈으로 보이는 사람에게 소망을 두지 말라는 말씀입니다. 보이는 사람에게 소망을 두고 따르다가 그가 보이지 않으면 스스로 설수가 없기 때문입니다. 자신의 주인이신 보이지 않는 하나님께 소망을 두어야 보이는 사람이 떠나거나 사망하여 보이지 않더라도 실망하지 않는 다는 말입니다. 육신의 눈에 보이는 예수님이 돌 위에 돌 하나도 남지 않고 다 무너지는 때(십자가에서 해 받으시면)는 예수 그리스도를 통하여 얻어 보겠다는 제자들이 낙심하는 때를 비유하여 말씀하신 것입니다. 실제로 예수님이 십자가에서 해 받으시자, 제자들은 모두 희망을 잃어버리고 본업으로 돌아갔습니다. 부활하신 예수님이 찾아가셔서 베드로에게 2번을 사랑하느냐고 물으신 3번째, "내가 주님을 사랑하는 줄을 주님께서 아시나이다. 예수께서 이르시되 내 양을 먹이라"(요21:17하). 말씀하시며 이제 주님을 의지하지 말고 주님을 대신하여 "내 양을 먹이라"고 사명을 확인하여 주십니다.

예수님께서 베드로에게 사명을 주시는 그 때에 이르러서야 보이는 눈으로 세상이 원하는 것으로 기쁨을 누리지 아니하고, 하나님이 원하시는 것으로 기쁨을 누리게 되는 것입니다. 그 기쁨은 누구도 빼앗을 자가 없는 영원한 기쁨이 되는 것입니다. 그 기쁨은 하나님을 사랑함에서 발원한 기쁨이기 때문입니다. 그 기쁨 이외의 어떠한 기쁨으로도 거룩함에 이르지 못할 것이기 때문에 우리 모두의 소망이 되어야 합니다. 그렇지만 제자들의 관심사인 "주의 임하심과 세상 끝 날"에 대한 소망은 현재로써는 스승의 생각과 도저히 같을 수 없는 평행선입니다.

"지금은 너희가 근심하나 내가 다시 너희를 보리니 너희 마음이 기쁠 것이요 너희 기쁨을 빼앗을 자가 없으리라. 그 날에는 너희가 아무 것도 내게 묻지 아니하리라. 내가 진실로 진실로 너희에게 이르노니 너희가 무엇이든지 아버지께 구하는 것을 내 이름으로 주시리라. 지금까지는 너희가 내 이름으로 아무 것도 구하지 아니하였으나 구하라. 그리하면 받으리니 너희 기쁨이 충만하리라."(요 16:22-24). 그 때가 되면 아버지께 구하는 모든 것을 받을 수 있고 기쁨이 충만하리라고 예언하시지만, 바로 그 때에 오히려 육적인 눈에 보이는 사람의 미혹을 받지 않도록 주의하라고 경계하십니다. 쉽게 말하면 제자들이 예수 그리스도와 같은 능력이 있을 때에 사람의 미혹(추종)을 받는다면 그는 적그리스도요 루시퍼가 될 것이기 때문입니다.

사람의 미혹이란 다른 사람이 나를 미혹한다는 뜻이 아니라, 나 스스로 세상 사람들이 좋아하는 미혹에 빠진다는 의미도 포함됩니다. 즉 세상 사람들이 추종하는 인물이 되어 재물과 권력과 명예와 능력의 미혹에 빠질 것임을 말씀하신 것입니다. 그 미혹을 피하려고 예수는 그를 추종하는 허다한 무리들을 얼마나 자주 피하셨습니까? 그 미혹을 피하려고 세례 요한의 옥에 갇힘과 죽음의 소식을 접하고도 말없이 멀리 피하셨던 것입니다.

예수께서 사람이 원하는 미혹에 빠졌다면 유대의 임금이 되었지 절대로 십자가에 못 박히지 않았을 것입니다. 예수께서는 하나님께로부터 받는 기쁨이 무엇인지 알기 때문에 세상으로부터 받는 기쁨을 취하지 않았던 것입니다. 예수의 기쁨을 마귀라도 빼앗을 수가 없었던 것입니다. "많은 사람이 내 이름으로 와서 이르되 나는 그리스도라 하여 많은 사람을 미혹하리라."(마 24:5). 천사장 루시퍼가 자기의 자리를 떠나 하나님과 견주려 할 때 그는 사탄이 되었습니다. 섬김의 자리를 버리고 군림의 자리를 탐하였기 때문입니다. 스승인 예수께서 제자들에게 경계하신 것이 그 때에 이르러 루시퍼와 같이 섬김의 자리를 버리고 군림의 자리를 탐할 것을 경계하셨던 것입니다. 예수 이후 신약 시대인 지금까지 얼마나 많은 자칭 예수가 출현했습니까?

오늘 예수께서 우리들에게 강력한 메시지를 전하고 있는 것입니다. 너희 안의 율법 신앙, 즉 돌로 지은 예루살렘 성전이 돌 위에 돌 하나도 남지 않고 무너지고, 하나님의 생명의 복음이 들릴 때에 사람의 미혹을 받아 너 스스로 세상 사람들이 원하는 영광을 취하지 말고 십자가를 지라 하시는 것입니다. 그 때에 사람의 미혹을 받는 자들이야말로 히브리서 기자가 강조하였던 한 번 빛을 받고 하늘의 은사를 맛본 사람들인 것입니다(히 6:4-6).

우리 모두는 말세에 거짓 선지자가 많이 일어나 사람들을 미혹할 것이라고만 알았습니다. 즉 거짓 선지자가 나를 미혹하는 것이지, 내가 거짓 선지자가 되어 많은 사람을 미혹하게 될 것이라는 것은 조금도 깨닫지 못하였던 것입니다. 예수께서 제자들에게 그 때에 이르러 "사람의 미혹을 받지 않도록 주의하라"고 말씀하신 이유가 여기에 있습니다. 제자들과 예수께서 대화하고 있는 지금, 제자들은 철저히 사람의 미혹을 받고 있습니다. 스승인 예수를 통하여 사람의 영광을 취하려고 하고 있습니다.

그와 마찬가지로 세상의 모든 사람들은 정도의 차이만 있을 뿐 사람의 미혹을 받고 있고, 그 재미와 소망으로 살아가고 있습니다. 그런 사람들에게 사람의 미혹을 받지 말라고 경계하시는 것이 아닙니다. 지금 그들에게는 아무리 경계한들 쇠귀에 경 읽기일 뿐이기 때문입니다. 그러나 하나님의 말씀을 배우고 묵상하고 상고하는 자들에게는 율법 신앙의 종말의 때가 있을 것이며, 그 때에 또 사람의 미혹을 받는다면 다시 새롭게 하여 회개하게 할 수 없으므로 사람의 미혹을 받지 말라고 하시는 것입니다.

첫째, 카리스마 있는 지도자의 말만 듣고 따라가지 마라. 많은 수의 크리스천들이 사람을 통하여 하나님의 뜻을 알려고 신령한 사람을 의지하는 경향이 많습니다. 하나님은 성령으로 거듭난 성도는 성도 안 성전에 계시는 성령으로 뜻을 알려주십니다. 세상 사람과 믿음이 약한 사람은 천사를 통하여 뜻을 알려주십니다. 예수를 믿고 성령으로 거듭난 사람은 성령으로 직접 뜻을 전해주십니다. 이는 고넬료 가정의 성령체험을 생각하면 쉽게 이해가 됩니다. 백부장 고넬료의 믿음에 대해 기록하고 어떤 축복을 받았는지를 구체적으로 설명하고 있습니다. 백부장 고넬료는 이방사람이라고 기록되어 있습니다. 그는 유대 민족도, 이스라엘 사람도 아니었습니다. 그러나 그는 이방인으로서 최초의 기독교인이 되어서 성령을 받고 주변 사람들을 전도함으로 큰 역사를 일으킨 인물이 되었습니다. 백부장 고넬료는 로마 장교요, 이방인이었지만 경건한 사람이었습니다. 그의 집안 식구들 모두가 하나님을 경외했습니다. 그는 항상 하나님께 기도하는 신앙을 가졌습니다. 그리고 어려운 백성들을 많이 구제해서 주변사람들에게 칭찬과 존경을 받았습니다. 어느 날 고넬료는 제 구 시쯤 되어 기도하던 중에 환상을 보게 되었습니다. "하나님의 천사가 나타나서 그의 기도와 구제가 하나님 앞에 상달되고 기억하신바 되었으니 사람을 욥바에 보내서 베드로라 하는 시몬을 청해서 말씀을 들으라"고 했습니다. 그는 즉시 하나님의 음성에 순종하여 집안 하인과 군졸을 욥바로 보냈습니다.

욥바에 있던 베드로도 지붕에 올라가서 기도하다가 환상을 보았습니다. 하늘에서 큰 보자기 같은 그릇이 내려오는데, 그 속에는 부정한 짐승들이 가득 들어있었습니다. 그런데 그 때 하늘에서 그것을 먹으라는 음성이 들렸습니다. 베드로는 "그럴 수 없습니다. 저는 깨끗하지 않은 부정한 것들을 먹은 적이 없습니다."라고 대답하였습니다. 그러자 하나님께서 "내가 깨끗하다 한 것을 네가 속되다 하지 말라."고 하셨습니다. 베드로는 세 번이나 똑같은 환상을 보았지만 그것이 무엇을 뜻하는지 알 수 없었습니다. 그 때 마침 고넬료가 보낸 사람들이 도착을 했습니다. 그들을 만난 베드로는 자신이 본 환상의 의미를 깨달았고, 그들을 따라가라는 성령의 음성을 직접 들었습니다. 그래서 베드로는 그들을 따라 가이사랴에 있는 고넬료의 집으로 갔습니다.

고넬료는 가족과 친척, 친구들까지 모두 불러모아놓고 예배드릴 준비를 하고 기다리고 있었습니다. 베드로가 도착하자 고넬료는 베드로에게 달려가 엎드려 절을 하였습니다. 베드로는 고넬료에게 일어나라고 한 뒤 예배를 드렸습니다. 고넬료의 집에 모인 사람들은 베드로가 전하는 말씀을 듣고 은혜를 받고, 성령 충만을 받아서 방언으로 기도하고, 하나님을 높이며 찬양했습니다. 정리하면 고넬료는 천사가 하나님의 뜻을 알려주었습니다. 베드로는 성령께서 직접 뜻을 알려주셨습니다. 성령으로 거듭난 크리스천은 이제 자신 안에 주인으로 계시는 성령으로부터 하나님의 뜻을 알아야 합니다.

둘째, 카리스마 있는 사람만을 의지하여 능력 받으려 하지 말라. 필자가 말하려고 하는 깊은 뜻은 능력이 있는 사람만 의지하여 사람에게 받으려고 하지 말라는 것입니다. 하나님께 기도하여 하나님께서 만나게 하는 사람을 통하여 능력을 받으라는 말입니다. 자신이 능력이 있다는 사람을 결정하여 능력을 받으려고 하지 말고 성령께서 감동하시어 만나게 하는 사람을 통해 전이 받으라는 말입니다. 하나님께서 만나라는 사람을 통하여 하나님과 관계를 열면서 자신의 능력으로 만들라는 것입니다.

그 사람에게 역사하시는 성령님은 뒷전이고 능력 있는 사람만을 의지하지 말라는 것입니다. 하나님은 능력은 필요한 분들에게 모두 주셔서 사용하면서 살아계신 하나님을 증명하게 하십니다. 그렇기 때문에 능력을 받으려면 먼저 자신 안에 주인으로 계시는 성령님께 기도하라는 것입니다. 기도하다가 보면 성령님이 감동하십니다. 어디를 가라고 하시든지, 서점에 가라하시든지, 국민일보 광고를 보는 순간 가보라는 감동을 하시든지… 그러면 지체도 하지 말고, 거리가 멀다고 생각도 하지 말고, 여건을 고려하여 합리를 가지고 분석하지 말고 찾아가는 것입니다. 분명하게 성령님께서 그곳에서 능력을 받게 하시려고 감동하시고 찾아가게 하신 것입니다. 자신이 찾아가지만 실상은 자신의 주인이신 성령님이 데리고 가시는 것입니다.

그러면 그곳에서 자신이 목적한 능력을 받을 때까지 기다리는 것입니다. 능력은 어떻게 받느냐 입니다. 첫째로 포기하지 않는 신앙이 필요합니다. 신앙은 타협이 아닙니다. 열왕기하 2장에 나오는 엘리사를 보시고 교훈을 얻으시기를 바랍니다. 일단 결심한 엘리사의 마음은 요지부동입니다. 길갈에서 엘리야가 엘리사에게 "청컨대 너는 여기 머물라 여호와께서 나를 벧엘로 보내시느니라." 말합니다. 그 때 엘리사가 "여호와의 사심과 당신의 혼의 삶을 가리켜 맹세하노니 내가 당신을 떠나지 아니하겠나이다" (왕하2:2절)하고 주장하였습니다. 이와 같은 엘리야의 권면과 엘리사의 주장은 벧엘에서도, 여리고에서도, 요단에서도 반복되었던 것입니다. 엘리사의 마음은 시종일관 필사적이었습니다. 엘리야의 능력이 자기에게 임할 때까지 포기하지 않았습니다. 엘리야의 영감의 갑절이 자기에게 주어질 때까지 자기 선생을 따르겠다는 것이 엘리사의 비상한 결심이었습니다. 포기하지 않겠다는 것입니다. 능력을 받으려는 분들도 이러한 포기하지 않는 믿음이 중요합니다. 어떠한 고난과 어려움이 있다 해도 포기하지 않고, 끝까지 믿음을 갖고 주님을 따라가는 모두가 되기를 바랍니다.

둘째로 하나님을 직접 만나야 합니다. 열왕기하 2장 11절 읽어보면 "두 사람이 행하며 말하더니 홀연히 불 수레와 불 말들이 두 사람을 격하고 엘리야가 회리바람을 타고 승천하더라." 죽지 않고 승천한 사람이 몇 명인가? 3명입니다. 에녹, 엘리야, 예수님. 엘리사는 요단 강변에서 하나님이 엘리야를 데려가시는 것을 목격합니다. 하나님은 회오리바람으로 엘리야를 데려가십니다. 11절의 "불 수레와 불 말들"은 엘리야가 타고 가는 것이 아닙니다. 그것들은 엘리야와 엘리사를 갈라놓는 역할을 합니다. 불 수레와 불 말은 하나님의 임재를 상징합니다. 엘리사는 엘리야에게서 무엇을 얻기를 원했습니다. 엘리사는 끝까지 엘리야를 붙들려고 했습니다. 그러나 하나님은 엘리사에게 말씀하십니다. "왜 엘리야만 계속해서 바라보느냐! 이제는 나를 보아라. 나를 만나 거라. 엘리야가 한 시대에 내가 준 사명을 감당했듯이, 이제는 내가 네게 사명을 맡긴다. 나를 만나는 사람이 내 사명을 감당할 수 있다." 성령의 음성을 듣고 순종해야 합니다.

엘리야의 승천 직전에 엘리사는 하나님의 임재를 체험합니다. 하나님 임재의 체험이 엘리사를 선지자로 세웁니다. 이제 엘리사는 자신이 하나님의 사람으로 행동해야 한다는 것을 깨닫게 됩니다. 성도는 하나님을 만나야만 합니다. 만나지 않고 체험하지 않고 누군가에게 듣고, 배워서 할 수가 없습니다. 이 시간 구경만 하는 것이 아니라, 한 사람 한 사람 하나님을 만나길 바랍니다. 체험 있는 신앙을 가지기를 바랍니다.

셋째로 하나님만 바라보고 의지해야 합니다. 열왕기하 2장 14절을 보면 "엘리야의 몸에서 떨어진 그 겉옷을 가지고 물을 치며 가로되 엘리야의 하나님 여호와는 어디 계시니이까 하고 저도 물을 치매 물이 이리저리 갈라지고 엘리사가 건너니라" 공동번역에 보면 이렇게 표현되어 있습니다. "엘리야의 겉옷으로 물을 쳤으나 물이 갈라지지 않았습니다. "그래서 엘리야의 하느님 야훼여, 어디계십니까?" 하면서 물을 치자 물이 좌우로 갈라졌습니다. 그리하여 엘리사가 강을 건너는데" 엘리사가 엘리야의 흉내를 내어 겉옷을 들고 스승의 힘을 빌어 요단강을 칠 때 물이 갈라지지 않았습니다. 그러나 엘리사는 이제 직접 하나님을 찾았습니다. 자신이 하나님을 직접 찾고, 하나님께 기도합니다. 이 말은 엘리사가 이젠 다른 것을 의지하지 않고 오직 하나님만을 의지한다는 것입니다. 하나님과 동행하는 것입니다. 이제 사람을 통해서 하나님을 만나려고 하지 말고 직접 만나 체험하기 바랍니다. 직접 하나님을 찾고 만나야 합니다. 당신은 지금 무엇을 의지합니까? 세상의 힘, 지식, 기술, 능력, 지혜, 돈, 건강을 의지합니까? 무엇보다 우리의 의지할 것은 하나님밖에 없음을 믿기를 바랍니다. 직접 하나님을 의지하기를 바랍니다.

그런데 문제가 무엇인가하면 자기 생각대로 찾아가고, 자기 생각대로 돌아온다는 것입니다. 한마디로 자기 마음대로 한다는 것입니다. 기본이 되지 않은 것입니다. 이런 분은 능력은 커녕 성령의 사람으로 변화되지도 못합니다. 자신이 예수를 믿을 때 죽지 않고, 자신이 그대로 살아있기 때문에 성령님께서 자신을 통하여 아무것도 하실 수가 없습니다. 영이신 성령님이 육체인 자신을 통하여 무엇을 하실 수가 있겠습니까? 분명하게 하나님은 하나님께서 분명하게 말씀하셨습니다. "그리스도의 사랑이 우리를 강권하시는 도다. 우리가 생각하건대 한 사람이 모든 사람을 대신하여 죽었은즉 모든 사람이 죽은 것이라. 그가 모든 사람을 대신하여 죽으심은 살아 있는 자들로 하여금 다시는 그들 자신을 위하여 살지 않고 오직 그들을 대신하여 죽었다가 다시 살아나신 이를 위하여 살게 하려 함이라(고후 5:14-15)" 분명하게 "자신을 위하여 살지 않고 오직 그들을 대신하여 죽었다가 다시 살아나신 이를 위하여 살게 하려 함이라고"하셨습니다. 예수님을 위하여 살게 하려고 부르신 것입니다. 예수님께서 하신 일을 하게 하려고 부르신 것입니다. 예수님은 영이십니다. 육체가 죽지 않고 예수님을 위하여 살아갈 수가 없습니다. 그래서 죽었다고 다시 살아나 예수님으로 살도록 하시는 것입니다. 이제 자신의 인간적인 생각이나 지혜나 열심으로 살지 말아야 합니다. 성령의 인도를 받아야 합니다. 그래야 지금 천국을 만끽합니다.

셋째, 자신 안에 하나님과 관계를 열라. 하나님은 이스라엘 백성들을 애굽에서 이끌어내어 광야를 걷게 한 것은 애굽에서의 종살이를 치유하고 보이지 않는 하나님만을 믿는 믿음의 사람으로 바뀌어서 하나님과 교통하며 살게 할 목적이었습니다. 애굽에서 나와 가나안을 가는 여정에 하나님께서 함께 하신다는 여러 가지 기사와 기적을 보이셨습니다. 그런데 일부 이스라엘 사람들은 보이지 않는 하나님께는 안중에도 없고 모세만 믿고 바라보고 가나안을 향해서 걸어갔습니다. 모든 것을 하나님께서 하신다는 믿음이나 생각 없이 주인정신이 아닌 노예정신을 가지고 졸졸 따라왔습니다. 마치 지금 일부 목회자와 성도들과 같이 능력 있는 담임목사만 바라보고 자신 안에 계신 하나님은 변방에 모시고 믿음 생활하는 것과 같았습니다. 모세가 시내산에 십계명을 받으러 올라가서 40일을 보이지 않을 때 자신들을 이끌고 갈 신을 만든다고 금을 모아 금송아지를 만들기도 했습니다. 하나님의 진노로 금송아지 우상과 함께 죽을 고비에서 모세의 기도로 살았습니다. 이들은 보이는 사람이나 신을 하나님보다 더 믿었습니다. 현대교회 크리스천들도 자신 안에 주인으로 계시는 하나님께서 보이지 않으니, 보이는 사람을 우상으로 모시면서 믿음 생활하는 크리스천이 있습니다. 드디어 가데스바네아에서 열두 정탐꾼을 가나안 땅을 정탐하라고 보냈는데 정탐을 하고 돌아온 10명이 하나님께서 함께 하신다는 믿음이 없이 자신들이 주인 된 인간적인 생각의 결론을 알려준 것입니다. 그래서 똑같은 사물을 경험할 때에 그것을 바라보는 사람의 마음의 태도에 따라서 다 틀립니다. 자신이 주인 되어 마음이 지옥인 사람은 자신의 능력과 비교하여 사물을 바라보게 되고, 하나님께서 주인 되어 마음이 하늘나라가 된 사람은 하나님의 눈과 생각으로 바라보고 판단하고 결정하는 것입니다.

　우리가 바르게 알아야 할 것이 있습니다. 10명의 정탐꾼이 부정적이 된 것에는 원인이 있다는 것입니다. 이 사람들이 애굽에서 큰 사람들에게 고역과 고통을 당했습니다. 그것이 상처가 되어 무의식에 잠재하여 있었던 것입니다. 이 상처가 가나안에서 애굽 사람들과 비슷한 큰 사람을 보자 순간 두려움에 사로잡힌 것입니다. 두려움에 사로잡히니 하나님께서 함께 하신다는 믿음이 산산조각 나고 자기와 가나안 사람을 비교하니 안 된다고 결론을 내린 것입니다. 처음 애굽을 나올 때부터 보이지 않는 하나님의 함께하심을 믿은 것이 아니라, 눈에 보이는 모세를 믿는 노예정신을 가지고 가나안을 향했기 때문입니다. 그래서 함께 하시는 하나님은 생각하지도 못하고, 자신과 가나안에 거주하는 사람과 비교한 것입니다. 비교하는 순간 10명의 정탐꾼의 무의식에서 "모든 백성은 신장이 장대한 자들이며, 거기서 네피림 후손인 아낙 자손의 거인들을 보았나니 우리는 스스로 보기에도 메뚜기 같으니 그들이 보기에도 그와 같았을 것이니라"(민 13:32-33). 이렇게 느낀 대로 보고한 것입니다.

중요한 것은 애굽에서 모세의 인도로 광야로 나온 사람들은 가나안에 들어가 모세를 주인으로 모시고 편안하게 지내는 것에만 관심을 갖은 것입니다. 그러니까, 광야를 걸어올 때 하나님은 찾지도 않고 물 달라, 고기 달라, 소리만 지른 것입니다. 홍해를 가르고, 쓴물을 달게 하고, 낮에는 구름기둥 밤에는 불기둥으로 인도해도 누가 어떤 분이 어떻게 이런 역사를 일으키는지 관심을 갖지 않은 것입니다. 기사와 이적이 일어나도 관심을 두지 않으니 하나님이 함께 하신다는 것을 알도리가 없는 것입니다. 이런 사고와 노예정신을 가지고 가나안을 정찰하니 놀라지 않을 수가 없는 것입니다. 모세가 없으니 모든 것을 자신들이 해야 한다는 생각을 한 것입니다. 하나님이 함께 하신다는 믿음이 없어 모든 것을 자신들이 해야 하니 메뚜기가 된 것입니다. 그래서 현대교회 크리스천들도 카리스마 있는 지도자의 신앙지도를 받으면서 자신 안에 하나님과 일대일 관계를 열라는 것입니다. 그래야 지금 천국을 만끽하며 누릴 수가 있습니다.

18장 천국가려고 예수님을 믿기 때문에

(눅17:20-21)"바리새인들이 하나님의 나라가 어느 때에 임하나이까? 묻거늘 예수께서 대답하여 이르시되 하나님의 나라는 볼 수 있게 임하는 것이 아니요. 또 여기 있다 저기 있다고도 못하리니 하나님의 나라는 너희 안에 있느니라."

하나님은 모든 크리스천들이 지금 이 땅에서 천국을 누리기를 원하십니다. 천국에 대하여 바르게 알지 못하면 일부 교회와 교계에 문제를 일으키고 있는 어느 사이비집단 사람들과 같이 사후에 천국에 들어간다고, 천국에 들어가려면 자기 집단에 속해야 되고, 자기 집단의 교주가 말한 대로 열심히 순종해야 된다고 알고 믿어, 교주의 종노릇, 아니 노예생활을 할 수 있기 때문입니다. 하나님의 뜻(생각)은 모든 크리스천들이 지금 이 땅에서 천국을 만끽하고 누리며, 아브라함의 복을 받아 누리며, 하나님의 나라를 건설하는 것입니다. 예수님도 산상수훈(마4-10장)에서 그렇게 말씀하셨습니다. 그런데 많은 크리스천들이 재림예수를 기다리면서 세상을 떠나야 천국을 누리는 것으로 잘못알고 있는 것이 사실입니다. 이 땅에서 천국을 누리는 것은 뒤로하고 죽은 다음에 하늘나라에 가서 상급을 받겠다고 열심히 신앙생활을 합니다. 자신 안에 임재하신 천국을 관심을 갖지 않으니 자연스럽게 현실세상에서는 여러 가지 환란과 풍파를 당하면서 살아갑니다. 이유는 자신 안에 예수님께 관심을 게을리 하고 천국가는 것에 집중하기 때문입니다.

크리스천들은 항상 천국에 대하여 궁금하게 생각합니다. 하지만 정작 천국은 이 세상 일이 아니라고 아직 먼 곳에 있는 천국을 이야기하는 경우가 많습니다. 그래서 누가 깊은 임재(임신) 가운데 천국을 갔다가 왔다고 간증하는 것을 부러운 눈초리를 하면서 듣기도 합니다. 필자는 천국은 죽고 난 후에 크리스천들이 들어가 누릴 곳이 아니라, 세상에 살아서 살아가는 지금 이 순간, 예수님께서 크리스천들에게 주신 천국을 찾아야 되고, 천국을 마음껏 누리는 것이라고 성경에서 성령으로 깨닫고 믿고 있습니다. 예수를 믿고 성령으로 거듭난 크리스천은 이 땅에서 천국을 누리는 권리가 주어진 것입니다. 하늘나라 천국인 예수님을 자신 안에 성전에 주인으로 모시고 살기 때문입니다. 이 땅에서 천국을 누리다가 사후, 또는 예수님 재림 시에 영원한 천국이 입성하는 것입니다. 하나님의 나라 시민권이 있는 성도들이기 때문입니다.

우리 크리스천들의 사고가 바뀌어야 합니다. 발상과 생각의 전환이 절대적으로 필요합니다. 특별하게 영적인 일은 관심이 중요합니다. 자신이 이 땅에서 천국을 누리다는 관심을 갖게 되면 천국을 누릴 수가 있다는 말입니다. 천국에 대한 관심이 죽어서 가서 누리는 것으로 알고 있으면 그대로 된다는 말입니다. 예수님은 분명하게 이 땅에 지금 천국을 건설하려고 오셨습니다. 예수님이 십자가에서 이루어 놓으신 천국을 누려야 합니다.

첫째, 천국가려고 예수를 믿는다. 천국은 하늘나라 곧 하나님이 계신 나라를 말합니다. 때문에 아무리 귀한 황금보석으로 꾸며진 나라가 있다 해도 그곳에 하나님이 계시지 않으면 천국이 아니라는 말입니다. 오늘날 기독교인들은 천국을 하늘의 어느 특정한 곳으로 진주와 보석으로 꾸며진 아름답고 화려한 나라, 그리고 눈물도 슬픔도 죽음도 없이 항상 기쁘고 평안한 나라로 알고 있습니다. 그러나 천국은 장소적 개념(概念)이 아니라, 존재적 개념으로 하나님의 아들 예수님을 말하고 있습니다.

왜냐하면 천국은 하나님이 계신 곳을 말하는데 하나님께서는 하나님의 말씀으로 창조를 받아 하나님의 생명으로 거듭난 하나님의 아들(예수님) 안에 계시기 때문입니다. 그러므로 천국은 하나님의 말씀으로 하나님이 거하실 성전이 자신 안에 건축되면 성령, 즉 하나님이 임하시어 안식하심으로 이루어지는 것입니다, 이렇게 천국은 하나님의 백성들이 가고 오는 것이 아니라, 하나님의 성령이 임하여 자신 안에 이루어지는 것입니다. 성령으로 진리이신 예수님을 따라가면 이 땅에서도 천국을 누리고 이 세상 하직하면 영원한 천국에 이르는 것입니다. 천국가기 위하여 예수 믿고 믿음 생활하는 것이 아니라, 천국을 누리기 위해서 예수님을 믿고 심령을 생명의 말씀과 성령으로 정화하면서 성령으로 진리이신 예수님을 따라가는 것입니다.

왜냐하면 예수님도 요단강에서 세례요한으로 부터 세례를 받을 때 하늘에서 성령(하나님)이 예수님 안에 임하여 천국이 이루어 졌기 때문입니다. 예수님께서 유대인들을 향해 "회개하라 천국이 가까이 와 있다"고 말씀하신 천국은 곧 예수님 자신(천국)

을 말하기 때문에 예수님이 가까이 와있으니 내게로 돌아오라고 하신 말씀입니다. 즉 자신이 보해사라고 성도들을 속이는 이상한 목자에게 속아서 방심하면서 종으로 살다가 멸망의 길에 들어가지 말고, 참 목자가 인도하는 좁고 협착한 생명의 길로 돌아오라는 뜻입니다. 협착한 길이란 지금 천국을 누리기 위하여 생명의 말씀과 성령으로 바뀐 믿음생활을 하라는 것입니다. 예수님이 주인 되어 마음 안에 성전 된 크리스천으로 살아가라는 것입니다. 자신 안에 성전이 되어 예수님의 인도를 받으면서 지금 전인적인 평안을 누리면서 살아가라는 것입니다. 지금이야 어떻게 살던 문제될 것이 없고, 죽어서 천국가면 된다는 자칭 자신이 보혜사라고 성도들을 속이는 목사의 말을 믿지 말고 따라가지 말고 분별해보라는 것입니다. 아니면 한 시간이라도 빨리 돌아서야 합니다. 그래야 지금 천국을 누리면서 살아가다가 영원한 천국에 갈 수가 있습니다.

이렇게 하나님의 생명으로 거듭난 하나님의 아들들은 지옥이나 천국이나 또한 살아 있을 때나 죽은 후에도 그리고 모든 장소나 환경을 초월한 존재들을 말합니다. 왜냐하면 자신 안에 천국이 이루어진 자는 지옥 같은 생활을 해도 천국이지만, 자신 안이 지옥인 자들은 천국에 가있어도 지옥이기 때문입니다. 그래서 예수님이 계신 곳은 지옥이나 천국이나 그 어느 곳이라 해도 모두 천국이라 말한 것입니다.

문제는 천국이 예수를 믿는다 해서 가는 곳이 아니라, 하나님의 뜻대로 행한 자, 곧 예수님을 구주로 믿고, 그의 음성을 듣고,

그 입에서 나오는 생명의 말씀을 일용할 양식으로 날마다 먹고, 하나님의 아들로 거듭난(예수 믿을 때 십자가에서 죽고 예수로 태어난) 자들에게 이루어지는 것입니다. 즉 성령으로 진리를 따라가는 자들에게 지금 천국이 이루어지는 것입니다. 이렇게 지금 천국이 이루어진 자들은 예수님과 같이 하나님이 계신 영원한 세계에서 하나님과 함께 살아가는 것입니다.

책을 읽는 분 천국에 대해서 이해가 되십니까? 그래도 천국에 대한 말씀을 들으며 의구심이 있는 분은 누가복음 17장 21절을 보면 예수님께서 "하나님의 나라는 볼 수 있게 임하는 것이 아니며 또한 여기 있다 저기 있다고도 못하리니 하나님의 나라 즉 천국은 너희 안에 있다"고 말씀하시지 않으셨습니까? 때문에 필자는 천국이 내 안에 있다고 믿고 있었습니다. 그런데 바르게 깨닫고 보면 예수님께서 천국이 너희 안에 있다고 하신 말씀의 뜻을 바르게 깨달아야 합니다. 만일 천국이 자신 안에 있다면 내가 곧 천국인데 무엇 때문에 천국을 가려고하며 또한 무엇 때문에 천국을 다시 이루려고 애를 쓰는 것입니까?

분명하게 천국은 예수님 자신이라고 말씀하셨습니다. 예수님께서 천국이 너희 안에 있다고 하신 말씀을 이해하려면 예수님이 말씀을 전할 당시의 상황을 알지 못하면 이해할 수가 없습니다. 예수님께서 바리새인들에게 말씀을 전하실 때 예수님은 중앙에 서서 계시고 바리새인은 예수님을 중심으로 하여 원형으로 둘러 앉아 있었습니다. 때문에 예수님께 천국이 언제 임하느냐고 묻는 바리새인들에게 "천국(예수님)은 지금 너희 안에 있다." 즉 너희가 둘러 앉아 있는 중앙에 서있는 내가 곧 천국이라고 말씀을 하신 것입니다. 누가복음 17장 20-23절에 보면 "바리새인들이 하나님의 나라가 어느 때에 임하나이까? 묻거늘 예수께서 대답하여 이르시되 하나님의 나라는 볼 수 있게 임하는 것이 아니요. 또 여기 있다 저기 있다고도 못하리니 하나님의 나라는 너희 안에 있느니라. 또 제자들에게 이르시되 때가 이르리니 너희가 인자의 날 하루를 보고자 하되 보지 못하리라. 사람이 너희에게 말하되 보라 저기 있다 보라 여기 있다 하리라 그러나 너희는 가지도 말고 따르지도 말라" 쉽게 설명하면 예수님이 자신의 주인으로 계시면 천국이라는 뜻입니다.

예수님을 주인으로 모신 사람 안에 천국이 있다는 말입니다. 천국은 기본적으로 하나님의 통치를 받는 나라(영역)로서, 내가 성령님을 주인으로 모시고 살아가는 상태를 뜻합니다. 그래서 지금 예수님이 자신 안에 성전에 주인으로 계시면 천국이 자신 안에 있는 것입니다. 때문에 필자는 예수님을 내 안에 있는 성전에 주인으로 모시고 성령의 인도를 받으며 살아가고 있기 때문에 천국이 내 안에 있다고 믿고 있습니다.

예수님은 영이십니다. 그러나 살아계신 실체이십니다. 자신 안에 예수님이 주인으로 계신다고 항상 찾고 구하고 믿는 자가 천국이 자신 안에 있는 것입니다. 필자는 매주일 성도들에게 이번 주도 자신 안에 예수님을 주인으로 모시고 걸어 다니는 성전으로 살아가라고 강조합니다. 예수님이 자신 안에 주인으로 계시지 않으면 아무리 열심히 믿음생활을 한다 해도 천국에 갈수가 없을 수도 있는 것입니다. 지금 자신 안에 성전에 예수님을 주인으로 모시고 살아가는 성도는 지금 천국을 누리는 성도입니다.

그렇기 때문에 죽어서 천국가려고 예수님을 믿는 사람들은 잘 못하면 죽어서 천국에 갈수가 없을 수도 있다는 것입니다. 지금 자신 안의 성전에 예수님을 주인으로 모시고 사는 성도만이 천국을 누리다가 영원한 천국에 가는 것이 보장된 것입니다. 그런데 천국 가려고 믿음생활하시는 분들은 자신의 믿음을 진리의 말씀과 성령으로 분별해 보아야 합니다. 천국가려고 예수님을 열심히 행위로 믿음 생활하는 신앙에서 탈피하여, 예수님을 자신 안 성전에 주인으로 모시면서 천국을 누리는 신앙으로 전환해야 합니다.

그런데 오늘날 기독교인들은 예수님이 말씀하실 당시의 상황을 모르기 때문에 예수님께서 천국이 너희 안에 있다는 말씀을 오해하고, 모두 천국이 우리 안에 있다고 주장을 하는 것입니다. 이제 천국이 너희 안에 있다는 말씀을 이해 할 수 있겠습니까? 우리는 날마다 이런 깊이 있는 진리의 말씀을 듣는 것을 축복으로 생각해야 합니다. 지금 책을 읽는 분들 중에 이런 영적인 말씀을 처음 듣기 때문에 모두 다 이해 할 수는 없지만 너무나 놀랍고 경이로울 것입니다. 우리가 영적인 말을 조금이라도 들을 수 있는 것은 하나님의 은혜를 받았기 때문이며 복된 자인 것입니다. 하나님은 분명하게 "귀 있는 자는 성령이 교회들에게 하시는 말씀을 들을지어다"(계 3:22). 하시면서 여러번 경고하시는 것입니다.

둘째, 죽어서 천국 간다가 성도들이 변화되지 못하게 한다. 천국은 메시야 시대가 도래하여 하나님이 통치하시는 새로운 시대의 세상입니다. 정확하게 예수님의 초림 때 시작되어 재림 때 완성이 되는 것입니다. 지금 천국은 예수님을 믿는 사람들 안에서 시작되고 있습니다. 예수님은 이 땅에 천국을 건설하려고 오셨습니다.

그럼 지금 이세상은 우리에게 어떤 의미일까요? 천국을 저 세상으로 생각하는 사람과 천국은 지금 우리의 순종을 통해 여기서 성장하고 있다는 사람과의 차이는 극명할 것입니다. 지금 천국을 누리려고 하는 크리스천은 생명의 말씀과 성령으로 변화되려 노력할 것입니다. 진리이신 예수님을 따라가려고 생명의 말씀과 성령으로 거듭나는 믿음생활을 할 것입니다. 성령의 인도를 받으려고 할 것입니다. 지금 천국을 누려야 하기 때문입니다. 이를 밝히 알고 있는 사단과 마귀 귀신들이 예수를 믿고 천국을 누리면서 살아가는 성도들을 가는 길을 여러 가지 방법으로 방해하고 훼방하고 있기 때문입니다.

그래서 진리를 따라가지 못하고 비 진리를 따라가도록 교묘하게 훼방하는 것입니다. 우리는 이를 밝히 깨달아 마귀의 계략에 속지 말고 성령으로 진리이신 예수님을 주인으로 보시고 살아가야 합니다. 진리이신 예수님을 자신 안의 성전에 주인으로 모시고, 성령의 인도를 받고 살아가는 성도는 지금 천국을 누리는 것입니다. 그래서 성령님이 말이 아니라, 환경에 나타나는 증표를 보고 따라가게 하시는 것입니다. 마귀의 간계에 속지 않도록 성도들을 보호하시는 성령님의 배려입니다.

그래서 하나님은 성경에다가 열매를 보라고 말씀하시는 것입니다. "그들의 열매로 그들을 알지니 가시나무에서 포도를, 또는 엉겅퀴에서 무화과를 따겠느냐? 이와 같이 좋은 나무마다 아름다운 열매를 맺고 못된 나무가 나쁜 열매를 맺나니, 좋은 나무가 나쁜 열매를 맺을 수 없고 못된 나무가 아름다운 열매를 맺을 수 없느니라. 아름다운 열매를 맺지 아니하는 나무마다 찍혀 불에 던져지느니라. 이러므로 그들의 열매로 그들을 알리라"(마 7:16-20). 열매로 천국을 누리면서 살고 있는 가 아닌가가 분별이 됩니다. 우리 성도들은 열매를 보고 판단하여 바르길 진리를 따라가야 합니다. 자신 안에 성전에 주인으로 계시는 성령께서 열매를 보고 분별하여 진리 속으로 들어가게 하실 것입니다. 죽어서 천국에 들어가는 것이 아니고 지금 천국을 누리기 위해서 예수님 믿고 믿음 생활하는 성도로 변할 것입니다.

분명하게 지금 천국은 피안의 저 세상이 아니라, 고난이 있어야 성령으로 진리를 깨닫고 자라나는 자신 안이요, 현 세상입니다. 천국은 차별 없는 세상, 가난하고 힘이 없어 무시당하고 여자라서, 흙수저라, 학벌 때문에 외국인 노동자라, 인격까지 무시당하는 세상을 파괴하고 하나님의 통치를 실현하는 세상입니다. 하나님은 지금 자신 안에 성전에 주인으로 성령으로 임재 하여 계십니다. 그러므로 천국은 이미 도래한 것입니다. 현 세상에서 천국을 누리기 위하여 예수를 믿고 믿음생활하면서 자신을 생명의 말씀과 성령으로 잠재의식에 형성된 세상의 독소를 녹이고 배출하는 것입니다. 지금 천국을 누리기 위하여 자신을 바꾸는 것입니다.

필자는 내세 천국을 믿고 중요하게 생각하면서도, 현세의 천국을 특별히 강조하고 싶습니다. 나중(내세)의 영원한 천국이라도 나중에(장차) 가는 게 아니라, 지금 성령의 인도로 진리이신 예수님을 주인을 모시고 가는 중이라고 믿기 때문입니다. 천국은 기본적으로 하나님의 통치를 받는 나라(영역)로서, 내가 성령님을 주인으로 모시고 살아가는 상태를 뜻합니다. 따라서 지금 내가 천국에 머문다면, 장래의 천국은 자동적으로 이어지는 것이라 생각합니다. 한번 생각하여 보시기를 바랍니다. 지금 천국을 누리는 성도가 다가올 영원한 천국에 들어가지 못하겠습니까? 지금 예수님을 자신 안 성전에 주인으로 모시고 살아가는 성도가 이 세상 하직하면 어디로 가겠습니까? 뻔한 것 아닙니까? 예수님이 통치하고 계시는 영원한 천국에 가는 것입니다.

그런데 문제는 죽어서 천국 간다고 예수 믿고 신앙 생활하는 성도들입니다. 이분들이 지금 천국은 안중에도 없고 죽어서 천국 간다고 관심을 집중하고 살아가고 있습니다. 지금 천국을 누리지 못하는 성도가 죽어서 천국 간다는 보장은 10%도 안 될 것입니다. 지금은 자다가 깰 때입니다. 천국가기 위하여 열정으로 믿음 생활을 하고 있으니 자신 안에 성전삼고 계시는 하나님께 관심도 없으니 어찌 하나님께서 통치하시는 천국에 들어가겠습니까? 하나님은 이렇게 말씀하십니다. "너희는 너희가 하나님의 성전인 것과 하나님의 성령이 너희 안에 계시는 것을 알지 못하느냐"(고전 3:16). 지금 자신 안에 성전삼고 계시는 주인이신 하나님과 관계가 열려야 천국이 보장되는 것입니다.

정확하게 말하면 사후 우리의 소망은 부활입니다. 이해를 돕기 위해 극단적으로 말하자면 사후세계에 관해 하늘 소망을 말하는 것은 기독교가 아니라, 극락을 말하는 불교에 가깝습니다. 물론 불교가 윤회를 말하기에 이는 단순 설명을 위해 단순화 시킨 도식으로 보아야 합니다. 윤회란 불교 교리 가운데 하나로서 중생이 죽은 뒤 그 업(業)에 따라서 또 다른 세계에 태어난다는 것을 천명한 사상을 말합니다. 죄로 말미암은 사망권세를 이기는 부활 소망이 기독교입니다.

우리말에서 천국은 저 세상의 의도가 강합니다. 그러나 성경에서 천국을 논할 때 가장 중요한 핵심은 "저 세상"이 아니라, 하나님이 창조하신 "이 세상"의 갱신과 새 창조가 중요하다는 사실입니다. 우리는 이 세상 안에 살지만 이 세상에 속해 살면 안 됩니다. 전도서에 살아있는 개가 죽은 사자보다 낫다는 말씀이 있습니다. "모든 산 자들 중에 들어 있는 자에게는 누구나 소망이 있음은 산개가 죽은 사자보다 낫기 때문이니라"(전9:4).

유대인들은 저 세상에 큰 관심이 없습니다. 그들이 꿈꾼 것은 좋은 현세의 삶과 하나님의 통치가 완벽하게 실현되는 미래의 세상입니다. 우리도 지금 여기의 천국을 말해야 하고 예수님의 재림으로 다가올 하나님 나라의 미래를 꿈꾸어야 합니다.

지금 그분의 나라를 실현하면 여기도 살만한 세상이 됩니다. 죄를 멀리하고 하나님을 경외하면 이 세상은 소중합니다. 자꾸 죽어서 천국 가는 것 말고 여기서 잘 살 수 있는 하나님 나라의 도래를 선포하고 그분의 통치를 실현하며 하나님 나라의 확장을 위해 살아야 합니다. 하나님 나라를 위해 가난한 자 도와주고 병든 자 고쳐주고 사탄과 돈에 포로가 된 사람을 풀어주고 억눌린 자 자유롭게 하는 사역을 해야 합니다.

셋째, 죽어서 천국가려고 행위로 지식으로 믿음생활하지 말라. 현세천국을 소홀히 하는 내세천국 사상은 근본적으로 잘못된 것이기 때문입니다. 현세천국을 시인하는 것이, 상대적으로 내세천국만을 내세우는 것보다 오히려 건전한 신앙사상일 것이라 생각합니다. 왜냐하면 정상적인 현세천국의 신앙은 내세천국에 자연스럽게 연결되는 본질적 신앙이기 때문입니다. 그에 반하여, 현세천국을 소홀히 하는 내세천국 사상은 근본적으로 잘못된 것이기 때문입니다.

"꿩 잡는 게 매"라는 식의 결과 지향적인 그릇된 사상은 세속적인 욕심에 기초하는 것이므로, 거기서 배금사상과 공덕사상, 그리고 믿음과 행위의 이중주의 같은 신앙의 부조리 현상이 쏟아져 나올 수밖에 없습니다. 바르게 알아야 할 것은 우리가 믿는 내세는 현세의 연장이 아닙니다. 내세는 현세의 신앙의 연결은 되지만 연장은 아닙니다. 즉, 그곳은 현세와 근본적으로 동일하지 않습니다. 장가도 아니 가고 시집도 가지 않으며, 슬픔이나 고통 그리고 싸움도 없는 곳으로, 그야말로 새 하늘과 새 땅입니다. 성경에 표현된 상징적 영적 표현으로 이해하고 수용할 뿐, 인간의 언어와 감각으로 설명하기란 불가능합니다. 따라서 하나님이 성령으로 내게 감동을 하시니 아멘 하고 믿으며, 지금의 삶을 그리스도 안에서 의롭게 실행해나갈 따름입니다. 그 의미가 "여기 있다 저기 있다고도 못하리니, 하늘나라는 너희 마음 가운데 있느니라."는 예수님의 말씀입니다. 예수님이 하늘나라, 천국이십니다. 예수님을 자신 안에 있는 성전에 주인으로 모신 성도가 천국을 누리는 것입니다.

　내세천국은, 개인의 영적 경험으로 얼마든지 감동에 이를 수 있다고 생각합니다. 그렇지만 그것은 객관성을 지니는 것이 아니므로 남에게 동일하게 강조되거나 요구되어서는 안 됩니다. 그리고 성경에 형상적으로 표현된 천국의 내용이 내세천국의 전형인 것처럼 설명되는 것도 조심스럽게 지양되어야합니다. 그 이유는, 내세가 현세와 근본적으로 다르다는 사실, 그 다른 실체를 현세적 언어로 표현할 수밖에 없었으므로 상징성의 요소가 들어있다는 사실 때문입니다.

　예수를 믿고 성령으로 거듭나 진리이신 예수님을 따라가면서 천국을 누려야 합니다. 마가복음 16장 17절에 "믿는 자들에게는 이런 표적이 따르리니 곧 그들이 내 이름으로 귀신을 쫓아내며" 귀신을 쫓아내야 천국을 누릴 수가 있습니다. 자신과 집안에 귀신이 있으면 우환, 질고가 끝나지 않습니다. 자신과 가족이 지옥 같은 삶을 살아가는 것입니다. 천국을 이루기 위해서는 귀신을 쫓아내야 됩니다. 그냥은 안 나갑니다. 우리가 성령으로 충만한 가운데 예수 이름으로 명령을 해야 쫓겨나가는 것입니다. 예수님께서 귀신을 쫓아내어 천국을 누리기를 소원하여 크리스천에게 권능을 주신 것입니다. 예수님은 이 땅에서 천국을 누리게 하기 위해서 오셨습니다.

4부 천국은 침노해야 만끽하는 곳

19장 천국은 침노해야 만끽하고 누리는 곳

(마11:12)"세례 요한의 때부터 지금까지 천국은 침노
를 당하나니 침노하는 자는 **빼앗느니라**"

성경에서 말하는 천국이란 죽어서 가는 곳이 아니라 살아서
인식되고 체험되는 곳입니다. 천국이란 상대적 사고를 하는 인
생이 세상에서 성령의 법으로 치리되는 영적인 나라를 말하는
것입니다. 천(天: 하늘)이란 하나님의 법을 뜻하는 용어이고, 국
((國: 나라)은 하나님의 나라를 뜻합니다. '나라' 라고 한다면 그
안에는 다스리는 법이 반드시 있어야 합니다. 성령의 법에 의하
여 지배를 받아야 합니다. 다른 제 3의 요소에 지배와 다스림을
받는 상태라면 아직은 천국이 불완전한 상태라는 말이 됩니다.
불완전한 상태를 완전한 상태로 만들어야 하기 때문에 "세례 요
한의 때부터 지금까지 천국은 침노를 당하나니 침노하는 자는
빼앗느니라(마11:12)" 말씀하시는 것입니다.

천국이란 하나님의 의를 따라 가서 의인이 되어 하나님의 법
에 다스림을 받으면서 살아가는 영적인 조직체, 하나님이 모으
신 '우리' 가 일꾼으로 살아가는 과정에서 소속이 되는 무리를
뜻합니다. 그리고 그 무리 안에서 하는 일은 자기 일을 온전히
쉬고 하나님의 일만을 하는 상태를 말하며, 그것이 곧 '다시 나

감이 없는 하나님의 안식'에 든 상태가 됩니다. 이런 천국의 상태를 유지해야 하기 때문에 내 마음은 치열한 전쟁터라고 말하는 것입니다. 우리는 이를 성령의 법으로 지켜야 합니다.

예수님에게 천국에 대하여 질문을 합니다. "바리새인들이 하나님의 나라가 어느 때에 임하나이까, 묻거늘 예수께서 대답하여 가라사대 하나님의 나라는 볼 수 있게 임하는 것이 아니요 또 여기 있다 저기 있다고도 못하리니 하나님의 나라는 너희 안에 있느니라(눅17:20,21)" 바리새인들은 지금 현대교회의 성도들과 같이 천국이 눈에 보이게 임하는 것으로 착각하고 예수님께 질문을 한 것입니다. 예수님은 전혀 반대로 천국을 말씀하십니다. 예수께서는 하나님의 나라는 볼 수 있게 임하는 것이 아니고, 하나님의 나라는 너희 안에 있다고 하셨습니다. 하나님의 나라는 보이는 어떤 물리적 공간에서 임하는 것이 아니고, 보이지 않는 인간내면 안에서 이루어진다는 말씀입니다. 그러므로 천국은 내안에 이루지 못하면 천국은 그 어느 곳에도 없는 것입니다.

내안에 천국을 이뤄야 하기 때문에 "천국은 침노를 당하나니 침노하는 자는 빼앗느니라"고 말씀하시는 것입니다. 천국은 침노를 당할 수도 있습니다. 이 때 우리는 성령의 권능으로 지켜야 합니다. 그리고 다른 존재들에게 빼앗긴 영역은 성령의 권능으로 침노하여 빼앗아야 합니다. 천국은 가만히 있어서는 만끽하거나 누릴 수가 없습니다. 하나님께 집중하면서 하나님으로부터 카리스마와 평안을 공급받아야 만끽하며 누릴 수가 있는 것입니다.

필자는 개별적으로 집중정밀치유를 합니다. 사역을 하면서 느끼는 것이 지금 천국을 누리지 못하는 분들은 모두 마음 안에 제 3의 존재들이 섞여있기 때문이라는 것입니다. 이 제 3의 존재들을 성령의 역사로 드러내서 배출을 하니 모두 참 평안을 누리면서 얼굴이 달라지더라는 것입니다.

첫째, 자신의 상태를 진단하라. 천국을 침노하려면 천국의 마음과 지옥의 마음의 특성이 있다는 것을 알아야 합니다. 자신 안에 하나님께서 주인으로 계시면 천국의 마음이고, 계시지 않으면 지옥의 마음입니다. 예수님을 믿고 신앙생활하면서도 자신의 마음이 지옥이라면 성령님 외 제3의 존재들이 끼어 있기 때문에 일어나는 현상입니다. 진리의 말씀과 성령의 역사로 밝히 드러내어 배출해야 합니다. 다음을 읽어보시면 왜 하나님께서 천국을 침노해야 한다고 말씀하시는지 이해되고 깨닫게 될 것입니다.

첫째로 천국의 특성은 평강이며 지옥의 특성은 두려움입니다. 우리는 빛의 세계로 올라갈수록 주님의 실재에 대해서 민감해집니다. 그리고 그 결과 우리의 믿음이 충만해집니다. 그는 주님의 실재를 영혼이 충만하게 감지하기 때문에 마음에 평강과 신뢰가 가득 차게 됩니다. 그러므로 그는 돈이 하나도 없고 아무도 도울 자가 없어도 별로 염려가 되지 않습니다. 그러나 우리의 영혼이 빛으로 부터 멀어져 어둠으로 떨어져갈수록 우리는 주님의 실재로부터 멀어지게 됩니다.

그러므로 우리는 두려움에 사로잡힙니다. 주님의 실재를 경험할 수 없어서 두렵기 때문에 사람들은 돈이나 어떤 눈에 보이는 보장을 얻기 위해서 치열하게 노력하게 됩니다. 돈과 성공을 위한 집념들은 대부분 이러한 두려움에서 옵니다. 그러나 그들은 비록 그들의 집념으로 인하여 환경적인 성공과 안정을 얻었다고 하더라도 그들의 영혼이 어두운 곳에 있기 때문에 끊임없이 불안합니다. 지옥의 영들이 그들에게 끊임없는 두려움을 심어주기 때문에 그들은 언제나 불안합니다. 물질이 많은 사람은 그것을 빼앗길까봐, 없는 사람은 가난하고 비참하게 살까봐 끝없이 불안합니다. 그들의 영혼이 주님을 실제적으로 경험하고 주님이 통치하시는 빛의 아름다운 세계로 상승하기 전까지 그들은 아무리 정신치료를 받더라도 두려움에서 벗어날 수 없을 것입니다. 왜냐하면 그것은 영계에서 오는 것이며 그들의 영혼은 불멸한 것이기 때문입니다. 그러므로 그들의 영혼이 성장하지 않는 한 그들의 두려움은 영원히 사라지지 않는 것입니다.

두 번째 천국의 특성은 사랑의 마음이며, 지옥의 두 번째 특성은 미움이나 무관심의 마음입니다. 천국은 사랑의 세계입니다. 그러므로 영혼이 발전하고 살아계신 주님과 교제하며 빛의 세계로 올라갈수록 우리는 사랑으로 가득하게 됩니다. 우리는 모든 사람들이 점점 더 사랑스러워지는 것을 느끼며 전에 좋아하지 않던 사람들에게도 점차로 강력한 애정을 느끼게 됩니다. 영혼이 어린 사람은 가까운 사람, 자신에게 잘해주는 사람만을 좋아합니다. 그러나 우리가 빛의 세계로 가까이 나아갈수록 우리는 우리를 이용하고 우리에게 악하게 대하는 사람에게도 사랑을 느끼게 됩니다. 그러므로 영혼이 성장하고 빛의 세계로 올라갈수록 우리는 다 깊고 강렬한 천국의 사랑을 맛보게 됩니다. 어디에서 어떤 사람을 보아도 우리는 사랑을 느끼고 주고 싶은 마음으로 채워지기 때문에 우리는 점점 더 행복해집니다. 점점 더 보고 싶은 사람이 많아지며 사람들을 만나서 축복을 해주고 싶고 사랑해주고 싶은 마음으로 사로잡히게 됩니다. 그리고 이것이 바로 천국의 상태인 것입니다.

반대로 지옥적인 세계로 내려갈수록 사람의 영혼은 분노와 미움으로 채워집니다. 그는 다른 사람들의 약점, 잘못한 것들이 자꾸 눈에 띄며 보기가 싫어집니다. 그는 분노를 참다가 화병에 걸릴 지경이 됩니다. 그는 아무도 만나고 싶지 않고 모두가 귀찮아지며 남에 대한 관심을 점점 잃어버리고 자기에게 유익이 될 사람만을 찾으나 점점 더 외롭고 고독해집니다. 그는 밑으로 내려갈수록 용서하기가 쉽지 않고 아주 사소한 일에도 상처를 받습니다. 이것이 어둠의 상태이며 그가 영혼의 눈을 뜨고 빛의 세계로 올라가기 전까지 그는 어디에 있든지 고통 속에서 살 수 밖에 없는 것입니다.

셋째로 천국의 마음은 기쁨이며 지옥의 마음은 슬픔입니다. 천국의 상태는 이와 같은 믿음과 사랑의 결과로서 오는 기쁨이 충만합니다. 하나님은 빛이시며 그에게는 어두움이 조금도 없으십니다. 이 빛은 사랑의 빛이며 진리의 빛이며 기쁨의 빛입니다. 그러므로 그 빛을 받을수록 우리는 천국의 기쁨으로 가득 차게 되는 것입니다. 이 빛과 멀어질수록 우리 안에는 어두움이 형성되며 슬픔과 우울함으로 채워지게 됩니다. 우울증은 일반적으로 태양빛, 일조량의 부족에 기인하는 경우가 많은 것으로 알려지고 있습니다. 그처럼 우리의 영혼이 의의 태양되시는 주님의 빛을 충분히 경험하지 못할 때 우리는 슬픔과 낙담, 우울을 경험하게 되는 것입니다.

주님의 구원과 천국은 이미 우리가 살아있는 동안에 우리의 마음 안에 형성됩니다. 그것은 결코 관념적인 것이 아닙니다. 그것은 어떤 한순간의 은혜체험이나 반짝 쇼가 아닙니다. 그것은 우리의 영혼이 빛의 세계로 주님과의 실제적인 교제로 나아가면서 얻어지는 기쁨과 사랑과 진리와 평강으로 가득한 세계입니다. 우리의 영혼이 성장할수록 그 사랑의 감동과 기쁨과 지혜는 점점 더 깊어지고 아름다워지며 강렬해집니다.

오늘날 주의 이름을 부르며 말씀을 많이 암송하면서도 실제의 천국을 경험하지 못하고 지옥적인 마음의 상태로 사는 사람들이 적지 않습니다. 그러나 주님은 우리에게 더 많은 사랑과 은총을 부어주시기 원하십니다. 그분은 결코 관념적인 행복으로 우리가 만족하기를 원하지 않으십니다. 우리의 영혼은 천국을 향하여 주님을 향하여 계속 나아가야 합니다.

그것은 환경과 세상이 주는 기쁨과 결코 같지 않습니다. 우리가 천국의 그 사랑을 경험하고 그 기쁨을 알아갈 때 우리는 이 모든 것들을 이 세상의 그 어느 것과도 바꾸지 않을 것입니다. 왜냐하면 그것은 진정한 행복이며 주님께서 우리에게 주시기 원하시는 천국의 복락이기 때문입니다. 언젠가 때가 되면 우리는 주님의 나라에서 그 영원한 복락을 맛보게 되겠지만 지금 이 살아있는 순간에서도 그것을 부분적으로 경험하면서 우리는 주님과 천국에 대한 더 깊은 열망과 애정으로 가득 차게 되는 것입니다.

둘째, 자신이 천국과 지옥을 만드는 것이다. 사람들의 천국과 지옥은 자신의 영적세계가 생산하는 산물입니다. 사람들은 흔히 생각하기를 행복과 불행이 환경이나 물질의 상태에 있다고 믿습니다. 그래서 환경의 변화와 개선을 위하여 애쓰고 기도하고 노력합니다. 그러나 그것은 외적인 물리적인 표피적인 것에 지나지 않으며 진정한 행복의 근원은 그의 내면, 즉 영혼의 상태에 있는 것입니다. 내면이 성령으로 정화가 되면 천국이 되는 것입니다. 성령으로 하나가 되어 성령의 법에 지배를 받으면 천국이 되는 것입니다. 자신이 지금 예수님의 평안을 누리지 못하고 불안하다면 내면이 예수님으로 하나가 되지 못한 연고입니다. 예수님으로 하나가 되게 해야 합니다. 알아야 할 것은 하나가 되는 과정에서 이해하기 힘든 괴로움을 느끼기도 합니다. 자신 안에서 영적인 전쟁이 일어나고 있기 때문입니다. 인내하고 견뎌내야 합니다.

사람들이 물질의 많고 적음이나 환경에서 행복을 찾는 이유는 그의 영혼이 발전하지 않아서 영혼의 시각이 없으며, 그의 육체, 곧 겉 사람의 의식만이 발전해서 환경과 외부만을 인식하기 때문입니다. 영혼이 눈을 뜨고 그 기능이 발전하게 되면 모든 행복과 불행은 영혼의 발전 상태에 있다는 것을 쉽게 인식하게 됩니다. 그러나 영혼의 기능이 약한 사람은 그저 동물적인 본능의 충족에서 행복을 느낄 뿐입니다.

사람은 육체와 영혼으로 만들어져 있습니다. 육체는 눈에 보이며 영혼은 눈에 보이지 않습니다. 그러므로 육체는 환경을 인식하고 교통하며, 영혼은 보이지 않는 영계와 교통하며 인식합니다. 육체는 환경에서 에너지를 얻습니다. 즉 공기, 음식, 물 등을 얻습니다. 영혼은 영계에서 에너지를 얻습니다. 영혼은 머리와 가슴으로 구성되어 있습니다. 그러므로 영계에서 생각과 감정을 수신합니다. 영혼은 그 발전 상태에 따라서 영계의 어떤 한 곳에 위치하고 있습니다. 그래서 자기가 속한 영계에서 오는 생각과 감정을 받아들이게 됩니다. 그러므로 그가 진정으로 행복한가 아닌가는 그가 어떤 수준의 영계에 소속되어 있는가에 달려있습니다. 그리고 내면이 소속된 영계로 온전하게 지배와 장악이 되었느냐, 아니냐에 따라서 진정으로 평안하고 행복이 결정되는 것입니다. 그래서 우리는 자신 안에 하나님만 주인으로 계시도록 성령으로 정화하고 지켜야 합니다. 하나님은 "세례 요한의 때부터 지금까지 천국은 침노를 당하나니 침노하는 자는 **빼앗느니라(마11:12)**" 말씀하시는 이유가 여기에 있는 것입니다. 이 말씀은 자신의 마음 안에 다른 존재들이 참입을 하여 자리 잡으면 지옥이 되니, 자신 안에 다른 존재들이 침입을 하지 못하도록 지키고 **빼앗아야** 한다는 뜻입니다. 항상 성령의 법으로 하나가 되도록 지켜야 합니다. 그래야 보이지 않는 영혼을 잠잠하게 하나님만 바라게 되는 것입니다. 영계는 물질이 아닌 근원의 세계, 상념과 감정의 세계이며, 그 사람의 수준에 맞는 생각과 느낌을 계속 공급하므로 사람은 이 영계와의 교통을 통하여 그 생명을 유지하는 것이며, 그것이 없이는 잠시도 살아갈 수가 없는 것입니다.

　영계는 빛의 세계와 어두움의 세계로 나뉘어져 있습니다. 즉 천국, 하나님의 나라와 지옥의 영계로 나뉘어져 있습니다. 위로 올라갈수록 그 빛은 더욱 아름답고 찬란해지며 아래로 내려갈수록 그 어둠은 깊어집니다. 영혼이 진리와 성령으로 발전하여 하나님의 높은 빛의 세계에 속해있는 사람은 환경이 어디 있든지 어떠하든지 기쁨과 평화, 사랑의 느낌을 가지고 있습니다. 그러나 육체와 본능 중심으로만 사는 사람은 영혼이 어둡고 굶주려서 거의 발전하지 못하기 때문에 빛의 영계를 견디지 못하고 어두움의 영계에 속하게 됩니다. 그들은 바퀴벌레가 빛을 피해 숨듯이 어두운 곳에 속하여 어두움의 영계에서 오는 생각과 감정을 수신하게 됩니다.

그러므로 그들은 환경이 아무리 외적으로 괜찮아도 항상 분노와 미움, 두려움 불만에 사로 잡혀있게 되는 것입니다. 그들은 어두운 곳에 있기 때문에 사랑하려고 해도 하기 어렵습니다. 그들은 남의 약점만이 보일 뿐입니다. 그들은 감사하려고 해도 별로 감사할 것이 생각나지 않습니다. 그들은 용서하려고 해도 그것이 쉽지 않으며 사랑을 표현하고 고백하려고 해도 그것이 너무나 어렵습니다. 그 이유는 한가지로서 그들의 영혼이 어두운 곳에 있기 때문입니다. 그러나 그들의 영혼이 조금씩 진리의 말씀을 깨닫고 빛을 받으며 빛을 받아들이면 그들의 영혼은 빛의 세계로 조금씩 상승하며 점점 마음이 빛으로 채워지고 그들의 사고도 바뀌게 되는 것입니다. 그것이 영혼의 발전이며 성숙입니다.

이와 같이 천국은 마음의 상태이며 마음이 바뀌지 않는 사람은 아무리 환경이 바뀌어도 결코 행복할 수 없습니다. 천국은 이와 같이 마음의 변화이며 속성의 변화입니다. 지옥도 마찬가지로 마음의 상태입니다. 그러므로 마음이 지옥인 사람은 어디 있으며 무엇을 하든지 그는 지옥에서 삽니다. 사는 것이 괴로워서 주님께 빨리 데려가 달라고 하는 분도 있는데 그것은 그의 심령이 지옥 적이기 때문입니다.

그러나 살아서 괴로운 사람은 죽으면 더 괴롭습니다. 죽어서 사람의 영혼의 속성이 바뀌는 것이 아닙니다. 고통이 있는 사람이 부산에서 서울로 옮긴다고 해서 그 고통이 없어지는 것은 아닙니다. 모든 고통은 마음의 상태이며 그 마음이 천국으로 바뀌지 않으면 그는 결코 행복해지지 않습니다. 그 마음이 발전하여 천국의 빛을 경험하는 사람은 어떠한 상황이 와도 그 천국을 잃어버리지 않습니다. 사랑하는 이에게 버림을 받고 무수한 오해를 받고 어떤 상황에 처해도 그는 그의 천국을 빼앗기지 않습니다. 왜냐하면 천국은 내면의 상황에서 나오며 결코 바깥에서 임하는 것이 아니기 때문입니다. 돌에 맞아죽던 스데반의 얼굴이 천사와 같이 빛나는 것도 그의 영혼이 천국과 교통하고 있었기 때문입니다.

우리의 영혼은 우리가 이 땅에 있을 때에는 끊임없이 빛의 세계로 상승하거나 어둠의 세계로 하강을 하며 이것을 반복하여 영혼의 영격이 형성되게 됩니다. 즉 그 사람의 평균적으로 거하는 곳이 그 사람의 영혼의 수준입니다. 우리의 육체가 소멸되면 영계에서는 우리의 위치가 고정되며 다시는 성장이 없습니다. 지옥적인 성품이 이미 형성된 사람은 천국의 사랑과 빛을 견디지 못하며 그는 비명을 지르며 어둠 속으로 떨어질 뿐입니다.

우리가 살아있을 때에 감사하고 사랑하고 섬길 때 우리는 영적으로 성장하며 빛의 세계로 올라가게 됩니다. 이 땅에 살면서 영혼이 자라가는 것이 가장 큰 축복인데 그 의미를 알지 못하고 다만 육체의 즐거움을 위해서 사는 것은 사실 너무나 불행한 삶이며 영원한 곳에서 후회하게 되는 것입니다.

사람들은 신앙을 하나의 교리의 이해로 생각하며 그들의 중심이 바뀌지 않았는데도 자신의 신앙이 좋은 것으로 생각하는 경향이 있습니다. 그러나 아무리 기도를 많이 하고 교회에서 살아도 그의 중심 속성이 바뀌지 않으면 아직도 그는 어둠의 세계의 지배를 받는 것입니다. 그가 아무리 주의 이름을 불러도 그가 여전히 이기적이고 남에게 함부로 대하며 베풀기를 싫어하고 연약한 사람을 우습게 알며 욕심이 많고 남에게 섬김을 받는 것을 좋아한다면 그의 영혼은 아직 어두운 곳에 있는 것입니다.

그는 어두운 곳에 있으므로 결코 그의 영혼은 안정을 찾지도 못하며 행복하지도 않을 것입니다. 그는 언제나 항상 불쾌하고 억울할 것이며 모든 것들이 마음에 안 들고 짜증이 날 것입니다. 그것은 환경이 그렇기 때문에 그런 것이 아니라 그의 영혼이 어두운 곳에 있기 때문입니다. 영혼이 빛의 세계에 있는 사람은 언제 어느 환경에 놓아두어도 그는 기쁨과 감사거리를 발견하고 모든 사람이 사악하게 보는 사람에게서도 아름답고 사랑스러운 부분을 발견합니다. 그의 눈은 빛으로 채워져서 어둠을 볼 수 없기 때문입니다.

셋째, 천국을 침노하는 적극전인 활동. 마음에 천국을 만끽하며 누리기 위하여 천국을 침노해야 합니다. 진리의 말씀과 성령의 역사로 자신을 정화해야 합니다. 필요하다면 제3의 존재들을 밖으로 배출해야 합니다. 반드시 성령의 역사가 있어야 가능합니다. 예를 들어 설명하면 늘 피곤하고 시도 때도 없이 졸리는 것입니다. 조금만 스트레스를 받으면 숨이 컥컥 막히기도 합니다. 명치끝을 손가락으로 밀면 자지러지게 아프기도 합니다. 인간적인 상식으로 보면 피곤하여 나타나는 현상이라고 이해하기 쉽습니다. 필자는 그렇게만 단정하지 않습니다. 물론 육체가 피곤하여 생기는 현상이라 할 수도 있습니다. 그러나 피곤하고 졸리게 하는 영적인 존재가 잠재의식에 숨어있다는 것입니다. 스트레스를 받아 해소하지 못하고 3개월 이상 흘러서 화병으로 진전이 된 것입니다. 병원에 가서 종합 진단을 하고 CT와 MRI를 찍어도 증상이 나타나지 않는 것이 보통입니다. 의사가 하는 진단명은 신경성이나 스트레스로 인한 질병이라고 합니다. 한의원에 가면 울화병이라고 합니다. 6개월 정도 침을 맞고 한약을 먹으면 해소가 되기도 합니다. 그러나 근본은 치유되지 않는 것이 보통입니다.

영적으로 보면 상처를 받고 스트레스를 해소하지 못하고 지속적으로 받다가 보니까, 잠재의식에 독소가 쌓이게 된 것입니다. 상처와 스트레스를 육체와 정신력이 감당하지 못하여 피곤하고 졸고 있는 틈을 따라서 피곤하고 졸게 하는 악한 영이 침입하여 집을 지어서 생기는 복합적인 현상이라고 생각합니다. 이는 필자가 실제적으로 개별 집중치유 할 때 많이 경험하는 현상이기 때문입니다. 이런 상태로 고생하시는 분들이 집중치유를 받으러 오십니다. 성령으로 기도를 시작하여 1시간에서 1시간 20분정도 지나서 성령으로 어느 정도 장악되면 영락없이 꾸벅꾸벅 조는 것입니다. 자신의 의지를 발휘하지 못하고 꾸벅꾸벅 좁니다. 피곤하고 졸게 하는 귀신이 정체를 폭로한 것입니다. 이런 현상이 1시간 정도 일어나는 경우도 있습니다. 그런데 필자와 같이 개별치유 사역을 오래하여 성령의 인도를 받는 사역자가 아닌 초보 사역자는 영적존재가 떠나고 안식하기 때문에 일어난다고 속습니다. 영적존재가 떠나간 다음에 찾아오는 안식하는 현상과 비슷하기 때문입니다. 이런 사역자는 이런 종류의 환자를 자유하게 할 수가 없습니다. 환자 측면에서 보면 시간만 낭비하는 것입니다.

필자는 많은 사역체험이 있고 성령께서 그때그때 알려주시기 때문에 속지 않습니다. 환자에게 지속적으로 호흡을 하면서 기도하게 합니다. 성령께서 완전하게 장악하시면 기침이나 트림이나 하품이나 울음이나 이상한 소리를 하면서 독소가 배출이 됩니다. 독소가 배출이 뒤면 언제 그랬느냐는 식으로 사람의 행동이 바뀌는 것이 보통입니다. 숨을 깊게 쉴 수가 있고 마음이 평안해집니다. 피곤하게 하고 졸게 하는 독소가 상처와 스트레스가 치유되면서 떠나갔기 때문입니다. 그러나 완전하게 배출이 된 것이 아니고 70%만 배출된 것입니다. 남아있는 30%가 언제라도 문제를 일으킬 수가 있으니 지속적인 배출로 뿌리를 뽑아야 할 것입니다. 뿌리는 성령으로 말씀을 깨닫고 성령으로 기도하면서 깨달아 회개하며 기도하는 만큼씩 하나님의 영역이 넓어지면서 배출이 되고 완치가 되어 천국을 체험하게 됩니다. 그렇기 때문에 몸속에 영적이고 심리적인 독소가 천국을 누리지 못하게 방해하는 것입니다.

잠재의식의 영적이고 심리적인 독소를 배출하여 천국을 누리려면 내면세계와 영의 세계를 이해하고 숙달해야 영육의 질병에서 해방 받아 하나님의 축복 속에서 천국을 누리면서 살아갈 수가 있습니다. 무엇보다 크리스천은 내면세계와 영의 세계를 바르게 알고 대처할 수가 있어야합니다. 내면세계의 영향으로 천국을 만끽하지 못하는 것입니다. 내면세계를 성령으로 정화해야 천국을 만끽하고 누릴 수가 있는 것입니다.

천국은 죽어서 가는 곳이 아닙니다. 지금 만끽하고 누려야 합니다. 현재 상태를 유지 잘해야 합니다. 이렇게 크리스천들에게 독소가 영·혼·육에 형성되어 있습니다. 이런 독소의 영향으로 예수를 믿으면서도 지옥 같은 삶을 살아가고 있는 것입니다. 이런 상태에 있는데 세상에서 하는 일반적인 독소 제거 방법으로 가능하겠습니까? 물론 세상방법도 이용해서 독소를 제거해야 합니다. 그러나 크리스천의 근본적인 몸속의 영적이고 심리적인 독소제거는 성령의 지배와 장악이 된 상태에서 잠재의식에 쌓여 있는 독소가 배출이 되는 것입니다. 몸속의 독소는 성령의 역사로 배출이 되는 것입니다. 배출이 되면 자신 안에 하나님으로부터 천국이 흘러나오는 것입니다. 천국은 자신이 관심을 가지고 만들어가며 침노하고 지켜야 합니다.

20장 체험 있고 실증있는 신앙생활 함으로

(마 7:21)"나더러 주여! 주여! 하는 자마다 천국에 다 들어갈 것이 아니요. 다만 하늘에 계신 내 아버지의 뜻대로 행하는 자라야 들어가리라"

하나님은 하늘나라 천국에 대하여 바르게 알고 만끽하며 누리기를 원하십니다. 영원한 천국은 지금 천국을 만끽하며 경험한 자만 갈 수 있는 곳이라고 생각합니다. 살아서 하나님의 참사랑의 기쁨을 경험한 사람만이 그 참사랑의 기쁨을 영계에서도 그대로 누릴 수 있기 때문입니다. 그렇다면 어떻게 하면 지금 천국을 이룰 수 있을까요? 그것은 우리의 마음속에 먼저 천국을 만드는 것입니다. 하나님과의 사랑, 그리고 가족 혹은 이웃 간의 사랑을 통하여, 우리의 마음을 언제나 기쁜 상태로 유지하는 것입니다. 마음을 진리의 말씀과 성령으로 정화하는 것입니다. 자신 안에 하나님 외에 제 3의 요소들을 성령으로 배출하는 것입니다. 마음이 정화가 되면 될수록 천국인 마음의 평안을 느끼게 됩니다. 자신이 그러한 기쁨을 유지되게 되면, 그 기쁨이 가정을 넘고, 종족을 넘고 민족을 넘어 국가와 세계로 뻗어나가는… 것입니다. 그래서 우리의 마음속에 사랑을 통한 기쁨을 끊임없이 유지하는 것이 무엇보다 중요한데, 그것은 내 마음속에 하나님을 주인으로 모심으로써 가능하다는 것입니다. 하나님은 권능의 하나님이고, 그 권능은 끊임없이 기쁨의 카리스마를 창조해내는 특성을 가지고 있기 때문입니다.

일부 목회자들이 이렇게 설교합니다. 죽어서 천국가면 되기 때문에 지금 아무렇게나 살아도 된다는 말입니까? 필자는 이분들에게 이렇게 질문하고 싶습니다. 마음이 천국 되지 못하여 조그마한 일에도 짜증이 나고, 신경질이 나고, 쉽게 분노하고, 마음이 불안하고 두렵고, 우울하여 불면증이 생겨서 고생하는데 어찌 바르게 살아갈 수가 있겠습니까? 바르게 살아가려고 해도 마음상태가 따라주지 못하는데 어찌 바르게 살아갈 수가 있겠습니까? 지금 마음의 평안을 누리는 방법을 찾아서 말씀을 전하여 적용하게 해야지 않겠습니까? 예수를 믿으면서 누가 마음대로 살아가려고 하겠습니까? 마음대로 살지 않으면 되지 않는 심령상태라서 하는 수 없이 되는 대로 살아가는 것입니다. 근본을 바꿀 수 있는 대책을 전해야 할 것입니다.

우리 크리스천들이 마음대로 살아가지 않도록 하는 것은 근본을 바르게 깨닫게 해야 합니다. 근본이 고쳐져서 바르게 되면 지금 천국을 누리면서 살아가는 성도들이 되도록 해야 할 책임이 목회자들에게 있다고 생각합니다. 천국은 영적세계에서 일어나는 보이지 않는 역사이기 때문에 체험해보지 않고는 정확한 맛을 알 수가 없습니다. 강단에서 말씀을 전하시는 목회자도 지금 천국을 체험해 보아야 정확하고 담대하게 천국이 이렇다 지금 천국을 만끽하며 누려야 한다고 전할 수 있습니다. 그러나 체험하지 못한 목회자는 지식으로 아는 천국의 역사 밖에 전할 수가 없는 것입니다. 현대교회들마다 지금 천국을 만끽하며 누리지 못하는 것은 먼저 천국은 예수님 재림 때와 죽어서 가는 곳으로 인식하고 있기 때문이요, 지금 천국이 어떤 상태인지 알지도 못하고 체험하지도 못했기 때문입니다. 그래서 천국간증하면 성령의 깊은 임재가운데 보고 돌아온 천국에 대하여 말하는 것이 대다수 입이다. 한 번 생각해 보시기를 바랍니다. 지금 천국을 만끽하면서 누린다고 간증하는 성도가 몇 명이나 됩니까? 지금 천국을 만끽하며 누린다는 성도를 초청하여 간증 집회하는 교회가 몇 개나 되는지 알아보아야 될 것입니다. 전부 저 세상에 있는 천국만 운운합니다. 깊은 임재에 들어가서 보고 나온 상상을 간증합니다. 그러면서 한다는 설교가 죽어서 천국가면 되기 때문에 지금 아무렇게나 살아도 된다는 말입니까? 하면서 목소리를 높이는 것입니다.

천국에 대한 근본이 바뀌면 성도들이 변화되게 되어있습니다. 분명하게 성경에서 말하는 천국이란 죽어서 가는 곳이 아니라, 살아서 인식되고 체험되는 곳입니다. 천국이란 상대적 사고를 하는 인생이 세상에서 성령의 법으로 치리되는 영적인 나라를 말하는 것입니다. 천(天: 하늘)이란 하나님의 법을 뜻하는 용어이고, 국((國: 나라)은 하나님의 나라를 뜻합니다. '나라' 라고 한다면 그 안에는 다스리는 법이 반드시 있어야 합니다. 성령의 법에 의하여 지배를 받아야 합니다. 다른 제 3의 요소에 지배와 다스림을 받는 상태라면 아직은 천국이 불완전한 상태라는 말이 됩니다. 불완전한 상태를 완전한 상태로 만들어야 하기 때문에 "세례 요한의 때부터 지금까지 천국은 침노를 당하나니 침노하는 자는 빼앗느니라(마11:12)" 말씀하시는 것입니다.

지금 천국을 만끽하면서 살아가는 설교를 하지 못하기 때문에 성도들이 죽어서 가는 천국만 사모하는 것입니다. 심지어 이단이라고 낙인이 찍힌 단체에서는 "기독교인의 목적은 구원과 천국입니다." 천국을 소망하고 열심히 신앙생활을 합니다. 심지어 더 심하게 자유가 없는 신앙생활을 합니다. 목사님들의 설교나 모든 교인들은 "천국은 예수님 열심히 믿고 죽어서 간다."고 믿고 있습니다. 그렇게 좋은 천국을 빨리 가는 것이 좋을 텐데 왜 고달픈 이 세상에 오래 살려고 애쓰는 걸까요? 하면서 조롱 비슷하게 비꼬고 있습니다. 그런데 여기에 한 곳 잘못인식하고 있는 것이 있습니다. "기독교인의 목적은 구원과 천국입니다." 라는 표현이 지극히 잘못된 것입니다. 원래 구원과 천국은 예수님을 믿고 주인으로 모시고 살아온 결과입니다. 바른 표현은 "기독교인의 목적은 예수님이 십니다. 구원과 천국은 예수 믿은 결과입니다." 구원과 천국을 목적으로 믿음생활하면 안 됩니다. 여기에서 많은 문제가 발생합니다. 이는 이미 15장에서 상세하게 설명했습니다. 우리의 주인이신 예수님을 목적으로 신앙생활을 해야 결과적으로 구원과 천국을 만끽하며 누리는 것입니다.

천국을 지금 만끽하며 누리고 살아가려면 체험해야 가능합니다. 체험해보지 않으니 죽어서 천국을 간다고 해도 누구하나 의문을 제기할 수가 없는 것입니다. 우리 목회자들이 지금 천국을 누려야 한다고 강력하게 설교하지 못하는 것은 성령으로 깨닫지 못하고 체험하지 않고 성경 지식과 사람들에게 들은 풍문으로 설교를 하기 때문입니다. 천국은 보이지 않아서 체험하지 않고는 확증하고 설명할 수가 없습니다. 라면을 먹어보지 않고는 설명할 수가 없는 것과 같이 살아계신 하나님의 통치하에 있는 천국은 직접체험해보지 않고는 정확하게 알지 못하여 설명할 수가 없는 것입니다. 분명하게 지금 천국을 누려야 합니다.

천국이라는 말은 예수님의 입에서 나와서 성경말씀에 기록된 말입니다. 그 사상과 내용도 전적으로 성경의 것입니다. 성경이 말하는 천국은, 삼위 일체 하나님과 함께 평화와 행복으로 영원히 살게 된 영생하는 사람들을 위하여 영생할 수 있는 실제적인 나라를 하나님이 친히 건설하는 것을 가리킵니다. 어떻습니까? 이런 생명을 가지고 이런 천국을 지금 만끽하다가 영원한 천국에 가기를 원치 않습니까? 그러나 이러한 천국을 지금 만끽하며 누리다가 천국에 가기를 원하는 자들은 천국에 갈 수 있는 자격을 갖추지 않으면 안 됩니다. 그 자격이 어떤 것입니까? "나더러 주여! 주여! 하는 자마다 천국에 다 들어갈 것이 아니요. 다만 하늘에 계신 내 아버지의 뜻대로 행하는 자라야 들어가리라"(마 7:21). 이 말씀은 천국을 지금 만끽하며 누리다가 들어갈 수 있는 자격을 간단히 규정 지어 놓았습니다.

천국은 하나님의 뜻대로 행하는 자라야 지금 만끽하며 누리다가 들어갑니다. 그러므로 하나님의 뜻과 천국은 뗄 수 없는 관계에 있음을 알게 해 줍니다. 천국의 뜻 예수께서는 제자들에게 기도를 가르치셨습니다. 오늘날 주기도문이라고 알려진 말씀이 그 것이지요(마 6:9~13). 이 기도문 중에 "나라이 임하옵시며, 뜻이 하늘에서 이룬 것 같이 땅에서도 이루어지이다"(마 6:10)라는 말씀이 있습니다.

예수님은 나라와 하나님의 뜻이 이루어지는 것이 관계가 있음을 분명히 하셨습니다. 여기에 "나라"라고 번역된 말은 "헤 바실레이아"인데 "왕국"이라는 말입니다. 헬라 말로 왕을 "바실류스"라고 합니다. 그러므로 "바실레이아"는 왕이 다스리는 나라인 것입니다. 여기서 말하는 왕이 누구이겠습니까? 말할 필요도 없이 만왕의 왕이신 예수님이시오, 천국은 그가 다스리시는 나라인 것입니다. 그런데 우리말 성경에 천국이라는 말이 38회 나오는데 한 번(딤후 4:18)을 제외하고는 모두 마태복음에만 나옵니다.

영의 세계에 있는 보이지 않는 하나님의 나라는 어디에 임하게 되는 것입니까? 하나님의 나라는 하나님의 성전에 임하시게 되고, 하나님의 성전은 건물이 아니라, 사람의 마음이 됩니다. 세상 모든 사람의 마음이 성전이 되는 것이 아니라, 예수를 주인으로 영접한 사람의 마음을 말하는 것입니다. "우리는 하나님의 동역자들이요, 너희는 하나님의 밭이요, 하나님의 집이니라"(고전3:9). "너희가 하나님의 성전인 것과 하나님의 성령이 너희 안에 거하시는 것을 알지 못하느뇨"(고전3:16). 곧 하나님은 사람의 마음에 임하신다는 것인데, 어떤 사람에게 임하시는 것입니까? 하나님을 주인으로 모신 사람에게 임하십니다. 그런데 하나님은 영이십니다. 초자연적으로 역사하시는 살아계신 분입니다. 그런 하나님은 말씀이시며(요1:1), 예수님도 말씀이십니다. 성령으로 말씀을 깨달아 순종하며 지키는 사람에게 하나님도 예수님도 임하시는 것입니다.

하나님과 예수님이 함께하는 곳이 천국이므로 천국은 먼저 성령으로 말씀을 깨닫고 지키는 사람(성도)의 마음에서 이루어지는 것입니다. 초림 때는 하나님이 예수님과 함께 하셨으니 예수님이 곧 천국이었던 것입니다. 지금은 성령이 역사하는 교회시대입니다. 지금 천국은 천국의 주인이신 예수님을 믿고 성령으로 거듭난 성도들이 천국입니다. 예수님의 통치를 받는 성도들이 천국이라는 말입니다. 그래서 천국은 지금 성도들을 통하여 이루어지고 있습니다. 성도들은 지금 천국을 만끽하면서 살아야 합니다.

그럼 마지막 때 천국은 어떤 사람들이 들어갈까요? 신약 성경에 약속된 천국은 예수 믿고 죽어서 가는 것이 아니라, 성령의 지배와 장악을 당하여 성령의 인도를 받는 성도들이 영원한 천국에 들어가는 것입니다. 어느 단체에 속해야 마지막 때 임하는 천국에 들어가는 것이 아닙니다. 지금 성령으로 말씀을 깨닫고 성령으로 기도하며 성령의 인도를 받으면서 천국을 만끽하고 누리며 살다가 주님이 오라고 부르시면 영원한 천국에 들어가는 것입니다. 지금 천국을 만끽하고 누리는 상태를 바르게 깨닫게 하는 성경 사례가 있습니다.

첫째, 홍해가의 모세입니다. 이스라엘 삼백만이 모세를 따라서 홍해 가운데 나왔습니다. 창일한 홍해가 넘실거리니 그 홍해를 건너갈 수 있는 다리도 없고 배도 없었습니다. 그런데 애굽의 바로 왕이 전군을 동원해서 이스라엘을 다시 포로로 잡기 위해서 질풍노도와 같이 쳐들어옵니다. 이스라엘 백성들이 보니 살길이 전혀 막혀버리고 말았습니다. 앞에는 창일한 홍해요, 뒤에는 노도와 같은 애굽의 대군대가 밀려오니, 거기에 샌드위치가 된 이스라엘 백성들은 절망 속에서 아우성을 쳤습니다. "모세야, 어디 애굽에 장지가 없어서 우리를 홍해수가에 데리고 와서 죽이려고 하느냐?" 아우성이었습니다. 모두다 지옥이 된 것입니다. 이것이 현실의 지옥입니다.

그러나 모세 혼자만은 천국이었습니다. 모세 안에 하나님이 계시기 때문입니다. 하나님의 나라가 모세 안에 있기 때문입니다. 하나님은 예비하시는 하나님인 것을 알았습니다. 하나님은 길이 없는 가운데서 길을 내시고 절망 가운데서 희망을 주시는 하나님인 것을 알았기 때문에 모세 혼자서 엎드려서 하나님께 기도했습니다. 하나님의 명령대로 모세가 바다 위로 손을 내밀었더니 여호와께서 큰 동풍을 불게 하셨고, 바닷물이 물러가기 시작했습니다. 그리고 바다 한 가운데로 길이 나게 되었습니다. 그러자 이스라엘 백성들이 바다 가운데를 마른 땅처럼 걸어가게 되었고, 물은 그들의 좌우에 벽이 되었다고 성경은 말합니다. 전적으로 인간이 상상할 수 없는 곳에서 하나님께서 문제의 해답을 제시해 주신 것입니다. 하나님은 이미 이스라엘이 알지 못할 때 홍해 가운데 길을 예비해 놓으신 것입니다.

나중에 애굽 사람들, 바로 왕의 말들, 병거들과 마병들이 다 이스라엘 자손들을 추격하기 위해 그 바다 가운데로 들어왔습니다. 하나님은 그 순간에 불과 구름 기둥으로 애굽 군대를 어지럽게 해서 이스라엘을 추격하지 못하도록 막았습니다. 그리고 이스라엘 자손들이 홍해를 다 건너자 하나님은 모세에게 "네 손을 내밀어 물이 애굽 사람들과 그들의 병거와 마병들 위에 다시 흐르게 하라"고 했습니다. 모세는 하나님의 명령에 따라 지팡이를 든 그의 손을 다시 바다 위로 내밀자, 그 순간 바다의 힘이 회복되었습니다. 바닷물이 애굽 사람들 위에 덮쳤고 그들은 그곳, 바다에서 다 죽게 되었습니다. 하나님은 이렇게 이스라엘 자손들을 애굽 사람의 손에서 구원하셨습니다. 이스라엘 자손들은 하나님께서 애굽 사람들에게 행하신 그 큰 능력(기사와 이적)을 두 눈으로 똑똑히 보고 여호와 하나님을 경외하며 하나님과 그의 종 모세를 믿고 따르게 되었다고 성경은 말합니다. 모세가 지금 천국을 만끽하고 누렸기 때문에 이스라엘 민족을 구원할 수가 있었습니다.

둘째, 가나안을 정찰하는 사람들. 가나안을 정찰하는 열 지파 사람들은 현실적인 지옥입니다. 여호수아와 갈렙은 현실적인 천국입니다. 이스라엘 백성이 가데스 바네아에 와서 이제 가나안 땅에 들어가려고 할 때 모세가 12정탐꾼을 택해서 40주 40야를 가나안땅을 정탐하게 한 것입니다. 그들이 저 가나안 땅을 정탐하고 돌아와서 보고할 때 10명은 지옥을 보고를 한 것입니다. 그들이 무엇을 보든지 하나님이 함께 계시므로 젖과 꿀이 흐르는 땅을 얻을 수 있다는 믿음을 가져야 되는 것인데 하나님을 잃어 버렸습니다. 마음이 지옥이 되었기 때문입니다. 지옥인 그들의 관찰은 인간적으로 볼 때는 맞았습니다. "우리가 본 땅은 젖과 꿀이 흐르는 땅이 아니라 광막한 광야요 사막이다. 그리고 그곳에 성은 굉장히 높다. 그곳에 사는 사람은 네피림의 후손 아낙자손 대장부라 우리가 보기에는 메뚜기 같다. 그들도 우리보고 메뚜기라고 말할 것이다." 완전히 하나님이 없습니다. 지옥 된 자신들의 관찰로써 본 그대로 말을 했습니다.

지옥이 된 열 명의 정탐꾼의 말을 들은 사람들은 마음속에 "와! 우리가 가는 땅은 젖과 꿀이 흐르는 땅이 아니라 광막한 광야구나. 그리고 우리가 들어갈 곳은 성은 높고 그곳에 사는 사람은 네피림의 후손 아낙자손 대장부라." 우리는 메뚜기 같다고 했으니 모두 다 자기들을 메뚜기로 상상했습니다. 절대로 들어갈 수 없겠다. 들어가면 우리 처자가 사로잡히고 우리는 죽을 것이다. 우리 장관을 세워서 애굽으로 도로 돌아가자. 완전히 좌절과 절망에 처한 것입니다.

그러나 하나님의 나라 천국이 된 여호수아와 갈렙은 하나님의 말씀을 마음속에 간직하고 하나님의 약속을 통해서 사물을 보았습니다. 하나님께서 함께 하심을 보았습니다. "아니다. 우리가 본 땅은 과연 젖과 꿀이 흐르더라. 그리고 물론 성은 높고 그들은 아낙자손 네피림의 후손 대장부지만 그들의 보호자는 떠났고 그들은 우리의 먹이다. 우리 들어가서 점령하자." 그들은 사물을 볼 때 하나님과 함께 사물을 봤습니다. 하나님과 함께 보니 하나님의 약속대로 광야로도 젖과 꿀이 흐르게 될 수 있고 하나님이 같이 계시므로 아무리 높은 성도 무너지고 하나님이 함께 계시므로 아무리 큰 대장부도 하나님 앞에서는 아무것도 아닌 것입니다. 여호수아와 갈렙은 하나님의 나라 천국의 마음을 가지고 보고를 했고 10명의 정탐꾼은 하나님께서 계시지 않는 지옥의 마음이 보여주는 보고를 했습니다.

우리 예수 믿는 사람은 예수 그리스도의 보혈로 하나님과 언약 맺고 하나님이 우리와 함께 계시고 하나님의 성령이 우리를 도와주시고 하나님의 약속의 말씀이 있기 때문에 눈에는 아무증거 안보이고 귀에는 아무소리 안 들리고 손에는 잡히는 것 없어도 말씀을 통하여 꿈속에 살아야 되는 것입니다.

민14장 36~38절에 보면 "그 땅을 악평하여 온 회중이 모세를 원망하게 한 사람 곧 그 땅에 대하여 악평한 자들은 여호와 앞에서 재앙으로 죽었고 그 땅을 정탐하러 갔던 사람들 중에서 오직 눈의 아들 여호수아와 여분네의 아들 갈렙은 생존하니라" 보십시오. 마음이 지옥이 된 사람은 재앙을 만납니다. 그러나 마음이 하늘나라 천국인 여호수아와 갈렙은 축복을 받은 것입니다. 마음에 하나님의 나라가 없으면 그 자체가 재앙인 것입니다. 내일이 없으니까요. 그러나 여호수아와 갈렙은 하나님의 나라 천국을 가졌기 때문에 그들은 젖과 꿀이 흐르는 가나안 땅으로 들어갈 수 있었던 것입니다.

셋째, 골리앗 앞에선 다윗. 다윗이 형들을 방문했을 때 마침 사울 왕은 군대를 거느리고 블레셋과 전쟁 중이었습니다. 당시 사울 왕 이하 군졸들은 지옥이었습니다. 하나님이 계시지 않았습니다. 블레셋의 대장군인 골리앗은 "나와서 이스라엘 중에 남자가 있으면 나오라. 나와 싸우자. 네가 이기면 우리가 너희 종이 되고, 너희가 지면 너희가 우리의 종이 되어라. 나오라." 모두 다 지옥이 되어 겁을 집어먹고 전부 이스라엘 군이 들어가 수풀 뒤에 숨고 흙더미 뒤에 숨었습니다. 그래서 블레셋 사람에게 모욕을 당했습니다. 그것을 하나님의 나라 천국이 된 조그마한 소년 다윗이 보고 분개했습니다. 다윗의 마음은 하늘나라 천국이었기 때문입니다. 하나님의 마음이였기 때문입니다. 다윗이 말하기를 "저 할례 받지 못한 이방인 앞에 만군의 하나님의 군대가 모욕을 당하는데 이렇게 뒤로 숨기 바쁘냐? 내가 가서 싸우겠다."고 했습니다.

마음이 지옥인 형들이 와서 "너 미쳤냐? 가서 양이나 쳐라." 그 말에 다윗은 "내가 이렇게 하는 것은 형들이 도망을 치니까 그렇지 안 습니까?" 그 말을 사울이 듣고 "네가 정말 가서 싸우겠느냐?"고 물었습니다. "싸우겠습니다." "골리앗은 어려서부터 용사인데 너 같이 어린 소년이 어떻게 싸운단 말이냐?" "제가 아버지 양을 칠 때 곰이나 사자가 와서 양을 움켜쥐면 가서 **빼앗**고 달려들면 주먹으로 쳐서 죽였는데 저 놈도 그 곰이나 사자의 한 놈밖에 될 수 없을 것입니다." 다윗의 마음은 하늘나라 천국이었기 때문에 담대했습니다. 하나님께서 다윗의 입술을 통하여 믿음의 말을 쏟아놓습니다.

그래서 그는 목자의 도구를 몸에 걸치고 물맷돌을 들고 나갔습니다. 골리앗은 거대한 장군이 오는 줄 알고 위를 쳐다봐도 안 보이니까 어디에 있나 찾다가 밑을 보니 조그마한 어린아이가 나옵니다. 그러니 골리앗이 얼마나 모욕을 느꼈는지 "야! 이놈아 내가 개인 줄 알고 나왔느냐?" 그러면서 다윗에게 저주합니다. "내가 오늘 너를 찢어서 죽여 공중의 새와 땅의 짐승의 밥으로 만들겠다." 다윗이 무어라고 말했습니까? "너는 칼과 창과 단창을 의지해서 나오거니와 나는 네가 모욕하는 하나님! 만군의 이스라엘의 하나님의 이름으로 나가느니라. 내가 오늘 너를 죽여 공중의 새와 땅의 짐승의 밥으로 만들겠고 온 세상에 하나님이 계신 것을 알게 하겠다." 그래서 그는 물맷돌을 흔들면서 뛰어나가 놓아버리니 돌이 나가서 골리앗의 이마에 정면으로 파고들어가 골리앗이 쓰러져 죽었습니다.

그의 목을 칼로 목을 쳐서 피가 뚝뚝 흐르는 머리채를 휘어감아 드니 그때야 이스라엘 백성이 담대해 져서 물결치듯이 습격해 블레셋을 풍비박산을 내었습니다. 완전히 이스라엘의 승리로 돌아갔습니다. 이것은 다윗이 천국의 마음을 가졌기 때문에 하나님이 역사했지 다윗이 지옥의 마음을 가졌으면 하나님은 역사하지 못했을 것입니다.

넷째, 성령으로 내면이 정리되면 천국. 얼마 전 토요일 개별집중정밀치유 시간에 지방에서 올라오신 여 집사가 사정을 적어놓은 것을 보니까, 허리 디스크로 고생합니다. 머리가 항상 아프니다. 늘 피곤하고 눈에 충혈이 잘됩니다. 폐장이 약합니다. 코에 문제가 있는데 축농증도 있고, 의사가 말하는데 콧속이 부어있어서 머리가 아프다고 합니다. 불안하고 두려워서 밤에 잠을 깊이 자지 못합니다. 그래서 여러 가지 한방과 양방의 치료를 다해도 차도가 나타나지 않습니다. 날마다 지옥 같은 삶을 살아가고 있습니다. 그래서 필자의 책을 읽고 감동을 받아 집중정밀치유에 예약을 하고 치유 받으러 올라온 것입니다.

필자가 이렇게 알려주었습니다. 이 병은 잠재의식에 스트레스와 상처로 인하여 몸속에 독소가 쌓여서 생긴 것들입니다. 어머니 뱃속에서 나올 때부터 가지고 태어나신 불안과 두려움의 상처입니다. 세상에서 말하는 대로 한다면 몸 안에 독소가 쌓여서 생기는 현상입니다. 세상에서 독소를 제거한다고 많이 하고 있는데 세상방법으로 집사님 안의 독소를 해결할 수가 없습니다. 콧속에 물집이 있어서 머리가 아픈 것이 아닌 것 같습니다. 제가 하라는 대로 순종하고 기도를 하세요. 이분이 성령세례를 받지 않았고 성령으로 지배와 장악이 되지 않은 상태였습니다. 약 상당한 시간 기도하면서 안수를 하니까, 울기 시작하면서 배가 출렁이면서 허리와 디스크에 형성된 독소가 배출되기 시작을 했습니다. 허리가 아파서 어찌할 줄을 몰라 했습니다. 제가 조금만 참으면 된다고 알려주었습니다. 한 10여 분간 허리의 독소가 배출되었습니다. 다시 기도를 하도록 했습니다. 시간이 많이 경과되어서 성령의 지배와 장악이 되어가니 다시 뱃속에서 출렁출렁하면서 움직이는 것들이 있었습니다. 계속 기도를 하라고 조언

했습니다. 안수를 지속적으로 하니까, 조금 지나니 서럽게 울면서 기침을 한 20분간 하면서 몸과 마음과 머리에 역사하던 독소들이 배출이 되었습니다. 그러다가 안정을 찾았습니다. 그러니까, 상당한 시간이 걸린 것입니다. 환자에게 머리가 아프냐고 질문하니 시원해졌다는 것입니다. 허리도 시원하여 졌다는 것입니다. 마음도 평안해 졌다는 것입니다. 지금 자신의 상태가 천국이 따로 없을 정도로 평안하다는 것입니다. 필자가 이렇게 대답을 했습니다. 지금 상태가 마음 안에 계신 하나님으로부터 천국이 흘러나오는 상태입니다. 천국은 죽어서 가는 곳이 아닙니다. 지금 만끽하고 누려야 합니다. 현재 상태를 유지 잘해야 합니다. 이렇게 크리스천들에게 독소가 영·혼·육에 형성되어 있습니다. 이런 독소의 영향으로 예수를 믿으면서도 지옥 같은 삶을 살아가고 있는 것입니다. 이런 상태에 있는데 세상에서 하는 일반적인 독소 제거 방법으로 가능하겠습니까? 물론 세상방법도 이용해서 독소를 제거해야 합니다. 그러나 크리스천의 근본적인 몸속의 영적이고 심리적인 독소제거는 성령의 지배와 장악이 된 상태에서 잠재의식에 쌓여있는 독소가 배출이 되는 것입니다. 몸속의 독소는 성령의 역사로 배출이 되는 것입니다. 배출이 되면 자신 안에 하나님으로부터 천국이 흘러나오는 것입니다. 천국은 자신이 관심을 가지고 만들어가며 침노하고 지켜야 합니다. 자신 안을 성령으로 정화하여 하나가 되게 해야 천국을 누릴수가 있습니다.

21장 성령으로 진리를 깨달음으로

(요 14:25-26)"내가 아직 너희와 함께 있어서 이 말을 너희에게 하였거니와 보혜사 곧 아버지께서 내 이름으로 보내실 성령 그가 너희에게 모든 것을 가르치고 내가 너희에게 말한 모든 것을 생각나게 하리라"

진리는 성령으로 깨달아야 합니다. 이유는 자신은 예수를 믿을 때 죽었고, 동시에 예수로 태어났기 때문입니다. 하나님은 이렇게 말씀하셨습니다. "먼저 알 것은 성경의 모든 예언은 사사로이 풀 것이 아니니 예언은 언제든지 사람의 뜻으로 낸 것이 아니요, 오직 성령의 감동하심을 받은 사람들이 하나님께 받아 말한 것임이라 (벧후 1:20-21)" 진리는 사람의 지식이나 지혜나 경험으로 깨달을 수가 없는 것입니다. 반드시 성령으로 깨달아야 합니다. 그래야 하나님의 의중을 바르게 깨닫고 순종할 수가 있는 것입니다. 하나님은 "보혜사 곧 아버지께서 내 이름으로 보내실 성령 그가 너희에게 모든 것을 가르치고 내가 너희에게 말한 모든 것을 생각나게 하리라(요 14:26)" 하셨습니다. 성령의 임재가운데 성경을 읽거나 듣거나 할 때 성령께서 순간순간 진리를 깨닫게 하십니다. 필자는 길을 걸어가면서 통독성경을 들을 때 성령님으로부터 많은 진리를 깨닫고 있습니다. 정말 깊은 진리가 성령으로 깨달아 집니다. 그래서 진리는 성령으로 깨달아야 된다고 담대하게 설교하고 글을 써서 전파하고 있습니다. 왜 성령으로 진리를 깨달아야 합니까?

첫째, 계시를 받은 자 외에는 아버지를 아는 자가 없다. 영생은 유일하신 참 하나님과 그의 보내신 자 예수 그리스도를 아는(체험) 것입니다. 사람의 지식으로는 하나님과 예수 그리스도를 알 수 없고, 예수 그리스도의 소원대로 계시를 받은 자만 주님을 알 수 있습니다. "내 아버지께서 모든 것을 내게 주셨으니 아버지 외에는 아들을 아는 자가 없고 아들과 또 아들의 소원대로 계시를 받는 자 외에는 아버지를 아는 자가 없느니라(마 11:27)" 계시를 받은 자란 성령으로 세례를 받아 성령의 지배와 장악된 가운데에 있는 성도를 말합니다. 어떤 단체에서는 하나님께서 자기에게 계시를 깨닫게 하셨다고 자기를 신격화하던데 이는 절대로 바른 행위가 아닙니다. "영생은 곧 유일하신 참 하나님과 그의 보내신 자 예수 그리스도를 아는 것이니이다(요 17:3)" 성령으로 깨닫는 것입니다. 예수님은 분명하게 "보혜사 곧 아버지께서 내 이름으로 보내실 성령 그가 너희에게 모든 것을 가르치고 내가 너희에게 말한 모든 것을 생각나게 하리라(요 14:26)" 하셨습니다.

생명의 말씀과 성령으로 자신이 없어지면 질수록 성령으로 진리를 깨닫는 능력은 강해지는 것입니다. 내면의 능력은 자신이 무능하다는 진리를 깨달으면 깨달을수록 강해지는 것입니다. 하나님은 이렇게 말씀하십니다. "아무도 자신을 속이지 말라 너희 중에 누구든지 이 세상에서 지혜 있는 줄로 생각하거든 어리석은 자가 되라 그리하여야 지혜로운 자가 되리라(고전 3:18)" 어리석은 자가 되어야 지혜로운 자가 된다는 하나님의 말씀입니다. 이 또한 깨달아야 자신의 것이 되는 것입니다. 예수님은 요한복은 8

장 43절에서 이렇게 말씀하십니다. "어찌하여 내 말을 깨닫지 못하느냐 이는 내 말을 들을 줄 알지 못함이로다." 예수님의 말씀인 진리를 깨달으려면 예수님의 말씀이 들리고 알아야 한다는 말씀입니다. 예수님의 말씀이 들리고 깨달아 알아지려면 성령으로 충만해야 가능합니다. "우리가 이것을 말하거니와 사람의 지혜가 가르친 말로 아니하고 오직 성령께서 가르치신 것으로 하니 영적인 일은 영적인 것으로 분별하느니라(고전 2:13)" 성령으로 진리를 깨달아 자신이 없어지고 성령으로 충만하면 지금 천국을 만끽하며 누리는 것입니다. 성령으로 예수님과 하나가 되어가기 때문입니다. 예수님은 "그 날에는 내가 아버지 안에, 너희가 내 안에, 내가 너희 안에 있는 것을 너희가 알리라(요 14:20)" 말씀하셨습니다. 성령으로 세례를 받으면 예수님과 하나가 된다는 뜻입니다. 성령께서 깨달아 알게 하시는 것입니다. 절대로 조금 머리로 안다고 교만하지 말고 예수님과 하나가 되어 성령으로 깨달아야 합니다. 하나님은 고린도전서 8장 2절에서 "만일 누구든지 무엇을 아는 줄로 생각하면 아직도 마땅히 알 것을 알지 못하는 것이요" 경고하셨다는 것을 명심해야 합니다.

지금 천국을 만끽하며 누리려면 하나님의 말씀을 대할 때 겸손하게 대해 보시기를 바랍니다. 성경을 읽을 때 자신에게 하는 말씀으로 읽으라는 것입니다. 거북스러운 말씀이라도 자신도 그와 같을 수가 있다고 받아들이라는 것입니다. "만일 누구든지 무엇을 아는 줄로 생각하면 아직도 마땅히 알 것을 알지 못하는 것이요(고전 8:2)" 말씀을 안다고 자만하지 말아야 겠구나 하면서 실천하는 것입니다.

그런데 히브리서 8장의 새 언약의 내용을 보면 이런 내용이 있습니다. "각각 자기 나라 사람과 각각 자기 형제를 가르쳐 이르기를 주를 알라 하지 아니할 것은 저희가 작은 자로부터 큰 자까지 다 나를 앎이니라." 성령으로 세례 받고 인도받는 성도는 모두 하나님을 안다고 하십니다. 반드시 성령으로 깨닫고 성령의 인도를 받아야 합니다. 하나님이 우리에게 새 마음을 주시고, 새 영 곧 성령을 주셔서 우리 마음과 생각에 하나님의 법 곧 주님의 말씀을 주시면 우리가 누가 가르쳐 주지 않아도 자신 안에서 나타나시는 하나님을, 주님을 알게 된다는 내용입니다. 예수님께서 동행 하시면서 큰일을 행하신다는 것을 알고 믿게 되는 것입니다. 더 나아가 하나님께 기도하여 받은 지혜대로 순종하니 기적이 일어납니다. 자신 앞에 일어난 기적이 하나님께서 자신을 통하여 나타내신 것이라고 말하고 믿게 됩니다. 성령은 예수님을 증거 하시는 영이시기 때문에 우리 안에서 예수 그리스도를 가르치시고 예수님이 하신 모든 말씀을 생각나게 하십니다. "보혜사 곧 아버지께서 내 이름으로 보내실 성령 그가 너희에게 모든 것을 가르치고 내가 너희에게 말한 모든 것을 생각나게 하리라(요 14:26)" 예수님께서 성령께서 모든 것을 가르친다고 말씀하셨습니다.

성령님은 우리 안에서 주님의 영광을 나타내십니다. 주님의 영광을 나타내시고 주님이 하신 말씀을 생각나게 하시며, 그리스도의 사랑을 우리에게 알게 하십니다. 성령의 살아있는 역사를 알게 하십니다. 곧 예수 그리스도를 우리에게 증거 하시고 우리로 그 예수 그리스도를 증거 할 수 있도록 도우시는 분이십니다. "그러하나 진리의 성령이 오시면 그가 너희를 모든 진리 가운데로 인도하시리니, 그가 자의로 말하지 않고 오직 듣는 것을 말하시며 장래 일을 너희에게 알리시리라. 그가 내 영광을 나타내리니, 내 것을 가지고 너희에게 알리겠음이니라. 무릇 아버지께 있는 것은 다 내 것이라. 그러므로 내가 말하기를 그가 내 것을 가지고 너희에게 알리리라 하였노라(요 16:13~15)" 하나님께서 성령을 통하여 우리에게 알게 하신다는 것입니다. 모든 것이 우리 안에 성령으로 되는 것입니다.

또 기름 부음 곧 성령님이 우리에게 주님에 관한 모든 것을 가르치신다고 요한일서는 말씀합니다. "너희는 주께 받은바 기름 부음이 너희 안에 거하나니 아무도 너희를 가르칠 필요가 없고 오직 그의 기름 부음이 모든 것을 너희에게 가르치며 또 참되고 거짓이 없으니 너희를 가르치신 그대로 주 안에 거하라(요일 2:27)" 성령께서 친히 인도하시면서 가르치신다는 것입니다. 성경말씀을 자신의 지식이나 머리나 사람을 통해서 깨달으려 하지 말고 성령으로 깨달아야 지금 천국을 만끽하며 누릴 수가 있습니다.

둘째, 성령께서 직접 진리를 깨닫게 하신다. 예수님은 이렇게 말씀하셨습니다. "그러나 진리의 성령이 오시면 그가 너희를 모든 진리 가운데로 인도하시리니 그가 스스로 말하지 않고 오직 들은 것을 말하며 장래 일을 너희에게 알리시리라"(요 16:13). 하나님은 절대로 목회자만을 통하여 성도들을 진리 따라가는 성도되게 하시지 않습니다. 목회자를 통해서 진리를 알게 하고 직접 성령께서 진리 속으로 들어가게 하십니다. "너희는 주께 받은바 기름 부음이 너희 안에 거하나니 아무도 너희를 가르칠 필요가 없고 오직 그의 기름 부음이 모든 것을 너희에게 가르치며 또 참되고 거짓이 없으니 너희를 가르치신 그대로 주 안에 거하라"(요일 2:27). 성령님이 직접 가르친다고 말씀하십니다. 우리가 이것을 말하거니와 사람의 지혜가 가르친 말로 아니하고 오직 성령께서 가르치신 것으로 하니 영적인 일은 영적인 것으로 분별하느니라(고전:13)" 그렇기 때문에 어떤 목회자가 성도들을 성도되게 한다고 말하든지, 자신만이 진리를 깨달아 전한다고 하면서 특별한 사람인 것과 같이 행세한다면 경계의 대상입니다. 정말로 조심해야 하는 목회자입니다. 하나님의 자리에 앉아 있는 사람이기 때문입니다. 분명하게 "모세가 그에게 이르되 네가 나를 두고 시기하느냐 여호와께서 그의 영을 그의 모든 백성에게 주사 다 선지자가 되게 하시기를 원하노라"(민 11:29). 이것이 하나님의 뜻입니다. 그렇기 때문에 성도들은 성령의 개별적인 인도를 받아야 합니다. 개별적인 인도를 받기 위하여 성령으로 세례를 받고, 성령으로 충만하기 위하여 성령으로 기도하여 성령의 인도를 받아야 합니다. 분명하게 하나님은 성령으로 세례를 받은 성도를 개별적으로 인도하십니다. 하나님은 영이시기 때문에 성도들이 육체가 되었을 때 성령의 음성을 들을 수가 없기 때문입니다.

성경은 이렇게 말합니다. "오직 하나님이 성령으로 이것을 우리에게 보이셨으니 성령은 모든 것 곧 하나님의 깊은 것까지도 통달하시느니라. 사람의 일을 사람의 속에 있는 영외에 누가 알리요. 이와 같이 하나님의 일도 하나님의 영외에는 아무도 알지 못하느니라. 우리가 세상의 영을 받지 아니하고 오직 하나님으로부터 온 영을 받았으니 이는 우리로 하여금 하나님께서 우리에게 은혜로 주신 것들을 알게 하려 하심이라. 우리가 이것을 말하거니와 사람의 지혜가 가르친 말로 아니하고 오직 성령께서 가르치신 것으로 하니 영적인 일은 영적인 것으로 분별하느니라"(고전 2:10-13). 성령으로 깨달아 알고 성령의 음성에 순종해야 일대일 관계가 열릴 수가 있습니다. 하나님은 성령으로 세례를 받은 성도들과 교통하십니다. "만일 너희 속에 하나님의 영이 거하시면 너희가 육신에 있지 아니하고 영에 있나니 누구든지 그리스도의 영이 없으면 그리스도의 사람이 아니라"(롬 8:9). 모든 성도들이 성령으로 세례를 받아 성령의 지배와 장악이 되어 성령의 인도를 받으면 성령께서 성도 개개인을 진리 속으로 친히 인도하시는 것입니다. 살아계신 하나님께서 자신을 통하여 역사하신다는 것을 체험하게 하십니다. 그래서 진리이신 예수님을 따라가서 영생하는 성도가 되게 하십니다. "예수를 죽은 자 가운데서 살리신 이의 영이 너희 안에 거하시면 그리스도 예수를 죽은 자 가운데서 살리신 이가 너희 안에 거하시는 그의 영으로 말미암아 너희 죽을 몸도 살리시리라"(롬 8:11). 진리를 성령으로 깨닫고 보면 예수를 믿고 성도가 되었다는 것은 위대하고 특별한 축복을 받은 것입니다. 모두 성령으로 진리 안으로 이끌림을 받으시기를 바랍니다.

하나님께서 우리를 부르신 것은 하나님을 위해서 부르신 것입니다. 분명하게 사무엘상 16장 3절에 "이새를 제사에 청하라. 내가 네게 행할 일을 가르치리니 내가 네게 알게 하는 자에게 나를 위하여 기름을 부을지니라." 하나님을 위하여 다윗에게 기름을 부으라고 하셨습니다. 하나님께서 우리를 부르시고 성령의 인도를 받게 하신 것은 훈련시켜서 종으로 부려먹기 위해서 부르신 것이 아닙니다. 그래서 우리가 예수를 믿는 순간에 죽고, 다시 예수님으로 태어나는 것입니다. 하나님께서 분명하게 말씀하셨습니다. "그리스도의 사랑이 우리를 강권하시는 도다. 우리가 생각하건대 한 사람이 모든 사람을 대신하여 죽었은즉 모든 사람이 죽은 것이라. 그가 모든 사람을 대신하여 죽으심은 살아 있는 자들로 하여금 다시는 그들 자신을 위하여 살지 않고 오직 그들을 대신하여 죽었다가 다시 살아나신 이를 위하여 살게 하려 함이라(고후 5:14-15)" 분명하게 "자신을 위하여 살지 않고 오직 그들을 대신하여 죽었다가 다시 살아나신 이를 위하여 살게 하려 함이라고"하셨습니다. 예수님을 위하여 살게 하려고 부르신 것입니다. 예수님께서 하신 일을 하게 하려고 부르신 것입니다. 예수님은 영이십니다. 육체가 죽지 않고 예수님을 위하여 살아갈 수가 없습니다. 그래서 죽었다고 다시 살아나 예수님으로 살도록 하시는 것입니다. 이제 자신의 인간적인 생각이나 지혜나 열심으로 살지 말아야 합니다. 성령의 인도를 받아야 합니다. "무릇 하나님의 영으로 인도함을 받는 사람은 곧 하나님의 아들이라(롬 8:14)" 그래서 하나님은 "만일 우리가 성령으로 살면 또

한 성령으로 행할지니(갈 5:25)" 라고 말씀하십니다. 예수를 믿고 성령으로 거듭난 성도는 성령으로 깨달아야 하고, 성령으로 기도해야 합니다. 자신은 예수를 믿을 때 죽고 다시 예수로 태어나 예수님을 위하여 살기 때문입니다. 예수를 믿고 성령으로 거듭난 크리스천들은 특별하고 위대한 사람들입니다. 예수님의 인생을 살고 있기 때문입니다. 그렇기 때문에 빠른 시간 내에 자신이 없어지고 순수하게 성령으로 깨닫고, 성령으로 기도하면서 성령의 지배와 인도를 받아야 합니다. 그래야 하나님께서 주시는 것들을 온전하게 누리면서 살아갈 수가 있는 것입니다.

진리는 생명입니다. 성령으로 깨닫는 것입니다. 성령의 역사가 있기 때문에 진리이고 진리를 받아들이면 변화되는 것입니다. 하나님은 현장에 상황을 만들어 놓고 시험을 하십니다. 사도행전 3장에 나오는 "나면서 못 걷게 된 이를 사람들이 메고 오니 이는 성전에 들어가는 사람들에게 구걸하기 위하여 날마다 미문이라는 성전 문에 두는 자라"(행 3:2). 이 사건도 마찬가지입니다. 하나님께서 현장에다가 상황을 만들어놓고 성령께서 베드로에게 감동하게 하십니다. 베드로가 성령의 감동에 순종합니다. "베드로가 이르되 은과 금은 내게 없거니와 내게 있는 이것을 네게 주노니 나사렛 예수 그리스도의 이름으로 일어나 걸으라 하고, 오른손을 잡아 일으키니 발과 발목이 곧 힘을 얻고, 뛰어 서서 걸으며 그들과 함께 성전으로 들어가면서 걷기도 하고 뛰기도 하며 하나님을 찬송하니"(행 3:6-8). 베드로가 성령의 감동에 순종하니 살아계신 하나님의 역사로 나면서부터 걷지 못하던 사람이 걷는 기적이 일어나는 것입니다. 베드로가 하나님께서 함께 하시는 것을 체험하게 하십니다.

그런데 베드로가 성령의 감동에 순종하지 않았으면 하나님께서 베드로와 함께 할 수가 없습니다. 나아가 베드로는 성령의 이끌림으로 진리 속으로 들어가지 못했을 것입니다. 하나님께서는 이렇게 현장에 상황을 만들어 놓고 시험을 하십니다. 진리를 아는 가 모르는 가 시험지 가지고 시험보시지 않습니다.

바울도 마찬가지입니다. "루스드라에 발을 쓰지 못하는 한 사람이 앉아 있는데 나면서 걷지 못하게 되어 걸어 본 적이 없는 자라. 바울이 말하는 것을 듣거늘 바울이 주목하여 구원 받을 만한 믿음이 그에게 있는 것을 보고, 큰 소리로 이르되 네 발로 바로 일어서라 하니 그 사람이 일어나 걷는지라"(행 14:8-10). 바울이 분명하게 "바울이 주목하여 구원 받을 만한 믿음이 그에게 있는 것을 보고, 큰 소리로 이르되 네 발로 바로 일어서라" 성령의 감동에 순종하자 "나면서 걷지 못하게 되어 걸어 본 적이 없는 자"가 일어나 걷게 된 것입니다.

하나님은 절대로 목회자만을 통하여 성도들을 진리 따라가는 성도되게 하시지 않습니다. 목회자를 통해서 진리를 알게 하고 직접 성령께서 진리 속으로 들어가게 하십니다. "너희는 주께 받은바 기름 부음이 너희 안에 거하나니 아무도 너희를 가르칠 필요가 없고 오직 그의 기름 부음이 모든 것을 너희에게 가르치며 또 참되고 거짓이 없으니 너희를 가르치신 그대로 주 안에 거하라"(요일 2:27). 성령님이 직접 가르친다고 말씀하십니다. 성령께서 깨닫게 하시면서 진리 가운데로 인도하십니다. "만일 우리가 성령으로 살면 또한 성령으로 행할지니(갈 5:25)" 성령으로 진리를 깨닫고 성령으로 행하시기를 바랍니다.

셋째, 성령님께 진리를 조명하시도록 요청하라. 어떻게 하면 진리에 대한 성령님의 조명을 좀 더 잘 받을 수 있을까요? 이것은 참으로 중요한 문제입니다. 성령이 비록 우리 안에 계시기는 하지만 우리가 성령을 어떻게 대우하느냐에 따라서 성령이 우리 마음의 눈을 활짝 열어 주시기도 하고, 침침하게 내버려 두시기도 합니다. 성령께서 진리를 조명하며 깨닫게 하려면 성령의 지배와 장악이 되어야 하고 성령의 이끌림을 받아야 합니다.

그러므로 우리는 할 수만 있으면 심령이 우리 마음을 훤하게 밝힐 수 있도록 태도를 바르게 가질 필요가 있습니다. 하나님의 말씀을 펴기만 하면 성령의 영감을 통해서 예수 그리스도를 만나고, 그분의 입에서 나오는 영광스러운 계시의 음성을 들으면서 우리 영혼이 기뻐 뛰는 역사가 일어나면 얼마나 좋겠습니까? 그러기 위해서는 바른 태도가 중요합니다.

지도자들로부터 부지런히 진리의 말씀을 배우셔야 합니다. 초신자 때는 할 수만 있으면 성경을 바르게 가르치는 곳에서 배워야 합니다. 하나님께서 교회지도자들을 세우신 것은 가르치기 위해서입니다. 지도자는 남을 가르쳐야 되기 때문에 끊임없이 연구하고 노력합니다. 성경에는 금방 깨달아지는 기본적인 말씀도 있지만, 이해하기 어려운 말씀도 있습니다. 말씀을 전문적으로 배우지 못한 평신도의 경우는 하나님의 말씀을 열심히 배워야 합니다. 그런데 예수님을 믿고 신앙생활을 오래 하신 분일수록 더 배우려고 하지 않는 경향이 있습니다. 다 안다고 생각하기 때문입니다. 그러나 지속적으로 성경말씀을 스스로 깨달아 알 수 있도록 한동안 지도를 받는 것이 좋습니다.

성령의 임재가운데 말씀을 사모하고 기다리십시오. 성경을 편다고 해서 금방 깨닫습니까? '주여, 가르쳐 주옵소서'라고 한두 마디 기도한다고 금방 하나님의 말씀이 귀에 쏙쏙 들어옵니까? 그렇지 않습니다. 말씀을 깨닫기 위해서는 하나님 말씀을 향해 마음을 열고 사모하며 기다려야 합니다. 성령으로 기도하면서 깊은 묵상가운데로 들어가야 합니다. 하나님의 말씀은 우리 영혼의 양식이요, 신령한 젖입니다(벧전2:2). 그리고 '사모하라'는 말은 헬라어로 '에피포테오'인데, 얻고 싶어서 가슴이 터질 듯이 사모한다는 뜻입니다. 목이 타서 물을 사모하듯이 하나님의 말씀을 사모하라는 말씀이 있습니다(시42:1).

이렇게 사모하면 그 심령에는 성령의 태양이 떠오릅니다. 하나님의 말씀을 깨닫게 되는 큰 기쁨을 맛봅니다. 살아 계신 예수 그리스도와 영적으로 만나는 행복과 감격을 체험합니다. 그러나 말씀에 마음을 주지 않으면서 형식적으로 한두 줄 읽고 넘어간다면 내 안에 계신 성령의 은혜를 체험하지 못합니다. 성령님의 조명으로 진리를 깨달았으면 순종하십시오. 말씀을 깨달았으면 이제는 순종해야 합니다. 말씀이 마음 밭에 뿌려지면 뿌리가 내리고 자라야 합니다. 자란다는 것이 무엇입니까? 순종하는 것입니다. 순종하면 그 결과가 삼십 배, 육십 배, 백배로 확장되는 엄청난 복이 옵니다.

　요14장 21절에 "나의 계명을 지키는 자라야 나를 사랑하는 자니 나를 사랑하는 자는 내 아버지께 사랑을 받을 것이요 나도 그를 사랑하여 그에게 나를 나타내리라." 하나님의 말씀을 지키는 자에게 어떤 복을 주신다고 했습니까? 먼저는 하나님 아버지께 사랑을 받을 것이라고 했습니다. 하나님의 특별하신 사랑을 체험한다는 말입니다. 세상에서 제일 행복한 사람이 누구입니까? 자기가 원하는 사랑을 마음에 담은 사람이 아닙니까? 하나님의 사랑을 마음에 담으면 세상에 겁날 것이 하나도 없습니다.

　둘째는 예수님이 그에게 자기를 나타내 주신다고 했습니다. 이 '나타낸다.'는 말을 깊이 묵상해 보시기 바랍니다. 예수님이 자신을 우리에게 보여 주신다는 말입니다. 어떤 식으로 보여 주실까요? 보는 사람만이 알 것입니다. 예수님을 한 번 만나 보십시오. 온 세상이 달라 보일 것입니다.

　성령은 이와 같이 우리에게 임하셔서 기록된 계시의 말씀을 근거로 우리에게 진리를 가르쳐 주시고, 진리를 기억나게 하시고, 진리를 순종하게 하시고, 진리를 증언하게 하십니다. 모두가 이 성령을 모시고 하나님의 말씀을 영혼의 양식으로 삼아 어떤 상황에서도 승리하는 아름다운 생을 살 수 있기를 바랍니다. 성령으로 진리를 깨닫는 만큼씩 자신이 하늘나라로 변화되는 것입니다. 성령으로 진리를 깨달으면 깨달을수록 자연스럽게 천국을 만끽하며 살아갈 수가 있는 것입니다.

22장 성령의 지배와 장악을 받음으로

(갈 5:25)"만일 우리가 성령으로 살면 또한 성령으로 행할지니"

지금 천국을 만끽하며 살아가려면 전인격이 성령의 지배와 장악이 되어야 가능합니다. 천국은 성령으로 완성되기 때문입니다. 지금 천국을 만끽하며 누릴 분들은 무엇보다도 성령의 지배와 장악이 된 상태에서 성령의 인도를 받아야 합니다. 전인격이 성령의 지배와 장악이 되어야 예수님의 인격으로 변하는 것입니다. 하나님은 모든 성도들이 성령의 지배를 받기를 소원하십니다. 왜 예수를 믿으면서 여전하게 불통의 세월을 사는가? 자신의 전인격이 성령의 지배를 받지 못하기 때문입니다. 한마디로 세상 것이 섞여있기 때문입니다. 세상 것이 섞여서 방해함으로 강력한 능력을 이끌어내지 못하는 것입니다. 이것은 아주 심각하게 받아드려야 합니다. 그래야 성령의 역사에 관심을 가져서 성령의 지배를 받는 성도가 될 수 있기 때문입니다. 전인격이 성령의 지배를 받지 않고는 강력한 능력을 이끌어내어 권능 있는 삶을 살수가 없기 때문입니다. 우리 예수 믿는 사람들의, 삶의 특징이 있다면, 그것이 무엇이라고 생각하십니까? 입으로만 예수를 믿는다고 시인하는 그런 보통의 신앙의 삶이 아니라, 예수를 믿고 난 다음에 변화되어 천국을 누리면서 살아가는 성도들의 특징을 말하는 것입니다. 이러한 성도들의 삶의 특징이 무엇이겠습니까? 그것은, "영-혼-육 전인격이 성령의 지배와 장악을 받는 삶"이라, 그렇게 말 할 수 있습니다.

그러면, 성령의 지배를 받는 삶이란, 또 무엇을 말하는 것입니까? 전인격이 성령께 사로잡혀 사는 것을 말하는 것입니다. 성령을 주인으로 모시고 세상을 살아가는 것입니다. 매사를 성령님과 의논하고 성령의 뜻을 따라 사는 것을 성령의 지배를 받는 삶이라고 말할 수 있습니다. 성령의 인도함을 받아, 성령의 능력에 의해서 살아가는 삶을 말하는 것인 줄로 믿습니다. 성령님이 나를 지배하고 다스리는 삶, 이전에 우리의 삶이, 육체의 본능이 지배하는 삶이었고, 죄가 지배하는 삶이었다면, 이제 예수를 믿고, 변화를 받고 난 다음에 나타나는 삶은, 성령에 의해서 지배를 받는 삶이 되어야 합니다.

에베소서 5장 14절 말씀을 보게 되면, "그러므로 이르시기를, 잠자는 자여 깨어서 죽은 자들 가운데서 일어나라. 그리스도께서 네게 비취시리라 하셨느니라." 말씀하고 있습니다. 지금 우리의 신분은 어떤 신분입니까? 이제 예수 안에서, 새로운 생명을 소유하고 태어난, 하나님의 자녀들입니다. 그러므로 이제는, 과거의 세상 적이고, 육신적인 삶의 방식은 벗어버리고, 하나님의 나라 자녀로 살아가야 하는 삶의 방식을 따라야 한다는 것입니다. 그 하나님의 방식을 따르는 삶, 이것이 바로 성령의 지배를 받는 삶이라는 것입니다.

그러나 오늘 우리 성도들의 삶은 어떻습니까? 아직도 우리는 많은 부분이 주님의 방식을 따르지를 못하고 있습니다. 아직도 내 자아가, 내 속에 살아 쉼 쉬고 있고, 아직도 내 뜻이 내 인생의 대부분을 결정하고 있습니다. 어둠의 권세에 속해 있는 죽음의 자리에서 이제는 벗어나, 나의 삶을 주장하시고, 온전히 이끌어 주시기를 원하시는, 빛 되신 예수 그리스도를 향해, 걸어가야 하는데도 불구하고, 우리는 여전히 그 빛을 외면하고, 고개를 어둠의 세상을 향해, 돌리고 있다는 것입니다. 빨리 알아차리고 성령의 지배와 인도를 받아 빛의 영역으로 돌려야 합니다. 그래야 전인적인 건강을 누릴 수가 있습니다. 우리의 삶에 빛이 크게 비취면, 어두움은 작아지게 되고, 결국에는 그 어둠이 흔적 없이 물러가게 됩니다. 그러나 반대로, 우리의 삶에 어두움이 크면 어떻습니까? 빛이 작게 느껴지게 됩니다. 그리고 이 상태로 계속 있게 되면, 나중에는 그 어두움이, 빛을 완전히 삼켜 버리게 된다는 것입니다. 그래서 예수를 믿어도, 예전과 비교해 별로 변화된 것이 없는 여전히 세상 흑암 속에서 헤매며, 오히려 더 무능력한 가운데, 오히려 더 고통스런 가운데, 삶을 살아가게 된다는 것입니다. 왜냐하면 성령의 역사가 일어나지 않으니 마귀와 귀신들이 자꾸 장악하기 때문입니다. 그래서 오만가지 문제가 발생하는 것입니다. 빨리 알아차리고 성령의 지배를 받아야 합니다.

가슴에 손을 얹고 생각해 보세요. 주님이 우리에게 요구하시는 삶의 모습이, 과연 이러한 것이겠습니까? 주님이 우리에게 요구하시는 삶은, 결코 이러한 모습의 삶은 아닐 것입니다. 주님은 우리에게, 변화된 삶을 요구하십니다. 그것도 어정쩡한 변화가 아니라, 확실히 변화된 삶을 요구하십니다. "아니 저 사람 예수 믿고 나더니, 완전히 달라졌네!" "천국을 누리며 사는 것이 얼굴에 나타나네!" 이런 평가와 칭찬을 듣는 그러한 삶을 원하신다는 것입니다. 그런데 이렇게 변화되기 위해서는 반드시 성령의 역사가 있어야 가능한 것입니다. 성령의 지배를 받아야 변화되는 것입니다. 예수를 믿으면서도 변화되지 않는 것은 성령의 역사 없이 이론으로 지식으로 전통으로 믿음 생활을 하기 때문입니다. 성령으로 어두운 영역을 밝은 빛의 영역으로 바꾸지 못하기 때문입니다. 반드시 성령으로 세례를 받고 성령의 인도를 받아 어두움을 빛의 영역으로 바꾸려고 관심과 의지를 발휘해야 합니다. 그래서 이런 찬송이 있지요? "내 죄 사함 받고서 예수를 안 뒤, 나의 모든 것 다 변했네. 지금 나의 가는 길 천국 길이요, 주의 피로 내 죄 씻었네." 할렐루야! 예수를 믿고 나서, 자신의 모든 것이 변화되어 지는 것, 바로 이러한 놀라운 삶의 변화의 역사를, 하나님은 우리 모두에게 기대하고 계신다는 것입니다.

우리의 신앙의 출발은, 예수님의 권능을 믿는 믿음에서 출발하는 것입니다. "하나님은 나의 모든 것을 아시는 가운데, 나의 모든 것을 주의 권능으로 채워주시며, 온전케 하시는 하나님이시다." 이것은 모두 성령으로 되는 것입니다. 우리가 이것을 믿어야, 하나님을 평생에 주인으로 모시며 따를 수 있는 것입니다. "내가 사망의 음침한 골짜기로 다닐지라도 해를 두려워하지 않을 것은, 주께서 나와 함께 하심이라." 다윗은 담대하게 신앙의 고백을 했습니다. 그리고는 선언하지요. "나의 평생에 선하심과 인자하심이 정녕 나를 따르리니 내가 여호와의 집에 영원히 거하리로다." 할렐루야!

세상 사람들이 우리를 향해, 너는 못한다고 말할지라도, 우리 예수 믿는 성도들은 예수 안에서 할 수 있다고, 얼마든지 가능하다고 말하며, 믿음으로 밀고 나가 행해야 기적을 체험하는 것입니다. 삶에 자신감과 담대함이 있어야 한다는 것입니다. 왜입니까? 하나님의 권능이 오늘도 나와 함께 하시기 때문에…. 성령의 역사가 오늘도 나의 삶에 나타나기 때문에…. "너 가는 길을 누가 비웃거든, 확실한 증거를 보여 주어라. 성령이 친히 감화하여 주사, 저들도 참 길을 얻으리…." 지금 우리 모두가, 성령의 다스림 속에서, 성령의 인도함 속에서, 이런 확실히 변화되어 천국을 만끽하며 인생을 살아갈 수 있기를, 주님의 이름으로 축원합니다.

그러면, 오늘 우리가 어떻게 하면 이런 성령의 지배함을 받는 능력 있는 삶을 살아갈 수 있겠는가? 여기에 대한 고민이 있어야 진정한 성도일 것입니다. 그래야 바른 길을 찾아서 성령의 인도를 받으며 성령의 지배를 받는 성도가 될 수 있기 때문입니다. 그런데 이에 대한 해답이 바로 에베소서 5장 18절에 나타나 있다는 것입니다. "술 취하지 말라. 이는 방탕한 것이니, 오직 성령의 충만을 받으라."했습니다. 우리가 성령의 지배를 받는 삶을 살아가는 방법, 뭐 다른 게 있겠습니까? 내 속에 성령의 크기를, 내 자아보다 더 크게 만들면 되는 것입니다. 성령님을 주인으로 모시어 성령이 자신을 지배하게 하면 됩니다. 성령님을 주인으로 모시고 살면 되는 것입니다. 성령이 내 속에 끊임없이 임하게 만들어서, 그 성령이 나의 삶을 온전히 주장할 수 있도록, 자신의 신앙을 가꾸어 나가면 되는 것입니다. 그렇잖아요? 그 외에 무슨 방법이 있겠습니까? 성령의 지배를 받으며 살아가는 것 알고 보면 너무나 쉽습니다. 습관이 되지 않기 때문에 어려운 것입니다.

그러면, 우리가 생각해 볼 것은 무엇입니까? 이렇게 변화되어 천국을 누리게 하는 성령으로 세례가 언제 어느 때에, 우리에게 임하고 장악하게 되는가? 하는 것입니다. 직장에서 일할 때 성령이 임합니까? 가정에서 설거지 하고, 청소할 때 성령이 임합니까? 학교에서 공부할 때 성령이 임합니까? 언제 우리에게 성령이 임하게 되어 집니까? 교회의 예배당에서, 성령이 역사하는 교회에서 우리가 말씀 듣고, 기도하고, 찬송할 때, 성령이 임하고 장악이 되는 것입니다. 그래서 성도들에게 유형교회는 아주 중요합니다. 성령은 반드시 성령의 역사가 일어나는 장소에서 체험할 수가 있기 때문입니다. 성령의 역사가 강하게 일어나는 교회에서 성령으로 장악이 되어 삶의 현장에서 기도할 때 성령의 지배를 받을 수 있습니다. 성령의 역사가 아니고는 각자에게 웅크리고 있는 어두움의 영역을 밝은 빛의 영역으로 바꿀 수가 없습니다. 그러면 자연스럽게 환경에 여러 가지 문제가 발생하는 것입니다.

성경을 성령의 임재가운데 보세요. 초대 교회의 성도들이 언제 성령을 체험하고 받았습니까? 각 가정마다 모여 예배하고 말씀 들을 때, 또 마가의 다락방 같은 곳에 모여, 그들이 기도하고,

찬송할 때, 하늘로부터 급하고 강한 바람 같은 성령이, 홀연히 그들 가운데 임하게 되어졌다는 것입니다. 그렇다고 가정에서만 성경보고, 기도하라는 얘기는 아닙니다. 그때는 그 가정이 곧 교회였습니다. 초대 교회는 곧 가정 교회였습니다. 하나님은 언제나 교회 가운데, 좌정하여 계시는 줄 믿습니다. 교회는 유형교회와 무형교회를 모두 망라하는 것입니다. 그래서 지금도, 언제나 성령의 역사가 일어나는 교회에 모여 성경보고, 말씀 듣고, 기도하고, 찬양할 때, 성령이 임하게 된다는 것입니다. 그런데 홀연히 라는 말이 무슨 말입니까? 갑자기라는 말이지요. 오로지 하나님만을 생각하며 몰입 집중하여 기도할 때 홀연히 성령이 장악하시는 것입니다.

성령이 임하시는 것은 전적으로 성령님의 뜻이지만 분명한 것은 적당히 말씀보고, 적당히 기도하고, 적당히 찬송할 때 임하는 것이 아니라, 마음 중심으로 예배하고, 말씀을 깊이 묵상하고, 전심으로 기도하고, 뜨겁게 찬송할 때, 성령은 우리 가운데 분명 임하게 된다는 사실입니다. 그러므로 내 삶 속에 말씀 보는 시간을 늘리고, 기도하는 시간을 늘리고, 찬송하는 시간을 늘리면, 그 때에 우리도 성령이 충만하게 될 가능성이 더 많아진다는 것입니다.

에베소서 5장 15절-16절 말씀에, "그런즉 너희가 어떻게 행할 것을 자세히 주의하여 지혜 없는 자같이 말고, 오직 지혜 있는 자같이 하여 세월을 아끼라. 때가 악하니라."했습니다. 무슨 뜻입니까? 세상에 취하여, 하나님의 주신 시간들을 자기 임의로 사용하여, 허송세월을 보내지 말고, 우리의 시간들을 영적인 부분들에 할애해서, 말씀과 기도와 찬양의 시간들을 통하여, 하나님의 뜻을 온전히 분변한 가운데, 그 뜻대로 살아가는 신앙의 모습이, 필요하다는 것입니다. 항상 하나님을 생각하고 집중하는 자세가 중요합니다. 그래서 결과적으로 우리의 삶이, 성령이 원하시는 대로, 성령이 이끄시는 대로, 성령의 지배함을 받아, 살아가게 된다는 것입니다.

우리가 이렇게 성령의 지배를 받게 되면, 우리의 삶에 어떤 역사가 나타나겠습니까? 먼저 우리는 하늘의 신령한 지혜와 강력한 능력을 이끌어낼 수가 있습니다. 그리고 세상에 능력을 행사하게 됩니다. 그래서 세상을 살아가도 힘 있게, 당당하게 살아가게 된다는 것입니다. 사단의 권세가 지배하는 이 세상에서, 사단의 올무에 걸려 허우적거리는 인생을 살아가는 것이 아니라, 하나님의 자녀답게 하나님의 권능을 힘입어, 사단의 권세를 깨뜨리며, 주의 이름으로 날마다 승리하며 살아가는 삶, 이런 역사들이 우리의 삶에 나타나게 된다는 것입니다.

더 나아가 지금 천국을 만끽하며 항상 하나님과 교통하면서 살아갈 수가 있는 것입니다. 성도는 무엇보다도 하나님과 관계를 열어 친밀하게 지내야 합니다. 하나님과 친밀하게 지내려고 성령의 지배를 받는 것입니다. 성령의 지배를 받게 되니 마귀와 귀신이 감히 넘보지 못하는 성도가 되는 것입니다. 그래서 무시로 하나님을 찾는 것입니다. 항상 성령으로 충만하여 성령의 지배를 받는 삶을 살기위해서 하나님을 찾는 것입니다. 많은 성도들이 성령이 충만 하면은 교회에 나가서 기도할 때 손을 흔들고 벌벌 떨면서 기도하면 성령으로 충만한 줄로 착각합니다.

그러나 성령으로 충만하다는 것은 항상 하나님을 생각하면서 하나님을 찾는 상태가 성령으로 충만한 상태인 것입니다. 평안한 상태가 성령으로 충만한 상태입니다. 이렇게 될 때 전인격이 성령의 지배를 받게 되는 것입니다. 성도들은 성령의 권능으로 살아가야 합니다. 성도들에게서 성령의 능력이 빠진 인간의 힘이나, 경험으로는 하나님을 기쁘시게 하지 못합니다. 성령의 도우심이 빠진 인간의 재주나 재능으로 세상을 이길 수가 없습니다. 성령의 지배를 받지 않는 성도는 잎만 무성한 무화과나무로 자라게 만들 뿐이라는 겁니다. 열매가 없이 잎만 무성한 무화과나무, 그 나무는 인간의 눈으로 볼 때는 멋있게 자란 나무이고, 가지도 무성하고, 잎도 너무나도 푸른 나무이지만, 결국 어떻게 되었습니까? 주님의 저주로 인해 말라 죽고 말았다는 것입니다. 이러한 사실을 우리는 유념해야 할 줄로 압니다. 전인격이 성령의 지배를 받아야 합니다. 그러면, 성령의 지배를 받는 사람들에게 나타나는 삶의 변화는 무엇일까요?

첫째로 전인적인 건강 속에서 살아가게 된다는 것입니다. 성령의 지배와 장악을 받으면 전인격이 하나님의 나라가 됩니다. 천국이 됩니다. 하나님은 건강하기를 원하십니다. 하나님은 이렇게 말씀을 하셨습니다. "여호와께서 또 모든 질병을 네게서 멀리 하사 너희가 아는 애굽의 악질에 걸리지 않게 하시고 너를 미워하는 모든 자에게 걸리게 하실 것이라(신 7:15)" 건강은 하나님의 뜻입니다. 나는 하나님이 만드신 걸작이기에 건강해야합니다. 내 몸은 내 것이 아니라 하나님의 것이기 때문에 건강해야 하는 이유가 됩니다. 육체가 건강해야 영적인 하나님의 일(기도, 찬송, 선교, 등)도 많이 할 수 있습니다. 건강을 위해 영-혼-육이 잘 먹어야 합니다. 영의 양식을 먹기 위하여 영과 진리로 예배를 드려야 합니다. 성령으로 기도해야 합니다. 말씀을 묵상해야 합니다. 찬양해야 합니다. 혼의 양식을 위하여 마음을 평안하게 해야 합니다. 마음을 평안하게 하려면 잠재의식을 정화해야 합니다. 성령으로 기도하면서 잠재의식을 정화해야 마음이 평안해집니다. 육체를 건강하게 하기 위해서 음식을 먹어야 합니다. 하나님은 지친 엘리야에게 빵과 물을 주셨습니다. 자연의 신선한 공기와 흙 등은 하나님이 건강을 위해 주신 선물입니다. 적당한 휴식도 건강에 유익합니다. 적당한 운동을 해야 합니다. 하나님은 영-혼-육의 균형을 유지하기를 원하십니다.

성령의 지배를 받으면 삶을 긍정하고 기뻐하는 마음을 가지고 살게 됩니다. 생각이 말이 되고 말이 행동이 되고 습관이 되기 때문에 긍정의 말은 건강의 시작이 됩니다. 성령의 지배와 인도를 받는 신앙생활을 통해 얻는 마음의 감동은 엔돌핀의 4,000배의 효력이 있는 다이돌핀을 발산하여 암세포와 병균을 이기게 합니다. 성령의 지배와 인도로 영이 잘되어 병을 이길 수 있는 믿음을 생기는 것입니다. 사람은 하나님의 호흡을 받은 생령이기 때문에 보이는 육체보다는 보이지 않는 영이 더욱 중요합니다. 영이 잘되면 질병을 이길 만한 믿음을 갖습니다. 성령의 지배와 인도를 받으면 어떠한 질병이라도 믿음은 능히 병을 이길 수 있습니다.

둘째로 생산적인 인생을 살아가게 된다는 것입니다. 하나님을 떠나 세상에 속한 인생은 어떤 인생입니까? 낭비하는 인생입니다. 돌아온 탕자가 아버지를 떠나 살 때에 보았던, 그 허랑 방탕한 인생의 모습으로 살아갑니다. 허비하고 낭비하여, 모든 것들을 다 날려버리는, 그런 인생을 살아가게 된다는 것입니다.

그러나 하나님께 속해 있으면서, 성령의 인도하심을 따라 사는 사람들의 삶은 어떻습니까? 있는 것을 허랑방탕하게 다 없이 만드는 인생이 아니라, 없는 것도 있게 만드는, 그야말로 무에서 유를 창조하는, 생산적인 인생을 살아가게 된다는 것입니다. 하나님은 창조의 하나님이시기 때문입니다. 성령의 지배를 받으니 하나님께서 창조하도록 지혜를 주시기 때문입니다. 믿지 않는 자가 볼 때에 이해가 되지 않는 것입니다. 왜요, 하는 것마다 형통하게 되기 때문입니다.

그래서 성령 충만한 사람들을 세상 사람들이 볼 때에 이해가 되질 않습니다. 어떻게 저런 인생을 살아갈 수 있을까? 상식이 통하지 않습니다. 통계가 통하지 않습니다. 저렇게 살다간 실패하는데, 걱정합니다. 그런데 오히려 더 성공합니다. 저렇게 하다간 망하는데, 오히려 더 흥합니다. 성도들을 향해 우습게 여기며 접근했는데, 나중에는 오히려 큰 코를 다칩니다. 어떻게 저렇게 될 수 있을까? 세상 사람들은 도무지 이해를 하지, 못한다는 것입니다.

그러나 우리는 어떻습니까? 안다는 것이지요. 무엇을 압니까? 그 능력이, 성령으로 말미암은 것인 줄 안다는 것입니다. 하나님께서 함께 하신다는 보증이라는 것을 안다는 것입니다. 생각해 보세요. 성령이 나를 주장하고 다스리시는데, 그 인생이 어찌 실패함이 있을 수 있겠습니까? 그 인생에 어찌 망함이 있을 수 있겠습니까? 성경이 진짜 살아계신 하나님의 말씀이고, 하나님이 진짜 살아계셔서 우리 가운데 함께 계신 임마누엘의 하나님이시라면, 결코 인생에 실패함이나, 망함이 나타날 수가 없는 것입니다.

성령의 인도하심을 받아 살아가는 그 인생에 어찌 약함이 있을 수 있겠습니까? 하나님의 능력으로 강하게 되고, 하나님의 도우심으로 범사가 형통케 되어지는, 그런 귀한 역사들이, 실제적으로 우리 삶에 나타나게 된다는 것입니다. 그런데 우리의 문제는 무엇입니까? 이런 강함을 소유하기 위해, 성령의 충만을 받기 위해 노력하는 것이 아니라, 자꾸만 엉뚱한 것에 관심을 가지며, 세월을 낭비하고 있다는 겁니다. 우리를 향하신 하나님의 뜻이 무엇인지를 제대로 분별하지를 못한 채, 계속해서 세상적으로 나아가 낭비하는, 그런 어리석은 인생을 살아가고 있다는 것입니다.

오늘 인생을 성공적으로 살고 싶습니까? 그러면 성령의 지배를 받기 위하여 성령으로 기도하시길 바랍니다. 사업이 잘 되기를 소원하십니까? 그렇다면, 성령의 지배를 받기 위하여 성령으로 기도하시길 바랍니다. 영육이 건강하기를 소원하십니까? 그렇다면 성령의 지배를 받기 위하여 성령으로 기도하시길 바랍니다. 자녀들이 공부를 잘 하시기를 소원하십니까? 그렇다면, 그들이 성령의 지배를 받기 위하여 성령으로 기도하시길 바랍니다. 그러면 공부를 잘하게 될 것입니다. 성령께서 지혜를 주시고 집중하게 하시니 공부를 잘하게 되는 것입니다.

성령의 지배를 받으면 인생에 실패함이 없이, 계획한 모든 것을 이루며, 또한 얻으며 살아가게 된다는 것입니다. 지극히 생산적인 인생을 살아가게 된다는 것입니다. "너희는 먼저 그의 나라와 그의 의를 구하라. 그리하면 이 모든 것을 너희에게 더하시리라." 오늘 우리는 이 약속의 말씀을 믿으면서, 성령의 충만을 받아, 성령의 지배를 받는 삶을 살아갈 수 있기를, 주님의 이름으로 축원 드립니다.

셋째로 집중력 있는 인생을 살아가게 된다는 것입니다. 성령의 지배와 인도를 받으면 무슨 일을 해도 포기하지를 않습니다. 쉽게 절망하지 않습니다. 끝까지 될 때까지 밀어붙이는 끈기 있고, 집중력이 있는 인생을 살아가게 된다는 것입니다. 그래서 기도를 해도, 남들과 다릅니다. 언제까지 기도합니까? 응답될 때까지 기도 한다는 것입니다. 하나님은 신실하신 하나님이시다. 신실이 뭡니까? 믿을 신자, 열매 실자가 아닙니까? 말 그대로 우리가 믿는 대로 열매를 맺게 해 주시는 하나님이시라는 겁니다. 그것을 의심 없이 믿는다는 것이지요. 그래서 시간이 문제지, 응답은 반드시 된다는 믿음을 가지고 기도하게 된다는 것입니다. 하나님이 귀찮아서라도 응답해 주실 줄 믿습니다. 불의한 재판관의 마음을 움직여, 자신의 억울한 사정을 풀게 한 것은 한 여인의 끈질긴 기도 때문이었습니다. 집중력 있는 기도 때문이었다는 겁니다.

오늘 우리 충만한 교회의 특징이, 무엇이어야 하겠습니까? 이런 집중력이, 특징이 되어야 할 줄로 믿습니다. 성령이 충만하여, 성령에 지배함을 받는 삶을 살아가면, 이런 집중력을 발휘해 삶 가운데서도, 어떤 시련이나, 어떤 어려운 환경도, 능히 극복하며 성공할 수 있게 되는 것입니다. 그래서 성령 충만한 분들의 얼굴을 보면, 늘 웃음이 가득합니다. 활기가 있습니다. 오늘 죽도록 일했는데, 내일이면 금방 회복됩니다. 하나님으로부터 공급받는 힘으로 일을 하기 때문에, 성령 충만한 사람들은 일하고도 지지치 않습니다. 이것이 성령의 지배함을 받는 사람들의 특징이라는 것입니다.

오늘 인생을 살아감에 있어, 직장 생활을 함에 있어, 또는 교회에서 맡은 사역을 감당함에 있어, 자꾸만 힘이 들고, 자꾸만 내가 피곤하게 느껴지는 때가 있습니까? 인생에, 사역에 나타나는 열매는 없고, 자신의 힘만 고갈되는 그런 경험을 하신 적이 있습니까? 그래서 모든 것 그냥 포기하고 싶은 그런 생각이 드십니까? 혹 이런 가운데 지내는 분들은 없으십니까? 곰곰이 생각해 보시기 바랍니다. 일이 많아 힘든 것이 아닙니다. 환경이 어려워 힘든 것이 아닙니다. 무엇 때문입니까? 내가 성령에 충만하지 못하기 때문에 힘이 든 것입니다. 내가 성령의 지배를 받지 않고, 내 힘과 내 뜻으로 살아가려고, 그 일을 감당하려고 했기 때문에 힘이 든 것입니다. 자신의 힘으로 하나님의 일을 하려고 하기 때문에 힘이 드는 것입니다. 우리가 바르게 알아야 할 것은 성도가 하는 모든 일은 하나님의 일입니다. 그렇기 때문에 성도는 성령이 지배하여 성령의 힘으로 인생을 살아가고, 직장 생활을 해야 됩니다. 사람의 힘으로 하나님의 일을 하려니 얼마나 힘이 들겠습니까? 상상에 맡깁니다. 모든 크리스천은 반드시 성령의 지배와 인도를 받아야 합니다.

19세기의 사역자, D.L 무디가 이런 말을 했습니다. "사역자들을 망가뜨리는 것은 과도한 사역이 아니라 성령 없이 일하는 것이다" 참 멋진 얘기 아닙니까? 우리가 과도한 사역을 해서 무너지는 게 아니라는 겁니다. 성령 없이 일하기 때문에 무너지는 것입니다. 기계가 망가지는 게 기계를 많이 돌려서 망가지는 것입니까? 아닙니다. 윤활유 없이 돌리기 때문에 망가지는 것입니다. 오늘 우리가 하나님 앞에 성령의 충만을 위해 기도해야 하는 이유가 여기 있는 것입니다. 성령의 지배와 인도를 받으면서 하나님의 일을 해야 합니다.

23장 성령 안에서 온몸으로 기도하며

(엡6:18)"모든 기도와 간구를 하되 항상 성령 안에서
기도하고 이를 위하여 깨어 구하기를 항상 힘쓰며 여러
성도를 위하여 구하라"

지금 천국을 만끽하며 누릴 분들은 무엇보다도 기도를 성령
으로 해야 합니다. 기도가 바르지 못하면 아무리 천국을 만끽하
며 누리려고 해도 불가능합니다. 기도를 성령으로 해야 자신 안
의 성전을 정화하고, 성령님이 아닌 제 3의 존재들을 배출할 수
가 있기 때문입니다. 자신 안에 있는 제 3의 영적존재가 공존하
는 이상 절대로 천국을 만끽하며 누릴 수가 없을 것입니다. 자신
이 지금 천국을 누리지 못하는 것은 자신 안에 잠재하고 있는 세
상적인 것들이 방해하기 때문입니다.

기도가 바르지 못하면 믿음 생활의 모든 부분이 잘못되는 것
입니다. 우리나라 성도들의 영적인 열심은 알아주지 않습니까?
그런데 변화되지 못하고, 성령으로 충만하지 못하고, 성령의 권
능을 받지 못하고, 천국을 누리지 못하고, 삶이 바뀌지 않는 것
은 기도가 잘못되었기 때문입니다. 기도를 바르게 하면 성령의
인도를 받아 전인격이 변화되기 시작을 합니다. 성도가 하나님
의 복을 받는 것은 전인격이 성령의 지배를 받아야 가능한 것입
니다. 기도가 바뀌어야 합니다. 무조건 많이 한다고 잘하는 기도
가 아닙니다. 성령으로 바르게 해야 합니다. 기도가 바르지 못하

니까, 10년 동안 믿음 생활을 해도 변화되지 않는 것입니다. 성령으로 바르게 기도를 하면 변화되지 말라고 해도 변화될 수밖에 없습니다.

왜 30년 믿음생활을 열과 성의를 다하여 열심히 하고, 천일을 철야하고, 영육의 문제 해결을 받으려고 10년 이상 30군데 이상을 다니고, 정신적이고 육적이고 영적인 질병을 치유 받으려고 성령의 역사가 강하다는 15년 동안 30군대를 교회를 다니고, 권능을 받으려고 20년을 성령 사역하는 곳을 다녀도 변화가 없고 치유되지 않고 능력이 나타나지 않고 평안하지 않아 여전하게 불안한 나날을 사는 것일까요? 기도를 바르게 하지 못하기 때문입니다. 교회나 성령 사역하는 곳에 가서 말씀 듣고 기도합시다. 하면 자신이 지금까지 하던 식으로 기도를 하기 때문입니다. 이렇게 기도하니 성령의 역사가 자신 안에서 일어나지 않기 때문에 변화가 일어나지 않는 것입니다. 성령의 역사가 자신 안에서 일어나야 치유도 되고 능력도 나타나고 문제도 해결이 되는 것입니다. 이를 방지하기 위하여 우리 충만한 교회같이 기도할 때 담임 목사가 돌아다니면서 기도를 교정하여 성령의 역사가 성도의 마음 안에서 일어나게 해야 합니다. 성도의 마음 안에 있는 성전에서 분출되는 기도가 되도록 안수하면서 교정하여 주어야 합니다. 그렇게 하지 않으면 절대로 변화를 체험하지 못합니다. 그래서 모든 크리스천은 기도를 클리닉 해보아야 합니다. 이렇게 성령으로 기도하면 변화되지 말라고 해도 변화가 되고 치유가 됩니다.

성령으로 기도를 하되 숨을 쉬는 것과 같이 기도해야 합니다.

절대로 머리로 생각하여 기도하지 말고 잠잠하게 예수님만 찾는 기도를 해야 합니다. 사람이 숨을 쉬지 않으면 죽습니다. 마찬가지로 하나님의 자녀가 기도하지 않으면 죽습니다. 기도는 영혼의 호흡이라고 했습니다. 시편은 "호흡이 있는 자마다 여호와를 찬양할지어다. 할렐루야(시 150:6)" 말씀하십니다. 우리 크리스천들은 기도를 하되 성령으로 숨을 쉬는 것과 같이 해야 합니다. 이는 습관이 되어야 합니다. 생명이 있는 사람이라면 저녁에 잠을 자면서도 숨을 쉽니다. 코를 골면서 자는 사람도 있습니다. 이는 자면서도 숨을 쉰다는 증거입니다. 이와 같이 예수를 믿어 성령으로 거듭난 성도는 숨을 쉬는 것과 같이 성령으로 기도해야 합니다.

우리는 기도를 바르게 알아야 합니다. 기도는 하나님과 사귀는 것입니다. 하나님과 가까이 하는 것입니다. 하나님과 함께 시간을 보내는 적극적인 행위입니다. 하나님과 사랑을 나누는 시간입니다. 하나님의 음성을 듣는 시간입니다. 하나님께 사랑을 고백하고 감사하는 시간입니다. 자신 안의 성전을 견고하게 세우는 시간입니다. 자신의 영혼에 성령으로 충만하게 채워서 마음의 안에 성전을 깨끗하게 하는 시간입니다. 우리의 삶에서 가장 깨어있는 시간, 하나님의 소리를 듣는 시간입니다. 자신을 치료하는 시간입니다. 세상에서 받은 스트레스를 정화하는 시간입니다. 예수를 믿는 성도가 하는 기도는 세상 사람들이 하는 기도와 다릅니다. 자신이 매일 철야하며 새벽기도를 해도 영육이 변화되지 않고, 환경이 어려운 것은 세상적인 기도를 하기 때문입니다. 예수를 믿는 성도가 하는 기도는 다음과 같은 원칙을 가지고 해야 합니다.

첫째, 성령 안에서 기도하라. 기도를 할 때에 자신의 생각이나 머리에서 나온 지식이나 언어구사를 잘하려고 하는 생각으로 기도하지 말라는 것입니다. 전인격이 성령의 지배하에 성령의 의지를 따라서 기도하라는 것입니다. 바른 기도생활을 위해서 '좋은 기도의 습관'이 중요하긴 하지만 그 보다 더 중요한 것이 있습니다. 그것은 바로 기도의 영을 받아 가지고 있는 겁니다. 우리가 새벽기도를 생각해볼 때 우리가 항상 새벽에 그 시간에만 살아가는 것이 아니지 않습니까? 우리가 예배당 안에서만 살고 있지는 않지 않습니까? 우리가 가정에서나 직장에서나 세상에서 살아갈 때 우리 앞에 다양하게 펼쳐지고, 우리에게 다가오는 그런 도전과 문제, 그 어려운 상황 속에서 우리의 기도가 정해진 기도의 제목만으로는 우리 삶을 다 감당하지 못해요. 그래서 좋은 기도의 습관을 갖는 것도 중요하지만, 우리가 기도의 영을 가져서 성령 안에서 기도하는 것 그것은 더욱 중요합니다.

마치 내 영이 기도의 영이신 성령 안에 푹 잠겨 있는 것처럼 내가 하루 24시간 어디에서 무엇을 하고 있든지 하나님과 끊임없는 교통가운데서 내 삶이 진행되는 것, 그것이 바로 기도의 영을 가지는 것인데, 이것이 바로 기도생활의 이상이라고 할 수 있습니다. 그래서 하나님 말씀은 우리에게 '성령 안에서 기도하라' '성령으로 기도하라'라는 말씀을 여러 번 당부하십니다. 그 중 한 곳인 에베소서 6장 18절을 같이 읽겠습니다. "모든 기도와 간구를 하되 항상 성령 안에서 기도하고 이를 위하여, 깨어 구하기를 항상 힘쓰며, 여러 성도를 위하여 구하라" 과거 개역에는 '무시로 성령 안에서 기도하라'고 했는데, '무시로'란 항상 이란 뜻입니다. 영어로 always 또는 all times입니다. 그렇다면 어떻게 기도하는 것이 '성령 안에서 기도'하는 것일까요? '성령 안에서 기도한다'는 의미는, "성령의 영성과, 성령의 지성과, 성령의 감성을 따라서 기도하는 것이다" 라고 말할 수 있습니다. 또, 성령의 임재 가운데 기도하는 것입니다. 성령께서 주시는 생각으로 기도하라는 것입니다.

실제적으로 성경에 보면, 성령께서 우리를 위하여 말할 수 없는 탄식으로, 성령의 생각이 삼위일체 하나님과 합치된 상태에서 우리 안에 와계신 성령께서 우리를 위하여 계속 기도하고 계십니다. "이와 같이 성령도 우리의 연약함을 도우시나니, 우리는 마땅히 기도할 바를 알지 못하나 오직 성령이 말할 수 없는 탄식으로 우리를 위하여 친히 간구하시느니라. 마음을 살피시는 이가 성령의 생각을 아시나니 이는 성령이 하나님의 뜻대로 성도를 위하여 간구하심이니라 (롬8:26~27)." '성령 안에서 기도하라'는 엡6장 18절의 말씀을 실행 할 수 있는 그 약속이, 이 로마서 말씀에 주어져 있습니다. 로마서 8장 26~27절속에는, 성령의 [영성] [지성] [감성]이 나타나 있어요. 성령의 영성은 무엇과 같은가요? 어머니의 영성과 같지요. 어머니는 자녀들을 한없는 사랑으로 용납해주고 품어줍니다. 그러한 것처럼 성령은 포근한 영성, 온유하신 영성, 인자하신 영성으로서 마치 어머니가 자식을 위해 기도하듯이, 성령께서 우리를 위하여 기도하고 계신다는 거예요. 우리는 무엇을 위하여 기도하는지도 모르고, 우리 앞에 어떤 일이 일어날지도 모릅니다.

그렇기 때문에 성령께서 '우리를 위하여 마땅히 무엇을 위해서 기도할지 모르지만, 우리를 위하여 앞서 기도'하고 계신다는 것입니다. 성령의 영성이 그러하단 것입니다. 또 성령의 영성은, 성령은 지성을 가진 인격체이셔서 우리를 위해서 기도 할 바를 명확하게 인지하시고, 그리고 그 생각을 갖고 기도하고 계십니다. 롬8장 27절 말씀에 성령은 지성을 지니신 분이시다. 라는 것을 보여주는 한 표현이 있습니다.'마음을 살피시는 이가 성령의 생각을 아시나니' '성령의 생각'이라고 했습니다. 성령은 생각하신다. 즉, 지성을 지니신 분이십니다. 우리를 향하신 그 성령의 생각이 얼마나 많은지 시편 40편 5절에 이런 말씀이 나옵니다.

"여호와 나의 하나님이여 주의 행하신 기적이 많고 우리를 향하신 주의 생각도 많도소이다" 우리의 부모가 자녀를 위해서 기도하지 않습니까? 자녀에 대한 모든 사정을 헤아리고 살펴서 자녀를 위해서 기도합니다. 부모는 자녀를 위해서 기도하지만, 자녀는 부모를 그렇게 생각하지 않아요. 자기 인생이 바쁘기 때문에 내리 사랑을 해서 부모는 자녀를 위해서 그렇게 안타깝게 간절히 기도하지만, 자녀들은 그 부모에 대한 마음을 헤아리지 못합니다. 저도 자녀를 위해서 기도하면서 '이 아이들이, 부모인 내가 이렇게 하나님 앞에서 간절히 자기들을 위해 기도하는 것을 알고 지내기나 하나?'그런 생각을 할 때가 있습니다.

마찬가지로 우리는 별로 하나님을 생각하지 못하고 살아가지만 성령께서 우리를 위하여, 해변의 모래보다 더 많으신 그 생각, 그 사랑의 생각을 가지고 우리를 위해서 기도하고 계십니다. 또한 성령은 감성을 지닌 분이십니다. 로마서 8장 26절 말씀에 성령의 감성을 보여주는 한 어구 한 표현이 있습니다. "말할 수 없는 탄식으로 우리를 위하여 기도하시는 성령님"이라고 했습니다. 성령으로기도하는 습관이 되어야 마음의 평안과 천국을 누리면서 살수가 있습니다.

둘째, 성령으로 기도하라. 성령께서 감동하시고 인도하시는 대로 기도하라는 것입니다. 우리에게 자의적인 기도를 하는 습관이 있습니다. 자의적인 기도란 내 생각대로, 내 욕심대로, 내 마음대로 기도하는 것을 말하는 것입니다. 성령으로 기도하라는 것은 내 영이 성령 안에 잠긴 것처럼 성령이 그 영성과 지성과 감성을 따라서 기도하는 것, 그것이 바로 우리가 지향하는 이상적인 성령으로 하는 기도입니다. 부모가 어린자녀든 장성한 자녀든 자녀를 위해서 밤낮 기도하듯이 성령께서 우리에게 오셔서 나는 의식도 하지 못하는데, 나는 느끼지도 못하는 사이에 나를 위하여 말할 수 없는 탄식으로, 그 많으신 성령의 사랑의 생각을 갖고서, 하나님의 뜻에서 합치된 방향으로 나를 위하여 기도하고 계시는데 내가 그것을 깨닫고 성령의 인도를 따라 기도하는 것이 바로 성령 안에서 기도하는 것입니다.

그것이 그토록 중요한 이유는 우리가 성령 안에서 기도하게 되면, 우리가 중언부언 하는 기도는 하지 못하죠. 여전히 우리는 내 짧은 욕심이 들러붙은 그런 마음의 손을 가지고 기도를 하는데,

우리가 점차적으로 성령 안에서 변화를 받게 되면, 우리가 마음 속에 품게 되는 소원과 우리가 하나님께 아뢰는 기도의 제목들이 하나님의 뜻에 합치되는 방향으로 내 그 기도가 바뀐다는 것입니다. "이와 같이 성령도 우리의 연약함을 도우시나니 우리는 마땅히 기도할 바를 알지 못하나 오직 성령이 말할 수 없는 탄식으로 우리를 위하여 친히 간구하시느니라." 우리의 기도가 성령 안에서 드려지게 되면 우리가 간구하는 것이 하나님의 뜻에 맞게 되니까 하나님께서 하나님의 뜻을 이루어주시지 않겠습니까?

로마서 8장 28절에 보면 "우리가 알거니와 하나님을 사랑하는자 곧 그 뜻대로 부르심을 입은 자들에게는 모든 것이 합력하여 선을 이루느니라." 하셨습니다. 우리 기도가 성령 안에서 드려지는 기도, 우리의 뜻이 하나님의 뜻에 합치되는 방향으로 변화받게 되면, 우리가 기도하는 바를 하나님이 응답해 주실 뿐만 아니라, 우리에게 둘러싼 삶의 환경을 하나님께서 절대주관 가운데 품으시고, 붙드시고, 변경하시고, 조정하셔서 모든 것들을 합력하여 선을 이루게 해 주신다는 겁니다.

그러니까 로마서 8장 28절에 "성도의 모든 것을 합력하여 선을 이루신다"는 구절은, 문맥상 26절과 연결해서 해석할 때, 성령 안에서 기도하는 성도에게, 모든 것이 합력해서 선이 이루어진다는 뜻입니다. 즉 28절의 "성도의 모든 것이 합력해서 선을 이루는" 은총은 26절의 성령 안에서 기도하며 살아가는 자에게 주어지는 축복입니다. 시편 37편 4절 말씀에도 "또 여호와를 기뻐하라. 저가 내 마음의 소원을 이루어 주시리로다."라고 하셨습니다.

우리 기도가 성령 안에서 기도하는 것으로 점차로 바뀌어서 우리가 성령 안에서 하나님을 기뻐하며 살아가게 될 때, 성령님께서 우리 마음속 안에 있는 모든 소원들을 아시고 헤아리시고 살피셔서, 우리로 하여금 하나님께 기도드려서 그 소원들을 다 이루게 해주시기 때문에 성령 안에서 기도하는 것이 그토록 중요합니다. 그런데 혹자는, '성령 안에서 기도 한다.'는 것은 방언기도 하는 것을 뜻한다고 하여 성령 안에서 기도와 방언기도를 동일시합니다. 저는 부분적으로는 맞는다고 생각해요. 그러나 다 맞는 것은 아니고, 부분적으로 맞습니다. 성령께서 우리에게 방언의 은사를 주시면, 그 사람은 그 방언기도를 하는 가운데 성령 안에서 기도하게 됩니다. 성령의 영성과 지성과 감성에 내가 편입되어서 내가 그 의미를 다 모르고 기도하는 사이에도 내가 성령 안에서 기도하는 것으로, 나의 기도가 바뀔 수가 있어요. 그래서 방언기도는 귀중한 은사입니다. 그런데 '성령 안에서 기도하는 것'을 방언기도로만 한정해놓으면, 방언기도를 하지 않는 다른 그리스도인은 성령 안에서 기도할 수 없는 것으로 되니까. 그것은 말이 안 되는 것이지요. 그러므로 방언은사를 받지 않은 많은 그리스도인들도, 성령 안에서 기도할 수 있습니다. 성령께서 이끄시는 대로 기도하는 것이 성령 안에서 기도하는 것입니다.

셋째, 성령으로 기도하는 방법. 기도에 대하여 바르게 알아야 합니다. 많은 성도들이 문제가 있으면 무조건 기도하면 문제가 풀어지는 줄로 알고 있습니다. 그래서 무조건 기도하라고 합니다. 그렇지 않습니다. 기도는 하나님의 음성을 듣는 것입니다. 문제의 원인에 대하여 하나님께 질문하여 하나님께서 알려주시는 것을 해결하면서 기도해야 합니다. 예를 든다면 회개라든가, 용서라든가, 하나님께서 알려주시는 레마를 받아 순종하며 기도해야 문제가 풀어지는 것입니다. 막연하게 문제를 해결하여 주시옵소서. 하며 기도하면 문제가 해결되지 않습니다. 반드시 하나님에 알려주시는 해결 방법을 적용하여 해결하면서 기도해야 문제가 풀어지는 것입니다. 성도들이 바르게 알아야 할 것은 자신이 당하는 문제는 하나님의 문제라는 것을 믿어야 합니다. 그래서 자신에게 일어나는 문제는 하나님이 해결해야 합니다. 왜냐하면 자신은 예수를 믿을 때 죽었습니다. 다시 예수로 태어났습니다. 지금 예수 인생을 사는 것입니다. 그렇기 때문에 성령으로 기도하여 영의 상태가 되면 하나님께 해결 방법을 질문하여 응답받은 대로 조치를 해야 문제가 해결되는 것입니다. 그렇기 때문에 문제를 해결하려면 기도하지 않으면 안 되는 것입니다. 성령으로 기도하여 영의 상태가 되어야 내적인 상처도 치유되고, 귀신도 떠나가고, 병도 고쳐지고, 문제도 해결되고, 하나님의 음성도 들을 수가 있는 것입니다.

성령으로 기도하는 것은 성령의 임재가운데 성령 안에서 기도하는 것을 말합니다. 마음으로 기도하여 마음의 문이 열려야 영으로 기도하게 되는 것입니다. 영으로 기도하는 것이 성령으로 기도하는 것입니다. 그렇기 때문에 먼저 마음의 기도로 마음의 문을 열어야 영으로 기도할 수가 있는 것입니다. 성령으로 기도하는 비결은 이렇습니다. 숨을 들이 쉬고 내 쉬면서 주여! 숨을 들이 쉬고 내 쉬면서 주여! 숨을 들이 쉬고 내 쉬면서 주여! 자연스럽게 주여! 주여! 를 하면 되는 것입니다. 방언으로 기도할 줄 아는 분들은 호흡을 들이쉬고 내쉬면서 방언기도하고, 호흡을 들이쉬고 내쉬면서 방언기도를 합니다. 즉 내면의 활동이 강화되어 자신의 마음속 영 안에 계신 성령이 밖으로 나오시게 해야 합니다. 코로는 바람을 들이쉬고 배꼽 아랫배로 호흡을 하는 것입니다. 호흡을 들이쉬고 내쉬면서 주여! 주여! 주여! 하다가 성령께서 감동을 주시는 것이 있습니다.

예를 든다면 "자녀를 위하여 기도하라!"하실 수도 있습니다. 그러면 자녀를 위하여 기도하는 것입니다. 자녀에게 문제가 있는 것도 할 수가 있습니다. 자녀에게 바라는 것이 있으면 그것을 기도해도 좋습니다. 기도를 마치고 다시 주여! 주여! 주여! 하면서 기도를 합니다. 다시 성령께서 너의 물질문제를 기도하라고 하실 수도 있습니다. 물질문제를 기도합니다. 물질문제가 어떻게 해서 생겼는지 하나님에게 질문하며 기도합니다. 죄악으로 인한 것이라면 회개를 합니다. 회개하고 죄악을 타고 들어온 귀신을 축귀합니다. "예수 이름으로 명하노니 선조들의 죄를 따라 들어와 물질 고통을 주는 귀신아 물러가라" 소리는 크지 않아도 됩니다. 성령이 충만한 상태이므로 귀신들이 잘 떠나갑니다. 다시 다른 기도를 위하여 주여! 주여! 주여! 하면서 기도를 합니다.

그러면 성령께서 다시 감동을 합니다. 너의 건강을 위하여 기도하라! 그러면 자신의 건강을 위하여 기도합니다. 기도하면서 하나님에게 질문을 합니다. 하나님! 저의 어느 부분이 문제가 있습니까? 하면서 기도하여 조치를 취하면 됩니다. 무엇을 결정해야 할 경우는 어느 정도 기도하여 성령으로 충만한 상태가 되면 지속적으로 문의 하는 것입니다. 이것을 어떻게 해야 합니까? 이것을 어떻게 해야 합니까? 이것을 어떻게 해야 합니까? 지속적으로 질문을 하면 문득 떠오르는 생각이 있습니다. 이것이 하나님의 방법입니다. 이것을 해결하면 치유가 되는 것입니다. 이것이 성령으로 기도하는 것입니다. 어려울 것이 없습니다.

자신의 생각이나 욕심을 내려놓고 순수하게 성령을 따라 기도하는 것입니다. 보통 성도님들이 하시는 말씀대로 기도분량이 채워지니까 성령께서 알려주신 것입니다. 기도분량이 채워졌다는 것은 성령님이 역사하실 수 있는 영적인 상태가 되었다는 것입니다. 절대로 성령은 육의 상태에서 응답을 주시지 못합니다.

반드시 성령으로 충만한 영의 상태가 되어야 레마를 들려주십니다. 그러므로 영의 상태가 되도록 성령으로 깊은 영의기도를 해야 합니다. 영의 상태에서 하나하나 감동이나 음성으로 알려주시는 것입니다. 기도의 성공요소는 영의 상태에 들어가는 것입니다. 영의상태에서 성령님과 교통할 수가 있기 때문입니다. 영의 상태가 되어야 세상에서 천국을 만끽하며 살아갈 수가 있는 것입니다. 천국을 누리는 것은 성령께서 자신을 지배하고 장악된 상태에서 가능한 것입니다. 천국을 만끽하면서 세상을 살아가려면 기도를 바르게 해야 자신 안 성전에 계신 성령께서 자신을 통하여 나타내심으로 가능한 것입니다. 기도가 참으로 중요합니다.

24장 예배를 산재물이 되어 드림으로

(요 4:23-24)"아버지께 참되게 예배하는 자들은 영과 진리로 예배할 때가 오나니 곧 이 때라 아버지께서는 자기에게 이렇게 예배하는 자들을 찾으시느니라. 하나님은 영이시니 예배하는 자가 영과 진리로 예배할지니라"

지금 천국을 만끽하며 누리려면 예배를 바르게 드려야 합니다. 습관적인 예배가 아니라, 영과 진리로 산재물이 되어 드리는 습관이 되어야 합니다. 예배를 영과 진리로 드릴 때 마음 안 성전이 견고하게 지어지고 자신 안의 하늘나라에서 천국이 흘러나와 자신을 주장하기 때문입니다. 예배를 성공하느냐 못하느냐에 따라서 천국을 만끽하며 누리느냐 그렇지 못하느냐가 결정되기 때문입니다. 예배를 바르게 드리지 못하면 지금 천국을 만끽하며 누릴 수가 없습니다.

하나님께서는 크리스천들에게 영과 진리로 예배를 드리라고 말씀하십니다. 왜 하나님에게 예배를 드려야하느냐는 것입니다. 예배란 "예수 그리스도 안에서 자신을 계시해 주신 하나님과 그 하나님 앞에 뜨겁게 응답하는 만남의 현장"이라고 말할 수 있습니다. 즉 예배란 언제나 우리를 인도하시고, 찾아주시며, 구원해 주신 하나님의 놀라우신 사랑과 은혜에 응답하는 행위라고 말할 수 있을 것입니다. 예배를 통하여 하나님을 경배하고, 하나님으로부터 은혜와 사랑과 축복과 치유를 받는 것입니다. 예수를 믿는 성도는 예배를 통하여 하나님이 자신의 주인이라는 것을 증명하며, 경외하고, 하나님으로부터 복을 받는 시간입니다. 모든 것이 예배를 통하여 이루어지는 것입니다.

그렇기 때문에 사단이 인간에게 예배를 받으려고 하는 기를 쓰는 것입니다. 사단이 자신을 예배하게 하기 위하여 여러 가지 이해하지 못하는 일들을 일으키는 것입니다. 이방인의 제사, 무당 굿, 법당의 법회, 이방신들을 섬기기는 자들의 예배행위, 기우제, 고사 등등이 여기에 해당이 되는 것입니다. 예배는 이렇게 중요합니다. 그래서 하나님을 경외하고 주인으로 인식하기 위하여 매주 첫날(주님이 부활하신 날) 교회에 모여서 하나님에게 예배를 드리는 것입니다.

그러면 예배를 어떻게 드려야 하는지를 밝히 알고 행해야 합니다. 하나님은 이렇게 말씀을 하십니다. "아버지께 참되게 예배하는 자들은 영과 진리로 예배할 때가 오나니 곧 이 때라 아버지께서는 자기에게 이렇게 예배하는 자들을 찾으시느니라. 하나님은 영이시니 예배하는 자가 영과 진리로 예배할지니라."(요 4:23-24). 영이신 하나님만을 주목하는 예배, 하나님께 참되게 예배하는 것은 무엇을 의미합니까? 어떻게 드리는 예배를 가리켜 아버지께 참되게 예배하는 것입니까?

첫째, 하나님께 참되게 예배하는 자는 영으로 예배합니다. 영으로 드리는 예배가 무엇입니까? 우리가 이를 바르게 알기 위해서는 먼저 성경말씀을 바르게 알아야 합니다. 원래 헬라어 성경을 보면 24절에서 "하나님은 영이시니… 영으로 예배하라." 하는 구절의 '영'을 가리켜 '성령'(pneuma)으로 표기했습니다. 복잡하게 설명하지 않겠습니다. "하나님은 영이시니." 즉 하나님은 성령 하나님이십니다. 하나님은 살아계시면서 영이십니다.

그러므로 "영으로 예배할지니라." 즉 성령 하나님으로 예배하라는 말씀입니다. 더 쉽게 설명을 드리면 '성령의 인도함 가운데, 성령님 안에서 예배하라.'는 것입니다. 우리가 믿고 잘 알고 있듯이 하나님은 삼위일체 하나님이십니다. 성부 하나님의 고유 사역은 창조사역(계획)입니다. 성자 하나님, 예수님의 고유 사역은 구원사역(이루심)입니다. 성령 하나님의 고유 사역은 인도, 지지의 사역(알게 하심)입니다.

성부 하나님이 이스라엘 백성들과 늘 동행하셨습니다. 성자 예수님이 임마누엘의 하나님으로 우리 가운데 임재 하셨습니다. 성령 하나님이 우리들과 세상 끝날 까지 함께 하십니다. 그러므로 하나님을 가리켜 성령님이라고 하는 것입니다. 그러므로 성령님의 감동 가운데 하나님께 예배하라는 것입니다. '성령님의 감동 가운데 드리는 예배'에 대해 설명을 드리겠습니다. 예배드리는 가운데 다른 생각이 나는 것, 성령님의 감동이 아닙니다. 마귀가 방해하는 것입니다. 예배를 드리면서 세상 생각하는 것이 아닙니다. 예배드리는 가운데 마음 속 깊은 곳에서 솟아나오는 기쁨, 성령님의 감동입니다. 그렇게 성령님이 주시는 감화와 감동 가운데 예배드리라는 것입니다. 예배 찬송을 부르는데 주님의 은혜가 감사하여 눈물이 흐릅니다. 성령님의 감동입니다.

찬송을 크게 부르고 싶은데 주위 사람들이 신경이 쓰입니다. 성령님의 감동이 아닙니다. 사람을 의식하는 인본주의 행위입니다. 설교말씀을 들으면서 무엇인가 깨달음이 있습니다. 성령님의 감동입니다. 그런데 그 말씀을 가만히 생각해보니 많은 희생과 양보가 있어야 할 것 같습니다. 성령님의 감동입니다. 그대로 양보와 희생하라는 것입니다. 예수님이 주시는 은혜도 좋지만 내 것을 내려놓기가 싫습니다. 아깝습니다. 성령님의 감동이 아닙니다.

영으로 드리는 예배는 성령으로 드리는 예배, 성령님의 감동 가운데 드리는 예배를 뜻합니다. 자신이 없어지고 성령님이 주인 되어 드리는 것입니다. 성령님의 지배와 장악된 가운데 드리는 것입니다. 살아있지만 자신의 의지를 발휘하지 않고 성령의 인도를 받는 상태입니다. 우리 모두는 하나님을 예배할 때마다 영이신 하나님께 늘 성령의 감동 가운데 예배하는 성도들이 되기를 바랍니다. 영으로 예배하는 것과 또 어떻게 드리는 예배를 가리켜 아버지께 참되게 예배하는 것입니까? 진리(예수)로 예배를 드려야 합니다.

둘째, 하나님께 참되게 예배하는 자는 진리로 예배합니다. '진리로 드리는 예배'의 뜻을 바르게 알기 위해서 역시 성경말씀을 바르게 알아야 합니다. 헬라어 성경을 보면 "진리로 예배할지니라."는 구절에서 '진리'는 헬라어 이 단어 역시 '진리'를 뜻합니다. 그런데 성경을 보면 '진리'라는 말이 유독 많이 나오고 있음을 볼 수 있습니다. 특히 구약성경의 잠언서에 '진리, 지식, 지혜' 라는 표현이 많이 나옵니다. "인자와 진리가 네게서 떠나지 말게 하고 그것을 네 목에 매며 네 마음 판에 새기라(잠 3:3)" "인자와 진리로 인하여 죄악이 속하게 되고 여호와를 경외함으로 말미암 아 악에서 떠나게 되느니라(잠 16:6)" 기억하십시오. 구약성경 에서 지식, 지혜, 진리는 하나님을 뜻합니다.

오늘의 본문인 요한복음을 보면 '진리'라는 단어가 아주 많이 나오고 있습니다. "말씀이 육신이 되어 우리 가운데 거하시매 우 리가 그의 영광을 보니 아버지의 독생자의 영광이요 은혜와 진 리가 충만하더라(요 1:14)" "율법은 모세로 말미암아 주어진 것 이요 은혜와 진리는 예수 그리스도로 말미암아 온 것이라(요 1:17)" "진리를 따르는 자는 빛으로 오나니 이는 그 행위가 하나 님 안에서 행한 것임을 나타내려 함이라 하시니라(요 3:21)"

어쩐지 '진리'가 예수님과 어떤 깊은 관계가 있는 것 같지 않 습니까? "너희가 요한에게 사람을 보내매 요한이 진리에 대하여 증언하였느니라(요 5:33)" "예수께서 이르시되 내가 곧 길이요 진리요 생명이니 나로 말미암지 않고는 아버지께로 올 자가 없 느니라(요 14:6)" 요한복음의 기자는 '진리'가 바로 예수님이라 고 선언합니다. 그래서 예수님께서 이렇게 말씀하셨다고 증거합 니다. "진리를 알지니 진리가 너희를 자유롭게 하리라(요 8:32)" 이제 '진리로 예배할지니라'는 말씀의 의미가 분명해졌습니다. 그렇습니다. 바로 '예수님으로, 예수님 안에서 예배하라'는 의미 입니다. 죄인인 아담은 예수를 믿을 때 죽고 다시 태어난 하늘의 사람… 하나님의 자녀로 태어난 영의 사람인 예수로 드리라는 말씀입니다. 사람이 주목받는 예배, 이는 진리로 드리는 예배가 아닙니다. 예수님이 드러나지 않기 때문입니다.

우스갯소리로 사람들의 귀를 즐겁게 하는 예배, 이는 진리로 드리는 예배가 아닙니다. 우리 주님의 이야기, 복음은 우스개 이야기가 아니기 때문입니다. 사람이 영광을 받고 갈채를 받는 예배 역시 진리로, 예수님으로 드리는 예배가 아닙니다. 진리로 드리는 예배, 예수님으로 드리는 예배, 예수님 안에서 드리는 예배는 오직 예수님만이 나타나는 예배입니다. 진리로 예배를 드리라는 말은 예수 안에서 말씀으로 드리라는 것입니다. 자신은 예수를 믿을 때 죽었고 다시 예수로 태어났으니 죄가 없는 의인(예수)된 상태에서 드리라는 것입니다.

하나님은 영과 진리로 드리는 예배만 받으십니다. 하나님은 영이시기 때문입니다. 성령의 임재 하에 영으로 예배를 드리기를 바랍니다. 오늘날 드려지는 예배는 교단별로 각각의 개 교회마다 순서와 형식의 다양한 방법을 통해 드려지고 있습니다. 순서와 형식의 다양한 방법에 대해 옳다 그르다의 기준은 없습니다. 그러나 반드시 하나님에 대한 예배에 포함 되어야 할 요소들이 있습니다.

셋째, 예배에 포함되어야 할 요소들이다. 하나님께 대한 예배에 포함되어야 할 요소들은 다음과 같습니다.

첫째로 찬양과 경배입니다. 예배의 궁극적인 목적은 하나님을 영화롭게 하는 것입니다. 그리고 찬양은 하나님의 영광을 높이는 수단입니다. 그러한 점에서 찬양은 예배에서 빠질 수 없는 요소입니다. 구약 시대 성전 제사에서도 찬송은 빠질 수 없는 필수 요소였습니다. 그래서 '다윗'은 아예 '레위인'으로 구성된 찬양대를 조직하여 하나님을 찬양하게 하기도 하였습니다. 오늘 우리도 찬송가를 부름으로서 하나님을 찬양하였습니다. 조직이 잘 되어 있는 일반 교회에서는 따로 찬양대를 세워 예배의 한 순서로 하나님을 찬양하게 하고 있습니다. 우리가 하나님을 찬송하는 것은 성도의 마땅한 의무임과 동시에 특권이므로 즐거운 마음으로 찬송을 드려야 하는 것입니다. "우리 능력 되신 하나님께 높이 노래하며 야곱의 하나님께 즐거이 소리할지어다."(시편 81:1), 말씀했습니다.

둘째는 신앙 고백입니다. 예배는 분명한 대상이 있어야 합니다. 예배의 대상이 분명하지 않는 예배는 다 헛된 몸짓에 불과합니다. 우리들의 예배의 대상은 천지만물을 창조하시고 주관하시는 하나님이십니다. 우리는 이 하나님에 대한 신앙 고백을 하는 것입니다. 다른 종교와 달리 우리는 특별히 예배시간에 사도신경을 꼭 암송을 합니다. 사도신경은 기독교의 핵심 진리를 요약한 것이라 할 수 있습니다. 그래서 이는 모든 교회와 성도 각 개인의 공적인 신앙고백으로 삼고 있는 것입니다. 우리가 예배시간에 교회와 성도 개인의 신앙고백으로 사도 신경을 암송하는 것도 이 때문입니다. 하나님께 속한 자는 바로 예수를 주로 고백하는 자들 입니다. "그러므로 내가 너희에게 알게 하노니 하나님의 영으로 말하는 자는 누구든지 예수를 저주할 자라 하지 않고 또 성령으로 아니하고는 누구든지 예수를 주시라 할 수 없느니라(고전12:3)에" 했습니다.

셋째로 말씀의 선포와 화답입니다. 하나님은 예배를 통해서 성도들을 만나 주시고 우리에게 필요한 말씀들을 주십니다. 물론 하나님께서 구약 시대처럼 직접 말씀 하시는 일은 없습니다. 하나님은 항상 대언의 종들을 세우시고 그들을 통하여 말씀을 주십니다. 예를 들어 더불어 민주당, 한국당, 국민의당, 보수정당··· 등 각 정당 대변인이 발표를 하는 것이 곧 그 정당의 뜻인 것처럼 하나님은 인생들 중 대언할 심부름꾼을 세워 하나님의 뜻을 전달하시는 것입니다. 구약 시대에는 주로 제사장과 선지자들을 통하여 택한 선민 이스라엘 백성들에게 하나님으로부터 직접 계시를 받아 하나님의 뜻을 전하여 주셨습니다.

신약 시대이후에는 목회자를 통하여 하나님의 말씀을 주십니다. 물론 신약 시대의 목회자들은 구약 시대의 선지자들과 달리 직접 계시를 받아 말씀을 전하는 것이 아닙니다. 바로 하나님의 말씀이 기록된 성경을 성령의 조명을 받아 이를 잘 이해할 수 있도록 풀어서 전하는 것입니다. 물론 성도라면 누구나 갖고 있는 것이 성경 말씀입니다. 그러나 성경을 읽는다고 다 하나님의 말씀을 깨닫는 것은 아닙니다. 또 말씀을 깨달았다고 해서 그 말씀이 항상 동일하게 적용되는 것은 아닙니다. 그렇기 때문에 그때그때 마다, 하나님은 성령으로 감동케 하시고 성경을 재해석하게 하심으로서 우리에게 필요한 말씀을 주시는 것입니다.

넷째로 간구와 호소입니다. 마음 중심에서 성령으로 하는 기도를 말합니다. 만남은 당사자 간에 대화가 있을 때 비로소 그 의미가 있는 것입니다. 대화가 없는 만남은 진정한 의미의 만남이라고 할 수 없습니다. 우리는 세상을 살아가면서 수많은 사람들과 만나게 됩니다. 출근길의 지하철이나 버스 안에서도 만나고, 길거리에서도 만납니다. 그러나 우리는 그러한 만남을 만남이라 부르지 않습니다. 왜 그렇습니까? 그 만남에는 진솔한 대화가 없기 때문입니다. 그러한 의미에서 예배가 참 예배가 되려면 하나님과 성도 간에는 반드시 진솔한 대화가 있어야 합니다. 목회자의 말씀 선포는 하나님의 말씀이 성도들에게 전해지는 과정입니다.

그에 반해 성도들의 기도나 호소는 하나님께 말씀드리는 방편이라고 할 수 있습니다. 따라서 예배에 말씀의 선포가 있어야 하는 것처럼 성도의 간구와 호소도 반드시 있어야 하는 것입니다. 우리는 하루하루 매일 같이 하나님의 도움이 없이는 살아갈 수 없는 존재들 입니다. 예배가 하나님의 영광을 구하고 하나님의 은혜를 힘입는 시간이라면 간구와 호소는 그 은혜가 우리 각자의 삶에 어떤 방식으로 펼쳐 저야 할지를 정하는 것, 즉 은혜를 구체화하는 것이라 할 수 있습니다. 그렇기 때문에 간구와 고백은 예배를 드릴 때 반드시 필요한 요소 중 하나라 할 수 있습니다. 잘 알고 있듯이 기도는 하나님과의 교제의 통로입니다.

다섯째, 감사와 헌신입니다. 우리는 매 순간 하나님의 은혜가 없이는 살아갈 수 없는 사람들 입니다. 다시 말해서 우리가 매

순간 살아가고 있는 것이 하나님의 은혜의 결과입니다. 하나님은 시시때때로 우리에게 필요한 은혜를 베푸사 이 험난한 세상을 살아갈 수 있도록 힘과 용기를 주십니다. 더욱이 우리는 본래 다 죄로 인하여 영원히 멸망할 운명에 처하였던 존재로서 감히 하나님께 나아갈 수 없었던 신분이었습니다.

그러나 죄인을 구원하기 위해 독생자를 아끼지 않으신 하나님의 그 크신 은혜와 우리를 위하여 자기 몸을 기꺼이 희생하신 예수 그리스도의 사랑으로 우리가 죄 사함을 받고 하나님께 나아갈 수 있는 것은 물론, 하나님의 영원한 기업의 후사가 된 것입니다. 그런즉 우리가 하나님께 감사하는 것은 지극히 당연한 것입니다. 봉헌(헌금)도 하나님의 은혜에 대한 감사의 표시입니다. 또 하나님을 위하여 헌신을 하는 것도 감사의 표시입니다.

하나님을 영화롭게 하는 자는 바로 감사로 제사를 드리는 자라고 했습니다. "감사로 제사를 드리는 자가 나를 영화롭게 하나니 그 행위를 옳게 하는 자에게 내가 하나님의 구원을 보이리라(시편50:23)"했습니다. 믿음도 현재형이고 감사도 현재형 입니다. 표현되지 않은 사랑은 더 이상 사람이 아닌 것처럼 표현되지 않는 감사 또 한 더 이상 감사가 아닌 것입니다. 감사는 해도 그만, 안 해도 그만이 아니라 살아있는 모든 날들이 다 감사의 조건이 되는 것입니다. 우리 모두가 하나님에 대한 찬양과 신앙고백, 말씀의 선포와 화답, 간구와 호소, 감사와 헌신을 통한 풍성한 복을 내 것으로 만들어 가는 믿음의 주인공들이 다 되시기를 진심으로 소원합니다.

25장 걸어 다니는 성전으로 살아감으로

(고전 3:16)"너희는 너희가 하나님의 성전인 것과 하나님의 성령이 너희 안에 계시는 것을 알지 못하느냐"

걸어 다니는 성전의식은 지금 천국을 만끽하며 누리려는 성도들의 필수입니다. 하나님의 나라 천국이 자신과 같이 동행하기 때문에 자동으로 천국이 되기 때문입니다. 하나님은 크리스천들이 걸어 다니는 성전의식을 가지고 믿음생활 하기를 소원하십니다. 이유는 지금 천국을 만끽하며 누려야 하기 때문입니다. 하나님께서 마음 안 성전에 계시기 때문입니다. 걸어 다니는 성전의식을 가지고 살아야 성전에 계신 하나님의 권능으로 기적을 체험하면서 살아갈 수가 있습니다. 따라서 천국을 만끽하고 누리면서 살아갈 수가 있습니다. 하나님은 보이는 성전에 계시지 않습니다. 성도 한 사람, 한 사람의 마음 안에 주인으로 임재 하여 계십니다. 성전을 견고하게 세운다는 것은 자신 안에 하나님께서 전 인격을 지배하는 것입니다. 크리스천들이 바르게 알아야 할 것이 있습니다. 유형교회를 세우려고 교회에 다닌다고 한다면 잘못 이해한 것입니다. 유형교회를 출석하는 것은 먼저 자신 안에 있는 성전을 가꾸기 위해서 출석하는 것입니다. 마음안의 교회를 가꾸기 위하여 유형교회의 예배에 빠짐없이 출석해야 합니다. 크리스천은 유형교회를 통하여 자신안의 성전을 가꿀 수가 있기 때문입니다. 유형교회에서 목사님의 설교를 들으면서 영을 깨우고 선배들의 신앙지도를 받으면서 영이 자라 심령교회가 가꾸어지기 때문입니다. 마음 성전을 가꾸기 위하여 유형교회를 건축해야 합니다. 마음 성전을 가꾸어야 전인적인 복을 받습니다. 하나님의 뜻은 자신이 먼저 잘되는 것입니다. 자신이 잘되어야 전도가 가능합니다.

하나님은 "너희가 하나님의 성전인 것과 하나님의 성령이 너희 안에 거하시는 것을 알지 못하느뇨"(고전 3:16). 성경은 '하나님의 성전,' 즉 '하나님이 거하시는 성전'이 사람의 마음속에 있다고 말씀합니다. 우리는 달력 등에 실린 삽화에서 예수님이 문밖에서 노크하고 계신 그림을 본적이 있습니다(계 3:20). 우리의 마음 문밖에 서 계신 예수님을 우리의 마음 안에 모셔 들입시다. 무너져 내린 마음속의 성전을 다시 건축해야 합니다. 하나님께서 오늘 우리에게 이렇게 명하십니다. '내가 거할 성소를 너희 마음 안에 지으라.' 수천 년 전 이 땅에 세워졌던 성전은 우리 마음 안에 건축되어야 할 성전의 표상입니다. 하나님의 지도하심을 따라서 마음의 성전이 완성되고 예수 그리스도의 거룩한 피가 우리의 마음의 성전에 뿌려져야 합니다.

첫째, 성령으로 마음을 청소하고 정리하라. 집안을 다스리려면 마음 안에 계신 성령하나님께서 주인으로 좌정하고 계셔야 합니다. 세상에서도 집안을 다스리려면 집안을 청소하고 정리해야 되는 것처럼 마음을 성령으로 청소하고 하나님께서 다스려야 되는 것입니다. 말씀과 성령으로 정신적으로 미움, 분노, 시기,

질투, 교만, 탐욕 같은 쓰레기더미의 원인을 찾아내고 양심의 고통스런 죄책을 다 회개하고 성령의 역사로 씻어야 마음을 다스릴 수가 있는 것입니다. 마음에 세상과 스트레스로 들어온 쓰레기가 잔뜩 쌓여있고 마음이 안정되지 못하고 불완전하게 흩어져서 정신을 차릴 수 없는데 다스려집니까?

마가복음 7장 21절로 23절에 "속에서 곧 사람의 마음에서 나오는 것은 악한 생각 곧 음란과 도둑질과 살인과 간음과 탐욕과 악독과 속임과 음탕과 질투와 비방과 교만과 우매함이니 이 모든 악한 것이 다 속에서 나와서 사람을 더럽게 하느니라" 우리 속에는 세상을 살아오면서 들어온 쓰레기더미가 있습니다. 너나 할 것 없이 우리 가슴을 활짝 펴고 성령으로 충만한 가운데 자신 안을 들여다보면 쓰레기더미가 다 있어요. 남에게만 쓰레기더미가 있다고 손가락질하지 말 것은 내 속에 쓰레기더미가 있는 것입니다. 그러므로 이것을 찾아서 청산해야 돼요. 쓰레기더미를 어떻게 청산합니까? 우리가 성령께서 인도하시는 회개를 통해서 청산할 수 있는 것입니다. 그리고 그때 들어온 귀신들을 성령으로 예수이름으로 몰아내야 합니다.

마음 안에 있는 성전에 하나님을 주인으로 모시고, 성령으로 마음을 정리정돈 하고 여유가 생겨서 마음속이 행복하면 환경이 행복한 환경으로 변화되는 것입니다. 먼저 버려야 할 사소한 생각으로는, 불행하다는 마음과 마음의 고통, 슬픔, 상처 등 주로 부정적인 것들을 다 밀어내야 합니다. 화, 불안, 분노, 비난 등 부정적인 감정들도 지금 당장 버리고 망설이고, 걱정하고, 불신하고, 갈등하고, 조급증, 적대감 등의 행동을 과감하게 성령의 역사를 통하여 정화해야 합니다. 성령으로 충만하면 마음속의 쓰레기가 밀려서 나가는 것입니다. 마음이 세상 것으로부터 해방되면 행복하게 된다는 것입니다. 우리가 영혼의 만족을 누리면서 성공적이고 행복한 삶을 살기 위해서는 무엇보다 먼저 우리의 생각과 감정과 행동 가운데 부정적이고 소극적인 쓰레기더미를 예수님의 보혈과 성령의 역사로 씻어내고 우리 마음을 십자가 구속의 은혜로 채워야 하는 것입니다.

둘째, 하나님을 주인으로 모시고 살아라. 하나님께서 마음 성전의 주인으로 계시니 우리는 천국의 삶을 사는 것입니다. 우리는 모두 다 영원한 천국의 꿈을 갖고 사는 것입니다. 꿈이 없는 백성은 망한다고 말한 것입니다. 작은 꿈, 큰 꿈, 살아있는 사람은 다 마음에 꿈을 갖고 있는 것입니다. 그런데 희망찬 꿈을 갖고 살아야지 꿈이 언제나 비관적이고 절망적이면 절대 행복하지 않습니다. 마음 안에 주인으로 계시는 예수님을 쳐다보고 용서와 의의 꿈을 언제나 꿀 수 있고 거룩하고 성령 충만한 꿈을 꿀 수 있고 치료받고 건강한 꿈을 꿀 수가 있고 아브라함의 복과 형통을 얻을 꿈을 꿀 수 있고 부활 영생 천국의 꿈을 꿀 수가 있습니다. 꿈은 꿈이니까요. 그래서 내 영혼이 잘됨같이 범사에 잘되며 강건하고 생명을 얻되 넘치게 얻는 꿈을 꾸고 나아가면 그 꿈이 우리들을 그 세계로 이끌어 가는 것입니다. 자신이 꿈을 이루는 것이 아닙니다. 절대로 그것은 오해하지 마십시오. 꿈을 가슴에 품고 있으면 성령께서 꿈을 이끌어 가는 것입니다. 그렇기 때문에 꿈을 갖는다는 것은 그렇게 중요한 것입니다. 믿음의 주요 또 온전케 하시는 예수를 바라보라고 성경에 말한 것입니다. 예수를 바라보고 나아가면 그 꿈이 우리를 예수께로 이끌어 주는 것입니다.

그래서 "누구든지 그리스도 안에 있으면 새로운 피조물이라 이전 것은 지나갔으니 보라 새것이 되었도다." 이전의 죄악된 삶, 부패한 삶, 병든 삶, 패배와 실패, 낭패, 가난, 저주의 삶. 죽음의 고통의 삶이 다 사라지고 새로운 삶, 영혼이 잘됨같이 범사에 잘되며 강건하고 생명을 얻되 넘치게 얻는 삶으로 변화되는 것입니다. 그것은 내가 노력하고 힘쓰고 애써서 되는 것이 아니라, 꿈이 그 세계로 이끌어 가는 것입니다. 마음 안에 예수님을 주인으로 모시면 성령이 오셔서 그 꿈대로 변화시켜 주는 것입니다.

셋째, 사람들에게 은혜를 입는 삶. 하나님께서 함께 하시고, 걸어 다니는 성전의식을 가지고 살아가는 성도는 주변 사람들 앞에서 은혜를 받고 사는 것입니다. 하나님께서 함께 하시는 증표가 어디를 가든지 주변 사람들에게 은혜를 받고 주는 것입니다. 하나님께서 살아계시기 때문입니다. 그래서 우리는 자녀들이나 배우자나 교우들을 위하여 기도할 때에 주변 사람들을 통하여 은혜를 입는 자가 되도록 기도해야 합니다. 또한 주변 사람에게 은혜를 끼치는 자가 되라고 기도해야 합니다. 이방 나라에 포로가 된 느헤미야는 이렇게 기도합니다. "종들의 기도를 들으시고 오늘 종이 형통하여 이 사람들 앞에서 은혜를 입게 하옵소서(느1:11)" 기도의 응답은 형통이고 이 형통의 구체적인 표현은 아닥사스다 왕에게서 은혜를 받는 것입니다. 느헤미야의 기도의 구체적 내용은 포로생활을 하던 자신의 삶을 청산하고 돌아가는 것입니다. 그에게는 자신의 조국 예루살렘의 운명을 안타까워하는 마음이 있었습니다. 우리는 오늘 먼저 한 가지 결론을 내립니다. 걸어 다니는 성전으로 사는 성도가 기도하여 하나님의 응답을 받게 되는 구체적인 일은 바로 사람들에게서 은혜를 받은 것입니다. 걸어 다니는 성전으로 사는 성도는 일상생활 속에서 사람들과 함께 잘 사는 것입니다. 사람들 속에서 하나님과 교통하며 살아가는 것입니다. 필자는 명절이 되어 우리가 만나는 가족 간에도 은혜 받기를 원합니다. 사람들과의 관계 속에서 하나님이 주시는 은혜를 사람들을 통하여 누리시길 바랍니다.

느헤미야는 이방 나라에서 아닥다스 왕에게 은혜를 입습니다. 아닥사스다 왕은 하나님께 기도하고 있는 느헤미야의 상관입니다. 느헤미야는 하나님의 백성입니다. 하나님의 백성에게 역사하시는 하나님의 은혜의 수단은 페르시아 제국의 왕입니다. 그리고 페르시아의 종교는 조로아스터교입니다. 이 조로아스터교의 신자인 아닥다스 왕이 하나님의 손에 이끌려서 하나님의 일을 하고 있습니다. 하나님이 예수 믿는 사람을 구원하신다는 사실은 분명하지만, 하나님이 이 예수 믿는 사람들만을 제한적으로 사랑하는 특정한 사랑이 아닌 것을 깨달아야 합니다. 하나님은 세상을 이처럼 사랑하셔서 독생자를 주실 때에 불교신자를 사랑하시고 이교신자들도 사랑하셨습니다. 모두 예수를 믿고 돌아오기를 기다리십니다. 하나님은 사람을 귀하게 여기시고 사람을 통하여 일하십니다.

하나님의 사랑은 하나님의 백성과 자녀라고 하는 울타리를 뛰어넘는 우주적 사랑이시고, 하나님은 모든 인간에게 대한 기본적인 사랑을 베푸십니다. 그래서 하나님이 위대하신 것입니다. 우리의 왜곡된 신앙이 하나님을 협소하게 한 것입니다. 우리가 기도할 때에 구체적으로 기도해야 합니다. 느헤미야의 기도가 위대했던 것은 구체적으로 기도했기 때문입니다. "하나님! 제게 은혜를 베풀어 주셔서 아닥사스다 왕과 페르시아 통치자들에게 역사해주셔서 제게 은혜를 베풀어 주십시오"라고 기도합니다. 하나님께서 느헤미야와 함께하시기 때문에 기도에 응답하시는 것입니다. 우리는 하나님께 우리의 병을 고쳐주시고 건강하게 해달라고 기도하면서 구체적으로 기도하지 않습니다. 기도자의 형통은 바로 나와 가까이 있는 사람을 통해서 주시는 은혜의 역사입니다. 하나님은 사람을 통하여 일을 하십니다.

그러므로 자신이 하는 기도를 통하여 역사하시는 것입니다. 기도할 때 성령님이 역사하시고 하늘의 천사들이 동원됩니다. 자신이 병들어 기도할 때 질병을 치유할 수 있는 사람을 천사를 통하여 만나게 하십니다. 기도는 영의 활동입니다. 기도할 때 성령으로 충만할 수 있습니다. 성령으로 충만해야 하나님의 손을 움직일 수가 있는 것입니다. 하나님의 손을 잘 움직이도록 기도하는 성도가 걸어 다니는 성전의식으로 사는 성도입니다.

느헤미야가 아닥사스다 왕을 만날 때에 그 옆에 왕후가 옆에 있었습니다. 페르시아제국의 왕후들은 공식적인 자리에 잘 나타나지 않는다고 합니다. 그런데 이 왕후가 느헤미야와 자신의 왕이 수산 궁에서 연회를 베풀 때 나타났다고 하는 것은 둘 중의 하나로 보입니다. 하나는 이 자리가 공식적인 자리가 아닌 사적인 자리이거나 아니면 왕후가 관례를 깨고 느헤미야를 도우려고 왕을 설득하고자 나왔다는 것입니다. 왕후가 느헤미야와 왕의 사이에서 가교역할을 했습니다.

그러면 이 느헤미야는 아닥사스다 왕 뿐 아니라, 그의 왕후의 도움까지도 받았다는 이야기입니다. 자기 주변에 있는 사람을 하나님이 내게 은혜를 베푸는 통로로 삼는 자가 복이 있습니다. 하나님은 내 옆의 가까이 있는 사람을 통해서 은혜를 베풀어 주시고 기도자의 형통을 베풀어 주십니다. 우리는 가까이 있는 사람들과 관계를 잘 맺어야 합니다. 하나님은 가까이 있는 사람을 통하여 당신의 문제를 해결하여 주십니다. 당신의 가까운 곳에 하나님의 형통의 복을 가진 사람이 있습니다. 우리는 빈부귀천, 남녀노유를 따지지 말고 귀한 하나님의 은혜의 통로라고 생각하며 관계를 맺어야 합니다. 제가 지금까지 하나님에게 기도하여 문제를 해결한 것은 가까이 있는 사람을 통하여 문제를 해결했습니다. 절대로 하나님은 생판 모르는 사람을 통하여 당신의 문제를 해결하는 경우는 극히 드물다는 것을 이해하시기 바랍니다.

느헤미야는 왕 앞에 나갈 때 수심이 가득했습니다. 왕정시대에 왕 앞에 나갈 때 수심이 가득한 사람은 모략을 꾸며 심지어 자객이 될 수도 있는 상황이 될 수 있다는 이유로 왕 앞에서 수심이 있는 얼굴은 금했습니다. 그러나 일상적인 관례를 벗어난 느헤미야의 수심을 보고도 아닥사스다 왕은 걱정합니다.

이때 느헤미야는 "왕이시여 내가 소식을 들었는데 내 조국 이스라엘이 다 망하고 예루살렘의 성문이 무너지고 불탔다고 합니다. 이 궁에서 왕에게 은총을 입었지만 나 혼자 호위호식을 할 수 있겠습니까?" 느헤미야의 이야기를 듣고 아닥사스다 왕은 이렇게 이야기 합니다.

"네게 어떻게 해주면 되겠느냐?" 그때부터 느헤미야는 2장에 나오는 일련의 프로젝트를 브리핑하기 시작합니다. "저를 예루살렘으로 떠나게 하시고 조서를 주셔서 제가 페르시아의 영토를 지날 때 마다 그 지역의 총독들로부터 보호받게 해주십시오. 또 성벽과 성읍을 건축할 때 필요한 자재들을 얻도록 도움을 베풀어 주시길 원합니다." 느헤미야서를 읽어보시면 느헤미야는 철저하게 예루살렘 성벽을 재건할 계획을 가지고 왕이 물어 볼 때에 주저하지 않고 대답하게 됩니다. 왕은 느헤미야의 요구를 다 들어줍니다. 하나님이 주변의 사람들을 통해서 자신의 문제를 해결토록 허락해주실 때 "내가 네게 무엇해 주길 원하느냐"라고 물으실 때 우리는 대답을 준비해야 합니다. 우리도 걸어 다니는 성전의식으로 자신 안에 계신 하나님께 느헤미야처럼 구체적으로 기도하여 하나님의 응답을 받으시기를 바랍니다.

넷째, 말씀과 성령으로 마음 성전을 가꾸어야 한다. 마음 성전을 말씀과 성령으로 가꾸어야 영혼의 만족으로 행복합니다. 크리스천의 모든 권능은 마음 안에 있는 성전에서 흘러나오는 것입니다. 우리는 늘 깨어서 마음 안에 있는 성전에 세상 것들이 들어와 집을 짓지 못하도록 말씀을 묵상하고 성령으로 기도하면서 마음 성전을 정화시켜야 합니다. 아하스가 죽은 후, 그의 아들 히스기야가 왕이 되었습니다. 히스기야는 지난 세월 교만했던 이스라엘과 유다 왕들과는 달리 다윗이 한 모든 것을 그대로 본받아 행한 올바른 왕이었습니다.

그는 25세의 젊은 나이에 왕이 되었지만 하나님의 마음을 알았기 때문에 하나님이 보시기에 옳게 행함으로 닫혀있던 성전 문을 열고 수리했습니다. 그리고 제사장들과 레위 사람들을 모으고 자신을 성결케 하고 성전을 성결케 하여 더러운 것을 없애도록 지시했습니다. 이것이 바로 성전 정화 사건입니다.

필자도 하나님 앞에 무릎 꿇고 기도할 때마다 내 마음 성전에 예수님이 주인으로 들어 오셔서 순결한 자녀라고 여겨주시기를 생각하면서 성령으로 기도합니다. 분명하게 보이는 건물이 성전이 아닙니다. 예수 믿는 내가 성전입니다. 마음 안에 하나님께서 좌정하고 계시는 성전이 있기 때문입니다. 자신은 걸어 다니는 성전입니다. 성전은 하나님을 만나는 곳이고 하나님의 기쁨이 되는 곳이기 때문입니다. 그러니 내가 교회를 오면 교회가 성전입니다. 내가 가정에 가면 가정이 성전입니다. 우리가 일터에 나가면 그곳이 성전입니다. 자신 안에 성전이 있기 때문입니다. 거기서 주님과 동행하며 주님의 기쁨이 되어야 하기 때문입니다. 항상 주님과 동행의식을 가져야 합니다. 그런데 그 성전이 인간의 욕망으로, 돈 때문에 타락하고 말았습니다. 예수님은 그 성전에 들어가셔서 모든 것을 뒤집어 엎으셨습니다. 예수님이 성전이시기 때문입니다. 돈이 기준이고 인간의 욕망이 기준인 곳은 이미 성전이 아니기 때문입니다. 주일은 영과 진리로 예배를 드리며 우리의 마음 성전을 청소하는 날입니다. 우리의 마음의 성전, 주님이 우리 심령에 거하실만하실까? 우리의 마음은 깨끗할까? 그렇지 못하면 성령의 임재 가운데 주님의 보혈에 의지하여 고백하며 청소해야합니다, 그리고 말씀과 성령으로 충만하게 채워야 합니다. 그래야 다시 주님과 통할 수 있습니다.

주님과 통해야 지금 천국을 만끽하며 누릴 수가 있는 것입니다. 절대로 천국의 주인은 예수님이시기 때문입니다. 예수님 안에 천국이 있습니다. 예수님을 주인으로 모신 사람이 천국이 되는 것입니다. 그렇기 때문에 걸어 다니는 성전의식은 참으로 중요한 것입니다. 걸어 다니는 성전이 되니 지금 천국을 만끽하며 누리는 것입니다.

26장 하나님의 얼굴을 구하는 삶으로

(욥 42:5)"내가 주께 대하여 귀로 듣기만 하였사오나 이제는 눈으로 주를 뵈옵나이다."

지금 천국을 만끽하고 누리면서 살아가려면 신앙생활의 자세가 바뀌어야 합니다. 치유하여 주시옵소서. 문제를 해결하여 주시옵소서, 하면서 기도하지 말고, 하나님! 이 문제를 어떻게 해야 합니까? 하면서 하나님의 뜻을 구해야 합니다. 하나님은 지금 천국을 만끽하고 누리면서 살아갈 크리스천들에게 손을 구하지 말고 얼굴을 구하라고 말씀하십니다. 얼굴을 구해야 하나님의 의중을 바로 보고 알아서 순종하는 성도가 될 수 있기 때문입니다. 크리스천이 예수를 믿고 교회에 들어와 예배를 드리며 기도하다가 성령으로 세례를 받아 영의 사람이 되면 하나님과 친밀한 관계가 됨으로 하나님의 손을 구하는 삶에서 하나님의 얼굴을 구하는 삶으로 전환이 됩니다.

우리가 아무리 사모하고, 기도를 많이 하고, 아무리 능력을 경험해도 하나님의 얼굴을 구하는 삶으로 전환하지 않으면 하나님과 친밀함은 절대 열리지 않습니다. 영의 사람으로 살아갈 수가 없습니다. 바꿔 말하면 하나님의 손을 구하는 삶에서는 하나님과 친밀함은 절대 불가능합니다. 아브라함은 하나님의 얼굴을 구하는 자입니다. 반대로 롯은 하나님의 손을 구하는 자입니다. 누가 어떻게 되었는지는 창세기에 결과가 잘 기록되어 있습니다. 우리는 하나님의 얼굴을 구하는 크리스천이 되어야 아브라함과 같은 전인적인 복을 받게 됩니다. 덩달아 지금 천국을 만끽하며 누리게 됩니다. 하나님의 손을 구하는 수준으로 지금 천국을 누리기가 버겁습니다.

하나님의 손을 구하는 사람들은 홍해 가에 있는 이스라엘 사람들입니다. 하나님께 원망하면서 소리만 지르는 사람들입니다. 모세는 하나님의 얼굴을 구하여 하나님을 대면하는 삶을 산 사람입니다. 모세의 형 아론은 하나님의 손을 구한 사람입니다. 모세는 출애굽기 4장 10절에서 "입이 뻣뻣하고 혀가 둔한 자"라고 말씀하고 있습니다. 하나님도 이 부분을 인정하셔서 형인 아론을 붙여 주셨습니다. 하나님은 말 잘하는 아론과 직접 대화시며 일하시지 않으시고 모세에게 붙여주신 이유가 있습니다. 모세는 하나님의 얼굴을 보면서 대화하는 사람입니다. 반면에 아론은 말은 잘하지만 하나님의 얼굴을 볼 수 없는 육신에 속한 사람이기 때문입니다. 모세는 한마디로 하나님과 대면하며 친밀하게 지내는 사람입니다.

신앙의 본질은 하나님과 친밀함입니다. 하나님을 알고 사랑하는 삶을 말하는 것입니다. 하나님을 알기 위해서는 하나님께서 자신을 계시(조명)하실 때만 하나님을 알 수 있습니다. 하나님의 얼굴을 구해하는 것은 필수입니다. 따라서 하나님의 얼굴을 구하는 삶은 신앙의 첫 단추와 같습니다. 반대로 하나님의 손을 구하는 삶에서는 하나님과 친밀함이 절대로 가능하지 않습니다. 얼굴을 구하는 수준이 되어야 지금 천국을 만끽하며 누릴 수가 있습니다. 하나님과 친밀한 관계가 되었기 때문입니다.

첫째, 하나님의 손을 구하는 삶에서는 친밀함은 절대 열리지 않는다. 요한복음 6장에 나오는 광야에 있는 사람들입니다. 오병이어의 떡을 먹었던 무리들과 제자들로서 큰 기적을 경험하고 또 사모한 그들이지만 예수님께서 십자가를 지실 것을 말씀하자 다 떠났습니다(요6:66). 예수님은 그들에게 영적인 눈을 열어 주시지 않았습니다. 하나님의 얼굴을 구하는 삶으로 나오지 않았기 때문입니다. 즉 하나님의 손을 구하는 삶(요6:26)을 사는 아담적인 사람이기 때문입니다. 여기서 우리가 기억해야 할 것은 하나님의 얼굴을 구하는 삶으로 나오지 않으면 그렇게 사모하여 나왔음에도 불구하고 하나님과 친밀한 교제가 전혀 열리지 않는다는 것입니다. 육신에 속한 아담이기 때문입니다. 또 다른 무리들은 광야 이스라엘 백성들입니다. 엄청난 기적들을 경험했음에도 불구하고 하나님과 친밀함이 전혀 열리지 않았습니다. 덩달아 지금 천국을 누리지를 못합니다. 왜 그렇습니까? 하나님의 얼굴을 구하는 삶으로 전환하지 않았기 때문입니다. 우리가 아무리 사모하고, 기도를 많이 하고, 아무리 능력을 경험해도 하나님의 얼굴을 구하는 삶으로 전환하지 않으면 하나님과 친밀함은 절대 열리지 않습니다. 바꿔 말하면 하나님의 손을 구하는 삶에서는 하나님과 친밀함은 절대 불가능합니다. 하나님의 손을 구하는 삶의 특징은 이렇게 표현하고 설명할 수가 있습니다.

1)육신에 속한 사람으로 완악하여 하나님의 뜻을 헤아리지 못

하고, 자신들의 육적인 만족을 이루기 위하여 하나님을 이용하니 하나님을 근심케 하고, 더 나아가 하나님을 분노케 합니다.

①이스라엘 백성들은 40년 동안 하나님의 행사를 보았음에도 불구하고 그들은 40년 동안 하나님을 격노케 하였습니다(히3:7-19). 하나님의 능력을 경험하는 것이 반드시 하나님이 우리를 신임(기뻐하시는)하는 보증이 아니라는 겁니다. 이것은 별개입니다. 자신에게서 신령한 능력이 나타난다고 다된 것이 아니라는 것입니다. 자신 안에 하나님으로 채워져야 된다는 것입니다.

②유다에서 제3대 아사 왕은 여호와를 섬기는 신앙부흥을 적극적으로 추진한 왕이었습니다. 그는 먼저 이방제단과 산당을 없이하고 주상을 훼파하며 아세라신을 다 찍어 없앴습니다. 에티오피아의 대왕 세라가 백만 대군을 거느리고 유다를 침략해 들어왔을 때, 간절히 부르짖어 기도하여 하나님께서 에티오피아의 군대를 치셨습니다. 그 후 20년 동안 아무 일이 없이 나라가 부강하고 태평 성대하니 아사가 하나님을 찾지 않았습니다. 북방인 이스라엘 왕 바아사가 군대를 거느리고 유다를 침략하자 마음속에 두려움이 들어와서 여호와께 부르짖거나 기도하지 않았습니다. 병이 들어서 하나님께 구하지 않고 의원에게 의지했기 때문에 못 고쳤습니다(대하 16:12). 그는 죽고 만 것입니다. 형통함이 하나님의 기뻐하시는 보증이 아니라는 것입니다.

③ 요한계시록에 나오는 라오디게아 교회를 보세요(계3:14-17). 라오디게아교회는 세상 적으로 잘되었던 교회입니다. 급성장한 교회였습니다. 부족한 것이 없는 교회였습니다. 그런데 주

님으로부터 칭찬 한마디 없는 교회가 바로 라오디게아 교회였습니다. 그런데 왜 칭찬을 못 받았나요? 세상 적으로 잘되는 것이 하나님이 자기들을 신임하는 보증이라고 자기들의 수준으로 생각한 것입니다. 많은 성도들이 세상에서 잘되는 것이 축복인줄로 압니다. 그러나 기억하세요, 외부적 사역의 확장이 하나님의 신임은 아니라는 것입니다. 하나님의 신임과는 별개입니다. 이것을 영의 눈을 열어 보셔야 합니다.

2)하나님의 얼굴을 구하지 않으면 하나님의 길을 알지 못합니다. 당연하게 지금 천국을 만끽하지 못합니다. 하나님의 길을 따라 행할 때 하나님이 기뻐하는 삶이 가능한 것입니다. 하나님의 길을 모르면 하나님을 기쁘시게 하는 삶은 불가능합니다. 하나님의 손을 구하는 삶에서는 친밀함이 불가능합니다. 따라서 하나님의 길을 알 수 없습니다. 고로 하나님을 기쁘시게 하는 삶은 불가능한 것입니다. 하나님의 얼굴을 구하지 않으니 하나님의 목적을 계시하지 않습니다. 하나님의 의중(길)을 모릅니다. 참다운 순종이 불가능한 것입니다. 따라서 하나님을 기쁘시게 하는 것은 불가능한 것입니다.

둘째, 하나님의 얼굴을 구하는 삶이 되어야 한다. 이 삶에서 하나님과 친밀함도, 동행하는 삶도, 다가오는 하나님의 놀라운 행하심에 동참하는 삶이 가능한 것입니다. 하나님의 얼굴을 구하는 성도는 육체가 십자가를 통과한 영에 속한 사람입니다. 하나님과 대화하는 영에 속한 성도로 거듭난 증거입니다.

1) **하나님의 얼굴을 구하는 삶의 특징입니다.** 하나님의 얼굴을 구하는 삶은 하나님의 손을 구하는 삶과 정반대의 특징을 가지고 있습니다. 하나님과 친밀해집니다. 하나님의 길을 알고 그 길을 따라 행하기 때문입니다. 하나님의 은총이 있습니다. 하나님이 기뻐하십니다. 진정한 믿음이 있습니다. 하나님과 친밀한 교제에서 나오기 때문입니다. 올바른 순종을 할 수가 있습니다. 하나님이 영광으로 임하십니다. 출애굽기 34장에 보면 하나님이 모세 앞에 영광으로 임하십니다. 모세가 하나님의 얼굴을 구한 것에 대한 응답으로 이루어진 것입니다.

2) **하나님의 얼굴을 구하는 삶이란 이렇습니다.** 하나님의 손을 구한다는 말과 대조적으로 사용합니다. 하나님의 손을 구한다는 것은 자신의 목적과 목표를 위해 하나님의 도움이나 능력과 같은 하나님의 손길을 구하는 것입니다. 하나님의 얼굴을 구한다는 것은 하나님 자신을 구하는 것을 의미합니다. 하나님을 더 알기를, 더 사랑하기를 구하는 것입니다. 하나님을 자신의 주인으로 모시기 위하여 얼굴을 구하는 것입니다.

하나님의 손을 구하는 삶과 하나님의 얼굴을 구하는 삶은 별 차이가 없어 보이지만 근본적인 차이가 있습니다. 하나는 하나님이 수단이 되는 삶이고, 다른 하나는 하나님이 목적이 되는 삶입니다. 그러므로 하나님의 얼굴을 구하는 삶은 먼저 거짓신앙 체계를 버리는 것, 즉, 하나님이 수단이 된 삶을 버리는 것에서 시작됩니다. 하나님이 목적이 되는 삶으로 바뀌어야 합니다. 하나님을 주인으로 모시고 살아가려는 자세가 되어야 합니다.

3)하나님의 얼굴을 구하는 삶의 실 예입니다. 먼저 모세입니다. "여호와께서 모세에게 이르시되 너는 네가 애굽 땅에서 인도하여 낸 백성과 함께 여기를 떠나서 내가 아브라함과 이삭과 야곱에게 맹세하여 네 자손에게 주기로 한 그 땅으로 올라가라. 내가 사자를 너보다 앞서 보내어 가나안 사람과 아모리 사람과 헷 사람과 브리스 사람과 히위 사람과 여부스 사람을 쫓아내고, 너희를 젖과 꿀이 흐르는 땅에 이르게 하려니와 나는 너희와 함께 올라가지 아니하리니 너희는 목이 곧은 백성인즉 내가 길에서 너희를 진멸할까 염려함이니라 하시니"(출33:1-3). 모세가 지금 있는 곳은 광야입니다. 하나님의 약속은 젖과 꿀이 흐르는 가나안 땅, 심지어 천사들을 앞서 보내어 모든 원수를 멸해주시겠다고 약속합니다.

모세의 이 자세를 보십시오. 모세는 하나님께서 함께 가시지 않는 젖과 꿀이 흐르는 가나안 땅이나 천군 천사를 통한 놀라운 승리보다 하나님의 임재가 함께 하시는 그 돌 뿐이고 숨이 막히는 사막이 더 좋다고 했습니다. 그만큼 그는 그 무엇보다 하나님의 얼굴을 구했습니다. 하나님의 임재, 하나님 자신을 구했습니다. 하나님과 함께 있기를 구했습니다. 그 무엇보다 하나님이 그에게 소중했습니다. 하나님의 은총 가운데 있는 것이 소중했습니다. 이것이 바로 하나님의 얼굴을 구하는 자세입니다.

우리는 이러한 모세의 기도와 삶의 자세를 보면서, 왜 하나님께서 그에게 그러한 친밀함을 허락하셨는지, 그가 왜 하나님의 은총을 입었는지, 왜 하나님은 그의 기도를 들으사 곧바로 돌이

키시고 이스라엘 백성들과 동행하셨는지, 그리고 왜 하나님께서 영광으로 그에게 임하셨는지를 깨달을 수 있습니다.

우리는 성경에서 하나님의 얼굴을 구하는 것이 무엇인지를 한 구절로 정리한 것을 볼 수 있습니다. "내가 여호와께 바라는 한 가지 일 그것을 구하리니 곧 내가 내 평생에 여호와의 집에 살면서 여호와의 아름다움을 바라보며 그의 성전에서 사모하는 그것이라"(시17:4). 하나님의 얼굴을 구하는 것은 하나님을 알고 사랑하는 것이 유일한 소망이 되는 것입니다. 다윗도 하나님의 임재 가운데서 하나님의 영광을 보고, 하나님의 아름다움을 앙망하는 것을 한 가지 소원으로 하나님께 간구했습니다. 그것은 다윗의 많은 소원 중의 하나가 아니었습니다. 심지어 많은 것 중에서 첫 번째도 아니었습니다. 그것은 다윗의 유일한 한 가지 소원이었습니다. 그리고 그것은 예전에도 그랬고, 지금도 변함없이 그랬습니다. 이것이 바로 하나님의 얼굴을 구하는 삶입니다. 하나님께서 다윗에 대해서 하나님의 마음에 합한 자라고 말씀하셨는데, 우리는 그 이유를 알 것 같습니다. 하나님의 얼굴을 구하는 것은 오직 하나님만이 유일한 목적이 되는 것을 말합니다.

4)우리는 지속적으로 하나님의 얼굴을 구해야 합니다. 하나님의 얼굴을 구하는 삶에서 하나님과 관계가 열립니다. 하나님과 관계가 열리니 지금 천국을 누리게 됩니다.

①모세의 예입니다. 모세와 다윗과 같은 하나님의 사람들은 지속적으로 하나님의 얼굴을 구했습니다. 그들이 광야를 방황하며 헤맬 때 뿐 아니라, 그들의 사역이 확장되고 놀라운 하나님의

복이 그들과 함께 할 때에도 그들은 여전히 하나님의 얼굴을 구했습니다. 하나님 자신만이 그들의 유일한 소망이요 열망이었습니다. 출애굽기 33:12-13에 나오는 모세의 기도는 그의 사역의 절정기에 그가 한 기도인 것을 기억하십시오. "모세가 여호와께 아뢰되 보시옵소서, 주께서 내게 이 백성을 인도하여 올라가라 하시면서 나와 함께 보낼 자를 내게 지시하지 아니하시나이다. 주께서 전에 말씀하시기를 나는 이름으로도 너를 알고 너도 내 앞에 은총을 입었다 하셨사온즉, 내가 참으로 주의 목전에 은총을 입었사오면 원하건대 주의 길을 내게 보이사, 내게 주를 알리시고 나로 주의 목전에 은총을 입게 하시며 이 족속을 주의 백성으로 여기소서"(출33:12-13).

②바울의 예입니다. 신약 성경에 나오는 사도 바울도 처음부터 끝까지 오직 예수님 한 분만을 구했습니다. 바울이 간절히 알기를 원했던 한 가지로서 오직 예수님만(주님만) 알기를 원했습니다. "내가 너희 중에서 예수 그리스도와 그가 십자가에 못 박히신 것 외에는 아무 것도 알지 아니하기로 작정하였음이라"(고전2:2). 사도 바울이 간절히 얻기를 원하는 것이 바로 예수 그리스도입니다. "그러나 무엇이든지 내게 유익하던 것을 내가 그리스도를 위하여 다 해로 여길뿐더러 또한 모든 것을 해로 여김은 내 주 그리스도 예수를 아는 지식이 가장 고상하기 때문이라 내가 그를 위하여 모든 것을 잃어버리고 배설물로 여김은 그리스도를 얻고"(빌립보서 3:7-8).

사도 바울이 간절히 본받기를 원하는 것도 예수 그리스도입니다. "내가 그리스도와 그 부활의 권능과 그 고난에 참여함을 알고자 하여 그의 죽으심을 본받아"(빌립보서 3:10). 바울은 그것을 얻기 위하여 다른 모든 것을 해로 여겼습니다(빌3:7-8절). 사도 바울은 오직 예수님만을 원했습니다. 고린도전서는 대체적으로 그의 사역의 초기 부분에 쓰인 서신서입니다. 그리고 빌립보서는 로마 옥중에서 쓰인 서신으로서 그의 사역의 말기 부분에 쓰인 서신입니다. 이 서신들을 보면, 바울은 처음부터 끝까지 오직 예수 그리스도만을 알기 원하고, 그 분만을 사랑하기 원했던 것을 알 수 있습니다. 우리는 지속적으로 하나님의 얼굴을 구해야 합니다. 우리는 이 점을 반드시 배워야 합니다. 우리의 유일한 목표와 목적은 그 분을 알고, 그 분을 더욱 사랑하는 것만이 되어야 합니다.

5)하나님의 얼굴을 구체적으로 어떻게 구해야 합니까? 하나님의 얼굴을 구하는 과정은 이렇습니다. "그가 나가서 아사를 맞아 이르되 아사와 및 유다와 베냐민의 무리들아 내 말을 들으라. 너희가 여호와와 함께 하면 여호와께서 너희와 함께 하실지라. 너희가 만일 그를 찾으면 그가 너희와 만나게 되시려니와 너희가 만일 그를 버리면 그도 너희를 버리시리라"(대하15:2). 찾으면 만난바 되는데 어떻게 찾아야 할까요? "또 마음을 다하고 목숨을 다하여 조상들의 하나님 여호와를 찾기로 언약하고"(대하15:12), "온 유다가 이 맹세를 기뻐한지라. 무리가 마음을 다하여 맹세하고 뜻을 다하여 여호와를 찾았으므로 여호와께서도 그들을 만나 주시고, 그들의 사방에 평안을 주셨더라."(대하15:15).

하나님을 아는 것이, 찾는 것이 유일한 목표가 되는 것으로, 100으로 하나님을 찾아야 하나님을 1이라도 알 수 있습니다. 지속적으로 찾느냐에 따라서 30%, 60% 알아갈 수 있는 것입니다. "여호와께서 이와 같이 말씀하시니라. 바벨론에서 칠십 년이 차면 내가 너희를 돌보고 나의 선한 말을 너희에게 성취하여 너희를 이곳으로 돌아오게 하리라. 여호와의 말씀이니라. 너희를 향한 나의 생각을 내가 아나니 평안이요 재앙이 아니니라. 너희에게 미래와 희망을 주는 것이니라. 너희가 내게 부르짖으며 내게 와서 기도하면 내가 너희들의 기도를 들을 것이요, 너희가 온 마음으로 나를 구하면 나를 찾을 것이요, 나를 만나리라."(렘29:10-13).

전심으로 찾는 것이 어떤 것입니까? "내 이름으로 일컫는 내 백성이 그들의 악한 길에서 떠나 스스로 낮추고 기도하여 내 얼굴을 찾으면 내가 하늘에서 듣고 그들의 죄를 사하고 그들의 땅을 고칠지라."(대하7:14). 스스로 겸비한다는 뜻은 역대하 22장의 요시아 왕이 보인 것과 같이, 말씀 앞에 정직하게 엎드려 동의하는 것입니다. 전심으로 기도(구하고, 찾고, 두드림)해야 합니다. 구하고 찾고 두드립니다(눅11:9). "내가 또 너희에게 이르노니 구하라, 그러면 너희에게 주실 것이요. 찾으라, 그러면 찾아낼 것이요. 문을 두드리라, 그러면 너희에게 열릴 것이니"(눅11:9). 하나님의 얼굴을 구해야 합니다. 창32장에 나오는 얍복 강의 야곱과 같이 하나님의 얼굴을 구해야 합니다. 그리고 악한 길에서 떠나야 합니다. 온유함으로 옷을 입어야 합니다.

6)하님의 얼굴을 구하는 삶의 특징은 하나님의 방법을 따라 사는 삶입니다. 자기의 방법을 따라 사는 삶을 종결하고 하나님의 뜻을 물어보는 것입니다. 하나님의 의도를 질문하여 알아내고 순종하는 것입니다. 한마디로 하나님의 방법대로 사는 삶을 사는 것입니다. 가장 잘 묻는 사람이 다윗입니다(삼상23:2-4; 삼하2:1). "이에 다윗이 여호와께 묻자와 이르되 내가 가서 이블레셋 사람들을 치리이까? 여호와께서 다윗에게 이르시되 가서 블레셋 사람들을 치고 그일라를 구원하라 하시니, 다윗의 사람들이 그에게 이르되 보소서 우리가 유다에 있기도 두렵거든 하물며 그일라에 가서 블레셋 사람들의 군대를 치는 일이리이까 한지라. 다윗이 여호와께 다시 묻자온대 여호와께서 대답하여 이르시되 일어나 그일라로 내려가라 내가 블레셋 사람들을 네 손에 넘기리라 하신지라"(삼상23:2-4). 이 중 대표적인 사례가 삼상30장입니다. 다윗이 블레셋에 피신, 당시 블레셋 족장들과 합하여 사울을 치러갑니다. 가다가 자기가 머물던 시글락으로 돌아옵니다. 아말렉 사람들이 남아있던 자녀, 아내들을 포로로 끌고 갑니다. 다윗의 부하들이 돌을 들어 다윗을 치려고 합니다. 이런 상황에서도 하나님께 물어봅니다(삼상30:6-8). 이러한 다윗도 묻지 않아서 큰 낭패를 경험한 적이 있습니다(대상13장). 나중에 그의 가장 근본적인 잘못이 하나님께 묻지 않았던 것에 있었음을 발견합니다(대상15:13). 지금 천국을 만끽하며 누리는 영에 속한 성도는 하나님의 얼굴을 구하면서 매사를 하나님의 뜻에 따라 순종하면서 살아가는 성도입니다.

이 책을 통해 예수님이 땅끝까지 전파 되기를 소원합니다.
(출판으로 인한 이익금은 문서선교와 개척교회 선교에 사용합니다.)

천국은 언제가는 곳일까요?

발 행 일 | 2017. 7. 11초판 1쇄 발행

지 은 이 | 강요셉

펴 낸 이 | 강무신

편집담당 | 강무신

디 자 인 | 강요셉

교정담당 | 강무신

펴 낸 곳 | 도서출판 성령

신고번호 | 제22-3134호(2007.5.25)

등록번호 | 114-90-70539

주   소 | 서울 서초구 방배천로 4안길 20(방배동)

전   화 | 02)3474-0675/ 3472-0191

E-mail | kangms113@hanmail.net

유   통 | 하늘유통. 031)947-7777

ISBN | 978-89-97999-60-6 부가기호 | 03230

가   격 | 16,000원